オール図解 30分でわかる

太平洋戦争

太平洋で繰り広げられた日米の死闘のすべて

太平洋戦争研究会／編著

日本文芸社

快進撃を続けた 開戦時の日本軍

アメリカの対日石油輸出禁止令を招いた日本軍の南部仏印進駐（1941年7月28日）

今年は太平洋戦争が終わって六〇年目を迎える。いまや日本は世界屈指の経済大国になり、家は焼かれ、家族は離散し、飢餓に追われた六〇年前の姿は想像することも難しくなっている。しかし、近隣諸国から戦前の「歴史認識」を問われている現在、私たち自身も、決してかの戦争を忘れてはならない。

この太平洋戦争に満州事変と日中戦争を加えて、「十五年戦争」とも呼ばれている。十五年戦争で犠牲になった人命は、およそ三一〇万名といわれている。このうち戦死や戦病死した軍人・軍属は約二三〇万名で、民間人は戦災死も含めて約八〇万である。

戦死・戦病死のうち三〇数万は満州事変と日中戦争における死者であるが、残りは太平洋戦争の死者なのである。

まさに太平洋戦争は、日本にとっては有史以来の一大争乱だったのだ。

日本の艦上機の奇襲攻撃を受けて爆発・炎上するハワイ真珠湾の米太平洋艦隊

シンガポール攻略戦で、日本軍の前線に向かっていく英印軍の降伏軍使一行（1941年2月15日）

太平洋戦争は「海軍の戦争」といわれたように、
戦いはつねに連合艦隊の双肩にかかっていた

マレー・シンガポール攻略戦で斃れた戦友を仮葬
した墓に、花を手向けて進撃を続ける日本兵

ビルマのイエナンジャン油田を攻略する日本軍

フィリピンのミンダナオ島サンボアンガに突入する海軍陸戦隊

インド洋を征く97式艦上攻撃機と駆逐艦

ミッドウェー作戦と同時に行われた北方作戦で、アリューシャン列島のキスカ島を占領した海軍陸戦隊

はじめに

いまから六〇余年前、第二次世界大戦において、ヒトラーのナチス・ドイツと軍事同盟を結んでいた日本は、アジア・太平洋地域で連合国を相手に戦争をしていた。

日本が戦った主な国は、アメリカ、イギリス、中国、オランダ、オーストラリア、ソ連（現ロシア）。そのうち中国とは、米英と開戦するまですでに四年半も戦っていた（ソ連との交戦は、日本降伏直前の約一週間のみ）。

戦場は、中国、東南アジア、太平洋の各地域に及んだが、太平洋とその島々を舞台とする、アメリカとの戦闘が圧倒的に多かった。

ゆえに、「太平洋戦争」と称されることが多い。

太平洋戦争は、日本時間の一九四一年十二月八日、ハワイ真珠湾のアメリカ軍基地を日本軍が奇襲攻撃したことによって始まった。

日本は、「大東亜共栄圏」と自称する、アジア・太平洋地域の盟主たらんとして戦争を始め、開戦から一年ほどは空母と航空部隊の活躍で優位に戦闘を進めた。

しかし、圧倒的な物量を誇るアメリカに対し、相次ぐ消耗に見合う補充ができなかった日本は、次第に戦局を悪化させてゆく。

そして、ついに一九四五年八月十五日、日本は連合国に無条件降伏するに至る。

その間、幾多の海戦、島々での死闘・玉砕《ぎょくさい》、本土空襲、特攻、沖縄戦、広島・長崎への原爆投下など、戦争のありとあらゆる辛酸をなめた日本と日本人は、約三〇〇万人以上の貴い犠牲を払い、焦土と化した国とともに、一つの時代を終えた。

現在の日本は、この悲惨な戦争と貴い犠牲者の上に成り立っている。

終戦から六〇年、暦が一巡りした今年、日本が戦った戦争とは何だったのかを、もう一度見つめ直す絶好の機会かもしれない。

なぜ日本は無謀とも思える対米英戦に踏み切ったのか？　どんな戦闘が行なわれたのか？　日米の戦略・戦術にはどのような違いがあったのか？　そして、なぜ日本は負けたのか……？

本書は、読者のみなさんのさまざまな疑問と興味に、短時間でお答えできるよう、太平洋戦争のあらましをコンパクトに解説しています。

貴重な戦時写真や図版などを多数掲載することによって、文章だけでは伝わらないリアルな臨場感や、わかりやすさを追求しています。

手軽な一冊ですが、太平洋戦争のなんたるかは、本書で充分理解できることと思います。読者のみなさんが、戦争と平和について「なにか」を感じる一助になれば幸いです。

二〇〇五年七月　編著者

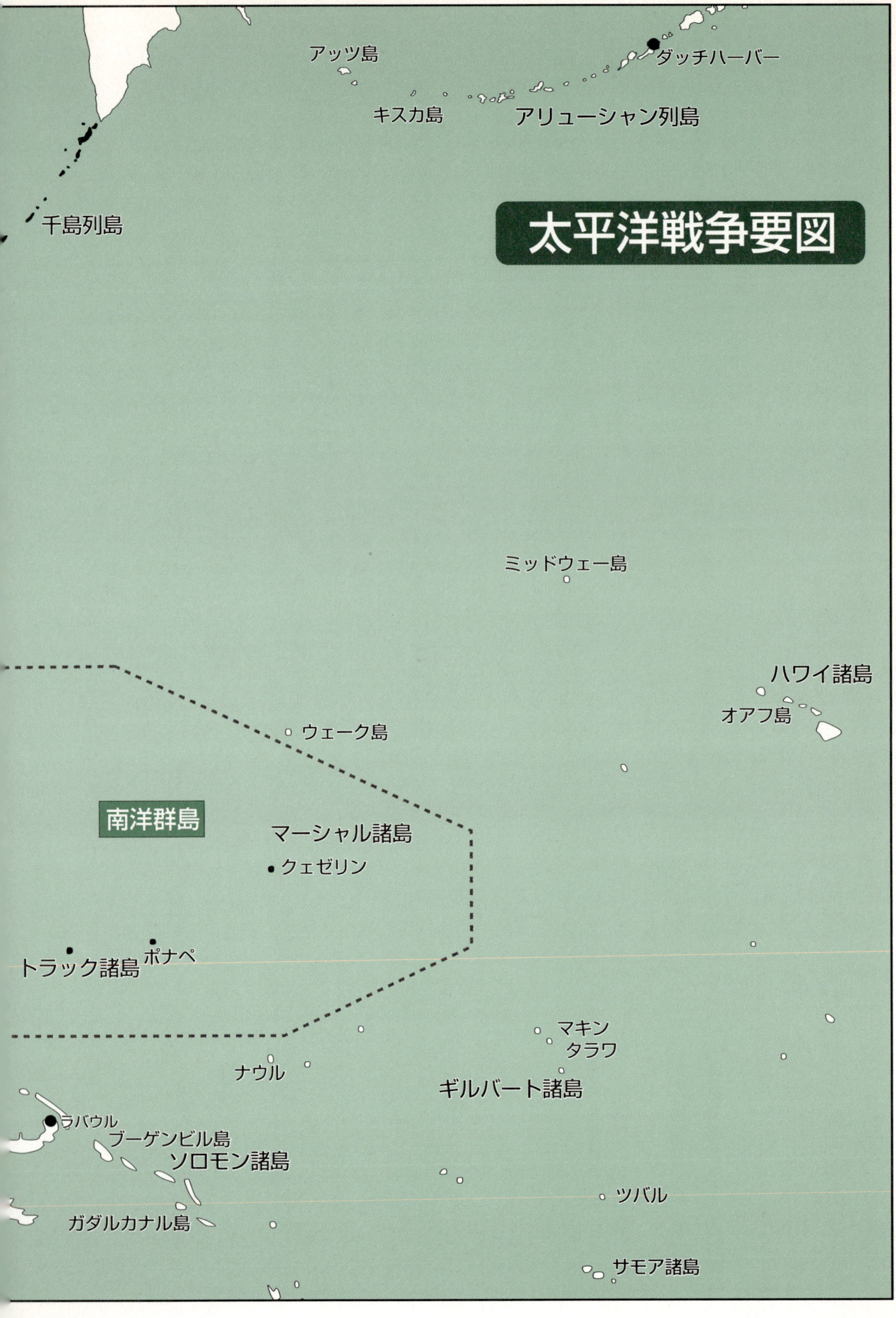

太平洋戦争要図
アッツ島
ダッチハーバー
キスカ島
アリューシャン列島
千島列島
ミッドウェー島
ハワイ諸島
オアフ島
ウェーク島
南洋群島
マーシャル諸島
クェゼリン
トラック諸島
ポナペ
マキン
タラワ
ナウル
ギルバート諸島
ラバウル
ブーゲンビル島
ソロモン諸島
ツバル
ガダルカナル島
サモア諸島

ソ連
満州国
モンゴル
新京
北京
朝鮮
ソウル
東京
日本
樺太
オホーツク海
中国
南京
漢口
重慶
インド
インパール
沖縄
硫黄島
台湾
ビルマ
香港
ハノイ
海南島
フィリピン
マリアナ諸島
サイパン
テニアン
グアム
タイ
ラングーン
バンコク
マニラ
仏印
サイゴン
レイテ島
ミンダナオ島
ヤップ島
パラオ諸島
英領マレー
シンガポール
スマトラ島
ボルネオ島
セレベス島
パレンバン
蘭印
ニューギニア
マダン
ラエ
バタビヤ
スンダ列島
ジャワ島
ポートモレスビー
ダーウィン
オーストラリア

CONTENTS

装幀/若林繁裕
カバーそで装画/澁川泰彦
本文デザイン・DTP・図版作成/フレッシュ・アップ・スタジオ
写真/近現代フォトライブラリー

第1章
開戦への道

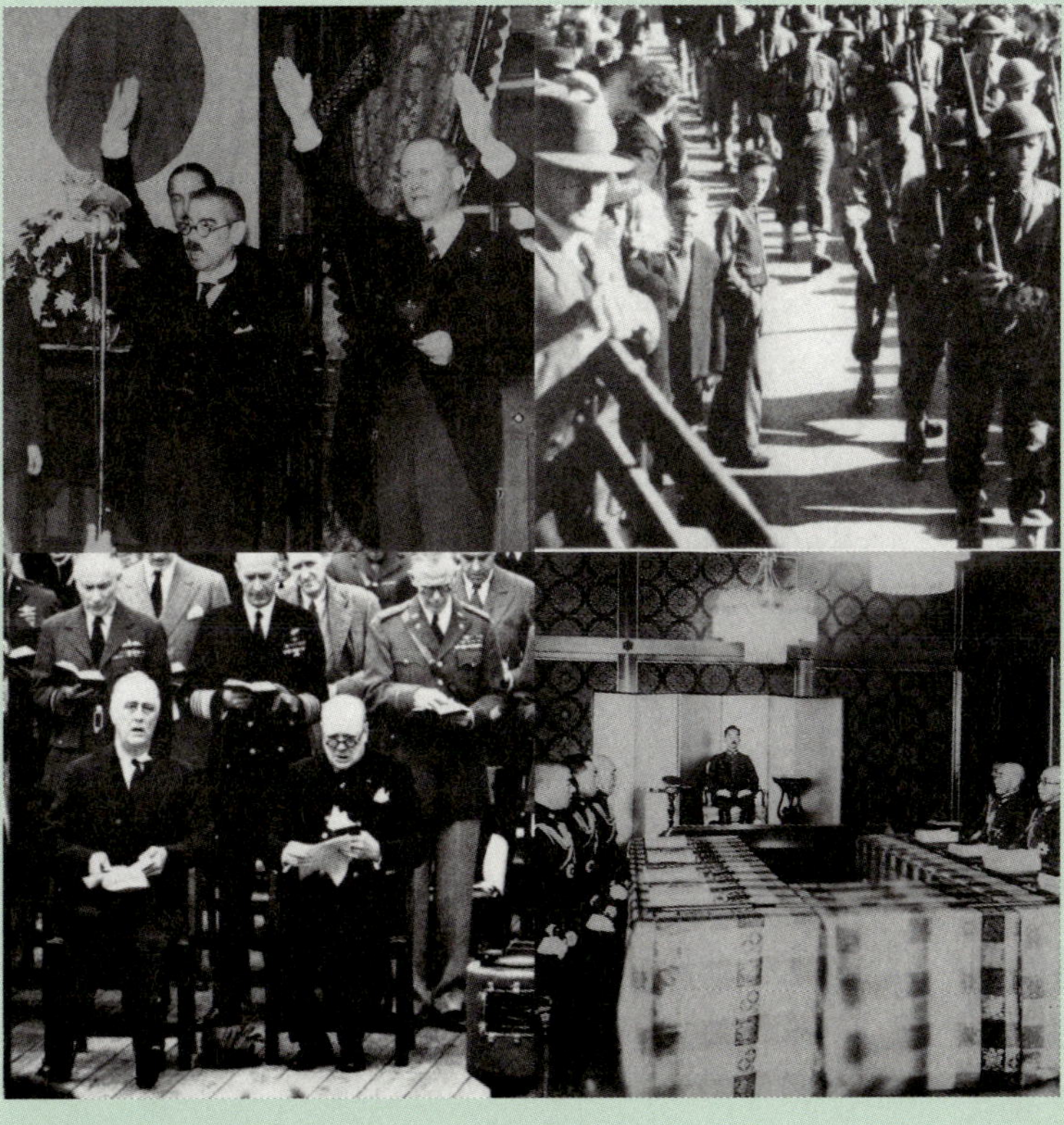

ナチス・ドイツの快進撃に惑わされた日本

三国同盟締結と仏印進駐で決定的となった対米英関係

ドロ沼化する日中戦争の拡大で米英との対立が生まれる

一九三七年（昭和十二）七月七日、北京《ペキン》郊外の盧溝橋《ろこうきょう》で日中両守備隊による発砲事件が起きた。事件はまたたく間に拡大し、日中の全面戦争となった。日本では「支那《しな》事変」と呼んだ日中戦争である。

当初、アメリカとイギリスは日本の軍事行動を「門戸開放・機会均等の原則を破壊するもの」と批判してきた。すなわち、日本の軍事侵攻は米英の権益を損なうものだというのである。

しかしその態度はそれほど強硬なものではなく、むしろ日本の国力を消耗《しょうもう》させるために、中国に資金援助をして、その抗戦力に期待しているふしさえ見えた。

その頃ヨーロッパでは、ヒトラー率いるナチス・ドイツが台頭し、オーストリアを併合（一九三八年三月）、チェコスロバキアのズデーテン地方を奪取（同九月）するなどして、イギリス、フランスとの関係を悪化させつつあった。そして翌一九三九年九月一日、ドイツは突然ポーランドに侵攻し、第二次欧州大戦が勃発した。

ドイツ軍はたちまちヨーロッパの西部戦線を席巻し、一九四〇年五月にはオランダ、ベルギーが降伏、六月にはムッソリーニのイタリアが英仏に宣戦、ノルウェー、フランスが降伏した。そしてドイツ空軍は英本土空襲を開始したのである。

外務大臣官邸で「日独伊三国同盟」締結をを祝う

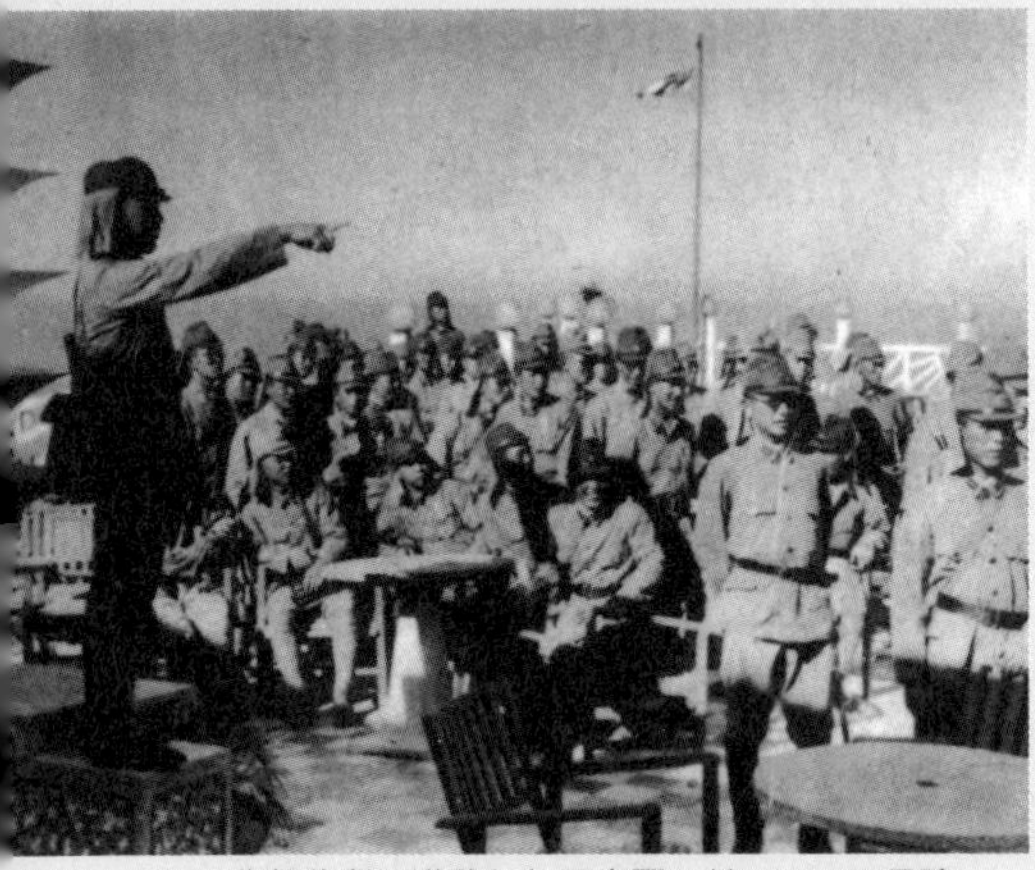
北部仏印に進駐した日本軍。ドーソンの見晴台から彼方を指さして説明する部隊長

アメリカに口実を与えた北部仏印進駐と三国同盟締結

ドイツ軍の破竹の進撃を目《ま》のあたりにした日本の陸軍は、「バスに乗り遅れるな！」を合い言葉に、南進論を叫びはじめた。

石油やゴムなどの戦略資源地帯である東南アジア諸国は、当時タイを除いて英仏蘭《らん》（オランダ）の植民地だった。ところがそれら植民地帝国はドイツ軍に苦戦中か降伏をしている。日本にわき起こった南進論は、それら西欧の諸国に代わって日本がその座に座ろうというというものだった。

そんな最中《さなか》の一九四〇年（昭和十五）七月

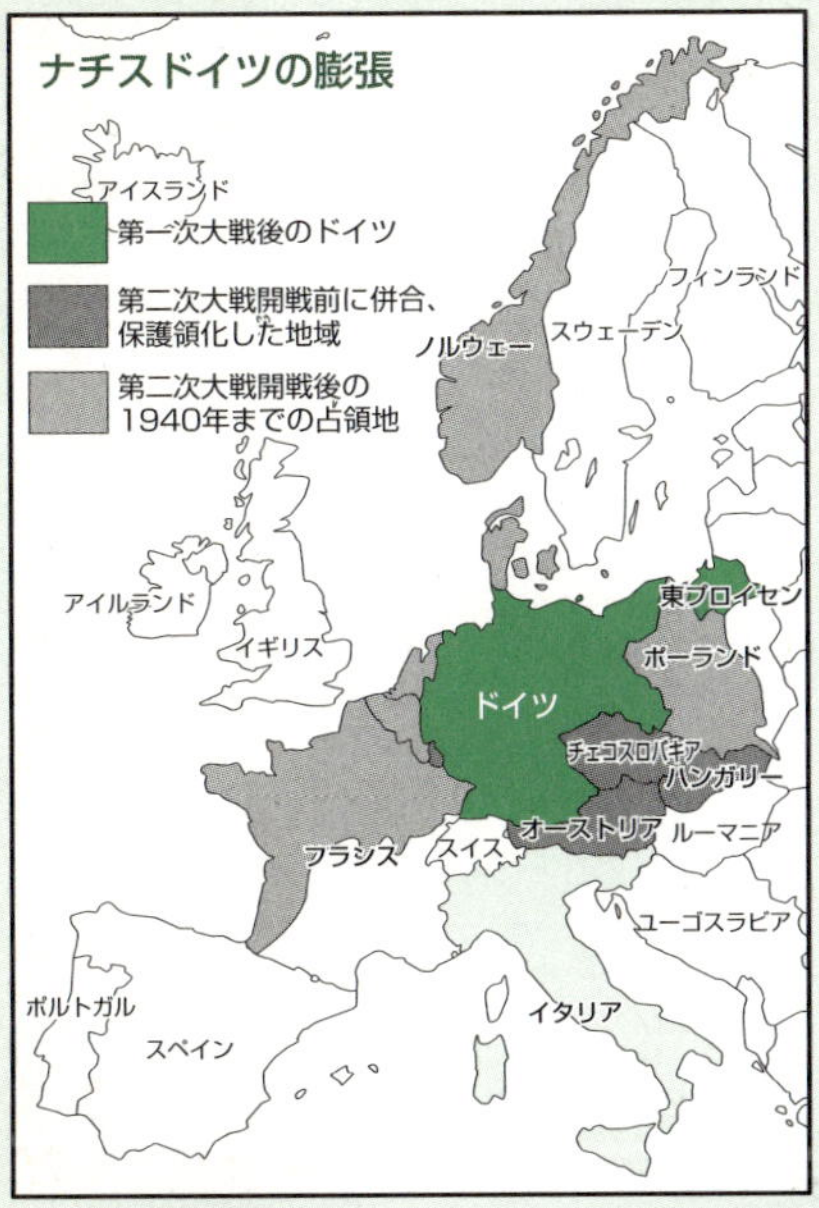

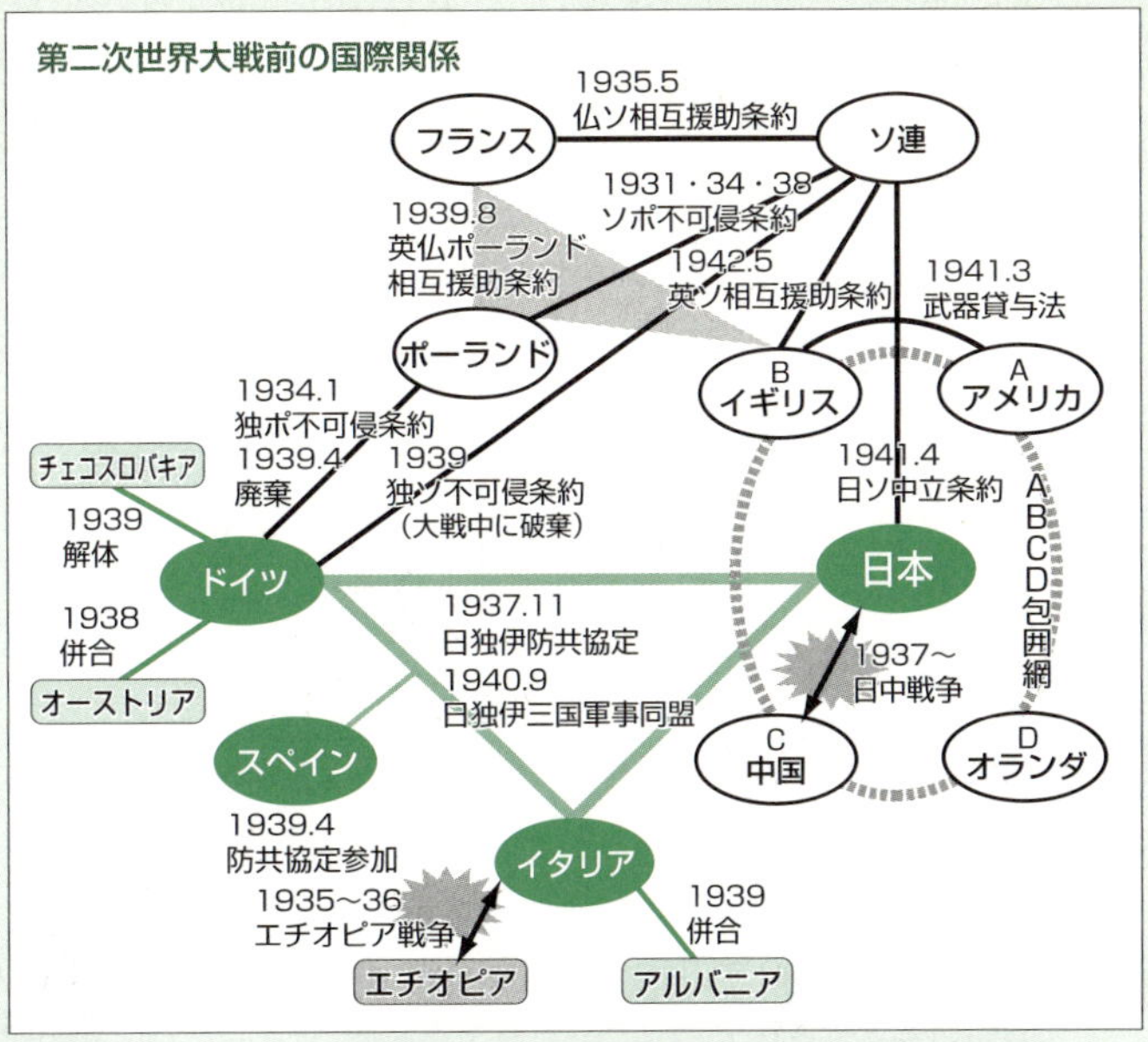

フランスのセーヌ川にまで進出したドイツ軍

朝日新聞
東京
米國果然對日牽制に
屑鐵、鐵鋼の禁輸斷行
十月十六日より實施
我方の準備萬全
明かに對日經濟壓迫

日本が北部仏印に進出すると、アメリカは経済封鎖の第一弾「屑鉄の輸出禁止」を断行した（昭和十五年九月二十七日　朝日新聞）

二十二日に登場した第二次近衛《このえ》内閣は、その南進策を「東亜新秩序の建設」と呼んだ。

ドイツ軍の快進撃に目がくらんだ日本の陸軍と近衛内閣は、日独伊三国同盟の締結と北部仏印（フランス領インドシナ）進駐などを中心政策に掲げ、危険な坂道を上り始めた。北部仏印進駐の目的はハイフォン港から揚陸《ようりく》される援蔣《えんしょう》物資を遮断することだったが、真の狙いは南進の前進基地確保だった。

九月二十三日、日本軍は中国側から国境を越え、フランス軍と交戦しながら仏印に進出した。そして四日後の二十七日には三国同盟に調印し、英米との対決姿勢を明確にしたのである。

当然、米英は反撃に出た。

アメリカは日本への石油と屑《くず》鉄の輸出を制限し、イギリスも中止していた援蔣物資のビルマ・ルートを再開してきたのである。

援蔣ルート　日中戦争が始まると、アメリカとイギリスは日本に撤兵の圧力をかけると同時に、蔣介石《しょうかいせき》の国民政府に資金や軍需物資の援助を開始した。

援助物資は主に仏印のハイフォン港から陸揚げされ、中国の昆明経由で重慶に運ばれるルートと、ビルマから雲南省を経由して重慶に運ばれるルートの二つが代表的なものだった。

これらの援助物資は国民政府総統・蔣介石を助けるという意味から、半ばさげすみの意味も込めて、「援蔣物資」といい、その運送路を「援蔣ルート」と呼んでいた。

日本はアメリカに勝算があったのか？

陸海軍首脳全員が自信のなかった対米英戦勝利

山本大将が予言した日本の戦闘力

よく知られた言葉がある。開戦時の連合艦隊司令長官山本五十六《やまもといそろく》大将は、日本が三国同盟に調印する直前の一九四〇年（昭和十五）九月半ば、近衛文麿《このえふみまろ》首相から「もし日米戦争になった場合、大将の見込みはいかがか？」と聞かれた。

近衛の手記によれば、山本は「それは是非やれと云《い》はるれば初め半歳か一年の間は随分暴れて御覧に入れる。然《しか》しながら二年三年となれば全く確信は持てぬ」と答えたという。

山本は国際情勢と航空機に関する知識がきわめて豊富な軍人で、アメリカの国力も知り尽くしていた。当然、近衛への答えの裏には、近代戦に欠かすことができない航空機の保有数や補充態勢、石油の備蓄量といった数字の裏付けがあった。

たとえば開戦時の日本の石油備蓄量は四二七〇万バレルで、約二年間の消費量と推定されていた。実際の消費量は開戦一年目の一九四二年が二五五五万バレル、翌四三年が二八一一万バレル、合計五三六六万バレルに達し、この間に輸入された石油は二三八八万バレルだった。

開戦時の備蓄は、山本が予言したように約一年半で消費されたのである。

日本政府がこの戦争を「国家総力戦」と表現していたように、戦いは国力の勝負だった。別表の「日米GNP比」を見てもわかるように、開戦時（一九四一年）には約一〇倍の開きがあり、戦時を通してその差は、ますます拡大していく様子がわかる。

勝敗は一目瞭然だったのである。

勝てる自信はなかった日本の最高指揮官たち

開戦に消極的だった近衛首相は、なんとか日米関係を好転させようと、三国同盟のなかの反米的要素を弱めた内容の「日米諒解《りょうかい》案」を提示し、一九四一年四月十六日からワシントンで日米交渉を開始した。

しかしソ連邦と日ソ中立条約を結び、北方の脅威を取り去ったつもりの松岡洋右《まつおかようすけ》外相は対米強硬方針で臨み、日米交渉は対決色を濃くしていった。

そうしたときの六月二十二日、突如ドイツは独ソ不可侵条約を破ってソ連に攻め込んだ。日本の政府と軍部は混乱に陥り、対ソ参戦論や対米開戦論などが行き交った。

そして日本は九月六日の御前《ごぜん》会議で、アメリカが日本の要求をのまなければ「対米（英《えい》

連合艦隊司令長官・山本五十六大将

海軍軍令部総長・永野修身大将

陸軍参謀総長・杉山元大将

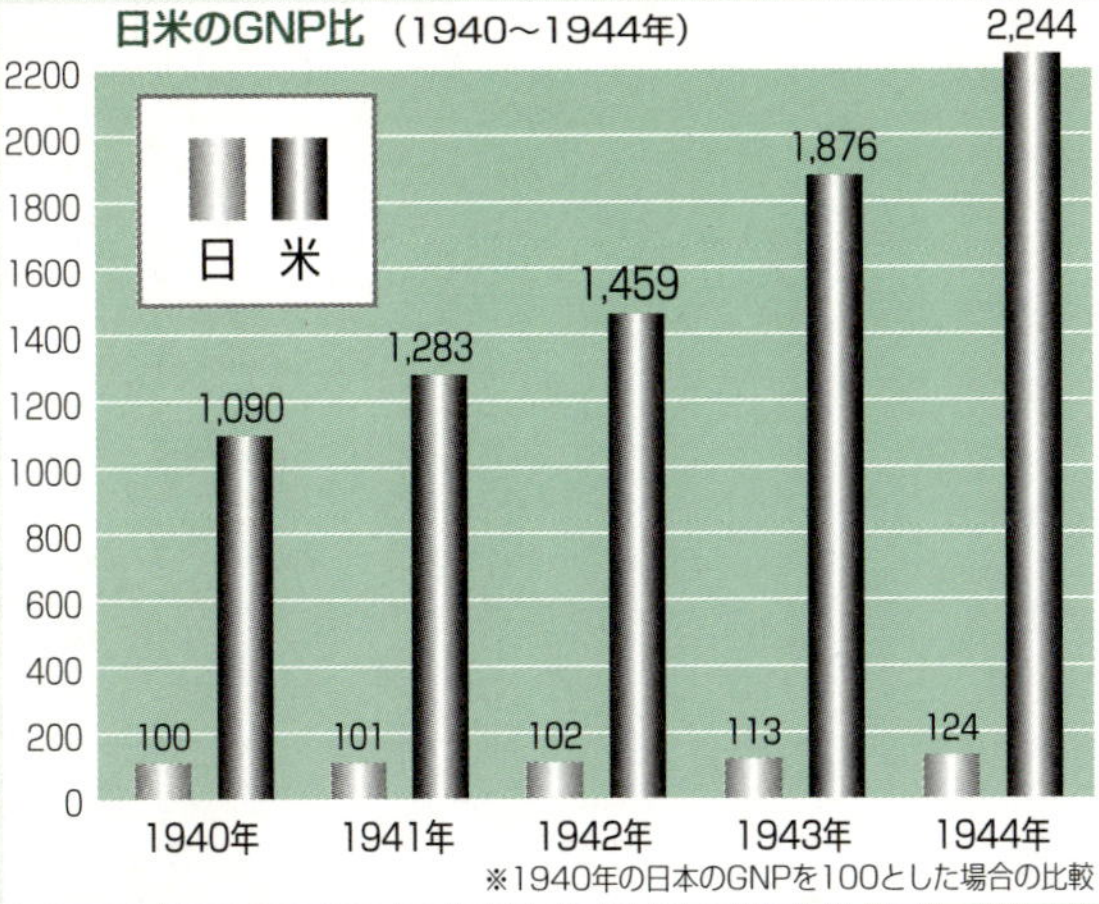

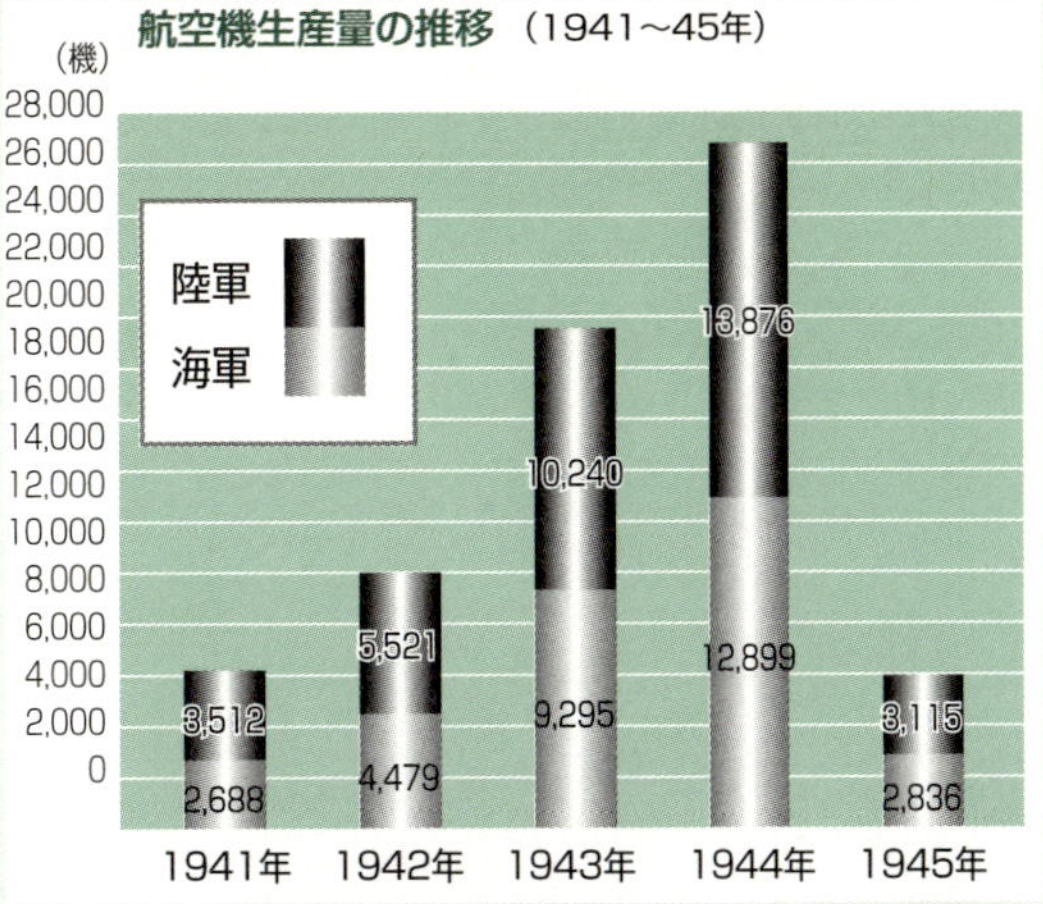

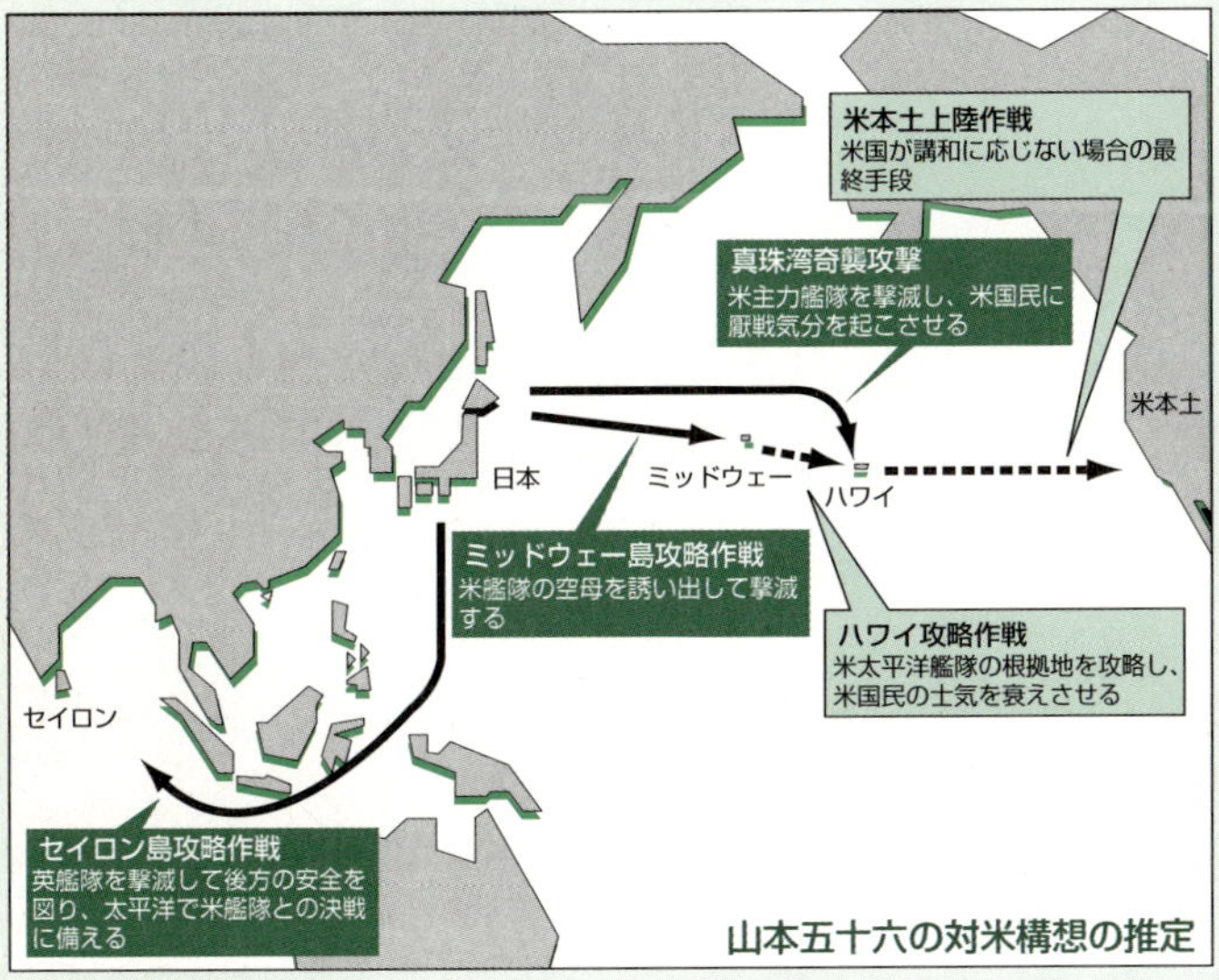

日本は御前会議をもって最高の国策決定とした。昭和に入ってから開戦まで、八回の御前会議が開かれているが、対米英戦争を避けたい天皇の意向は生かされていない。陸軍急進派の東条を首相にしたのも、天皇に対して忠誠を見せたい東条なら陸軍をまとめられるとされたからだ。日米開戦が決定した夜、東条は号泣したと伝えられる

蘭《らん》）開戦を決意す」という「帝国国策遂行要領」を決定したのである。

しかし首相の近衛は開戦に消極的だった。東条英機《とうじょうひでき》陸相をはじめとする軍部は開戦を迫り、追いつめられた近衛は総辞職した。そして十月十八日、東条内閣が登場し、日本は戦争への道を歩むのである。

だが首相の東条をはじめ杉山元《すぎやまはじめ》参謀総長も永野修身《ながのおさみ》軍令部総長も、「勝てる」自信があったわけではない。九月六日の御前会議の前日、杉山は昭和天皇から「絶対に勝てるか？」と聞かれたとき、「絶対とは申しかねます」と答えている。

永野も十一月四日の天皇臨席の軍事参議官会議で、長期の戦局については「予見し得ず」と答え、首相兼陸相の東条は「戦争の短期終結は希望するところにして種々考慮するところあるも名案なし」と、無責任な返事で逃れていた。

御前会議　国家の重大事に関して、天皇臨席のもとに重臣や大臣などが催す会議のこと。重臣とは首相や枢密院《すうみついん》議長などの経験者で、いってみれば政府のアドバイザー的存在の人。

太平洋戦争開戦にいたる御前会議は、一九四一年（昭和十六）七月二日から十二月一日の会議まで五ヵ月間に四回開かれ、対米英蘭への宣戦を決定した。

アメリカの「開戦戦略」を読めなかった日本

ドイツを倒してから日本に向かうという、ルーズベルト大統領の参戦スケジュール

参戦を決意した アメリカの対日開戦戦術

一九四〇年（昭和十五）十一月に行なわれた米大統領選挙で三選をはたしたルーズベルトは、「アメリカは民主主義の兵器廠《しょう》（工場）になる」と発表し、イギリスへの援助を公然と表明した。それは中立国アメリカにとっての参戦の決意表明でもあった。

ルーズベルトは翌年三月にはイギリスへの武器貸与《たいよ》法を成立させ、さらに米英最高軍事参謀会議（ＡＢＣ会議）を開いてＡＢＣ協定を成立させた。

協定はアメリカが参戦した場合の米英統合の戦略を定めたもので、まずドイツ打倒を第一とし、その後に対日本戦に入るというものだった。

しかしアメリカには、ただちに参戦できない理由があった。ルーズベルトは十一月の大統領選挙で「私は青年たちを戦場に送らない」といって当選をしたばかりだし、国内には非戦のムードが強かった。

反戦運動家や婦人団体はホワイトハウス前にピケを張り、孤立主義者たちはイギリスと蔣介石《しょうかいせき》を援助するルーズベルトを強烈に批判している。

もっとも国内世論の動向だけではなく、参戦するにはさまざまな準備がいる。アメリカは軍需生産の拡大や徴兵期間の延長など、大兵力動員にも着手した。

しかし、すべてが順調にいっても、ヨーロッパ戦線に参入できるのは一九四三年の七月以降と考えられた。

そこでアメリカは、日本の南進を食い止めるために、経済制裁を加えながら開戦を引き延ばす作戦に出た。

日本が求めてきた日米交渉は、アメリカにとっては格好の引き延ばし戦術の材料になったのである。

そして、できれば第一撃は日本に加えさせ、国内の孤立主義を一挙にくつがえしたいと考えていたのだ。

日本を徐々に追い込む アメリカの経済制裁

一方、ドイツのソ連侵攻によって国策が大揺れした日本は、一九四一年（昭和十六）七月二日の御前会議で、南部仏印《ふついん》進駐などを含めた南方進出の態勢強化を決定した。この目的達成のためには「対米英戦も辞せず」という、強硬なものだった。

ところが日本の外交暗号の解読に成功していたアメリカは、七月八日には御前会議の決定事項を知っていたという。そして一週間後の七月十八日、ルーズベルトは会議を開き、日本軍の仏印からの撤退とインドシナの中立化を要求してきた。

同時に在米日本資産の凍結（七月二十五日）と石油の対日輸出全面禁止（八月一日）を発令した。イギリスとオランダもただちに経済制裁に同調した。

石油や鉄類、工作機械などの七〇パーセント以上をアメリカから輸入していた日本にとって、致命的な措置だった。

この対日制裁を決めた会議の席上、ルーズベルトは言った。

「これで日本は蘭印《らんいん》（オランダ領東インド）に向かうだろう。それは太平洋での戦争を意味する」

南部仏印に進駐した日本に対して、アメリカは対日石油全面禁輸を発令した（昭和16年8月3日　朝日新聞）

ワシントンの議事堂前で反戦の示威行動をする「米国母性十字軍連盟」の代表者たち。アメリカは対外不干渉政策をとっており、また、大統領も選挙で選ばれる関係上、彼女たちを無視することはできない

ルーズベルト大統領

軍需物資のアメリカへの依存度　1940（昭和15）年の輸入割合

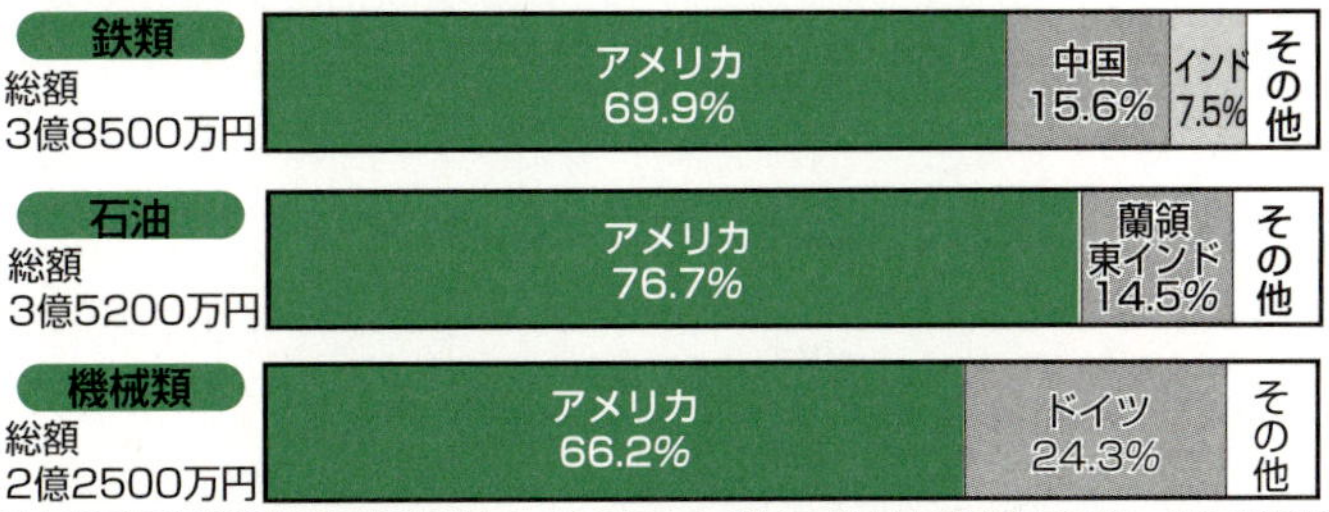

日本は軍需産業資材の生産高が低く、そのほとんどをアメリカに依存していた。1940年には日米通商航海条約が破棄されたため、日本は南方に資源を求めるようになる。

資源の輸入先を絶たれた日本に、残された道はいくつもない。

アメリカの要求をのんで中国と仏印から軍隊を撤退させるか、自ら石油などの資源を求めて南進するかである。

後者を選べば、ルーズベルトの予想どおりフィリピン、マレー、蘭印を植民地にする米英蘭との戦争になる――。

南部仏印進駐　仏印はフランス領インドシナの略で、現在のベトナム、カンボジア、ラオスの三国。日本の南部仏印進駐の第一目的は、予想される南方作戦のための基地獲得にあった。

日本は御前会議後の七月十四日、南部仏印内の八つの飛行場とサイゴン（現ホーチミン）、カムラン湾の海軍基地の使用をフランスのヴィシー政権に要求した。

日本の要求は、フランスの同意が得られない場合でも、七月二十四日に進駐を開始するという強引なものだった。本国をドイツに占領されているフランスには抵抗する術はなく、進駐を受諾した。日本軍は七月二十八日から進駐を開始し、南方進攻作戦の準備に入った。

ヴィシー政権　フランスは一九四〇年六月にドイツに降伏し、政府を鉱泉で知られる中部フランスのヴィシー（Vichy）に移した。ペタン元帥《げんすい》を元首とする親独政権だったが、連合軍のフランス占領によって一九四四年に消滅し、ペタンは反逆罪に問われた。連合国側のド・ゴール政権に対比して用いられた。

情報戦で丸裸にされていた日本

暗号解読で日本政府の手の内を事前に知っていたアメリカ政府

日本の暗号機の模造を作ったアメリカの暗号解読者たち

　前項でも記したが、アメリカは日米開戦前に日本の外交暗号の解読に成功していた。すなわち、日本政府が本国から海外の大使館や領事館に通達する暗号文書を、原文にほぼ近い精度に解読していたのである。

　アメリカ陸海軍の暗号解読班が、日本の大使館などに新たに設置された暗号機「九七式欧文印字機」宛の暗号文書の解読に挑戦を始めたのは、一九三八年（昭和十三）だった。責任者は陸軍側がのちに「暗号の天才」といわれる文官のウィリアム・F・フリードマン（のち大佐）で、海軍側はローレンス・F・サフォード大尉（のち大佐）だった。

　米軍の解読班は、通信傍受班がキャッチした日本の暗号文を調べていくうちに、その暗号がある種の機械によって組まれていることに気づいた。そこで彼らは、日本が使っている暗号機そのものを作れば、解読作業の効率がよくなるだろうと考えたのだった。

　彼らはこの大胆な作業に取りかかった。そして試行錯誤を繰り返しながら、二〇ヵ月目の一九四〇年（昭和十五）九月二十五日、ついに完成させた。日本が作った暗号機の現物を見たこともなく、その機械が組む暗号の原理も知らないのに完璧なコピーマシンを作ったことは、まさに奇跡に近い快挙だった。

　戦後、米軍は日本から本物の九七式欧文印字機を押収して解体検査をした。その結果、アメリカが作ったコピーマシンは、本物と比べ配線の接続箇所が二ヵ所違っていただけだった。いや、混線が少ない点からみれば、アメリカ製のほうが信頼できたとさえいわれている。

　フリードマンたちは日本の旧型暗号機を「レッド・マシン」と呼んでいたように、今度の新型機を「紫暗号機《パープル・マシン》」と名づけた。

日本の動きをワシントンで自由につかんでいた米政府

　パープル・マシンは日米戦が始まる一九四一年十二月までに八台作られ、米政府と米軍のほかイギリスにも三台提供された。

　アメリカでパープル・マシンと呼ばれたこの九七式欧文印字機は、日本海軍の特別通信班が開発したものだが、その開発費は外務省電信課から出ていたので、暗号機は外務省にも提供されていた。そのため、欧米の主要国にある日本大使館と総領事館には、この新型機が配置されていた。

　本来が海軍製だから、日本海軍も同じ暗号機で前線部隊などに作戦を指示していた。つまり、米軍は日本政府の外交暗号とともに、日本海軍の重要暗号も、その大半を解読していたことになる。

　日本の暗号を解読したことで、アメリカは日米交渉を思惑どおりに進めることができたし、日米開戦にあたって日本政府が駐米大使館に送った米政府への「最後通牒《つうちょう》」も、事前に知ることができた。

　逆に日本大使館は暗号整理に手間どり、野村吉三郎《きちさぶろう》駐米大使が最後通牒をハル国務長官に届けたときは、日本海軍の空母部隊がハワイの真珠湾（米海軍基地）を空襲したあとだった。

　開戦当初から、日本は情報戦で完敗していたのである。

米国防総省

1941年8月、米英会談で太平洋憲章を発表するルーズベルトとチャーチル

イギリスに援助物資として送られる駆逐艦50隻

開戦前の米陸軍は、日本陸軍よりも人数的に小さな組織だった。装備も旧式だが、開戦になったとたんに膨張した

大統領の側近ハリー・ロイド・ホプキンスは、解読された暗号電文を読み、「われわれが第一撃を加えて第一撃を阻止できないことは残念だ」と言った

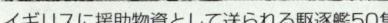

COLUMN 1

開戦時の首相、東京裁判で絞首刑

東条英機 [とうじょう・ひでき]

1884年生まれ、陸軍大将、1941年10月18日～1944年7月18日・首相、1948年12月23日、A級戦犯として絞首刑

太平洋戦争を始めた総理大臣は東条英機だった。陸軍大将で、その直前の近衛文麿《このえふみまろ》内閣のときは陸軍大臣をつとめていた。

近衛首相は中国大陸から日本軍（陸軍だけでも約80万が万里の長城以南を占領していた）を一部撤兵させるなどして、アメリカに少しでもよいから譲歩し、日米開戦を避けようとしたが、東条陸相は頑として応じず、近衛内閣は総辞職した。

その後に天皇が側近の薦めに従って首相に任命したのが、東条英機だった。

東条は陸軍の総意に沿って開戦を主張していたが、それは東条自身の決意でもあった。そこで、開戦決定（1941年9月6日の御前会議による）を白紙に戻して、もう少しアメリカと交渉させるには、陸軍を押さえることのできる東条を首相にしたら、かえってうまくいくのではないかと側近たちは考えた。天皇も、「虎穴に入らずんば虎児を得ず、だね」と同意したという。

首相になった東条は天皇の意向をくんで、日米交渉をやり直す。アメリカの要求である中国からの全面撤退や日独伊三国同盟の骨抜きなどとはほど遠いものだったとはいえ、多少の譲歩を示す条件を提示した。

海軍側からはアメリカとの戦争には勝つ見込みがないと、非公式ながら何回もサインが送られていた。だが、東条は中国からの全面撤退や日独伊三国同盟の骨抜きは決意できなかった。たとえ決意したとしても、陸軍を押さえきることはできなかったに違いない。

しかし、ときすでに遅く、アメリカは日本の挑戦を受けて立つことに決していた。少々の譲歩などアメリカにとっては何の意味ももたなくなっていた。

アメリカが従来の原則論に立った「ハルノート」（コーデル・ハル米国務長官の覚え書き）が日本側に手渡されたとき、日本の政府も軍部もそれをアメリカの最後通牒《つうちょう》と受け取った。

こうして東条は開戦を決意し、天皇の裁可を得たのである。

東条は日本陸軍による満州領有計画の積極的な推進者の一人だった。また、日中戦争の発端となった盧溝橋《ろこうきょう》事件が起こると、内蒙古《うちもうこ》の占領を強く主張して認めさせ、関東軍参謀長というポストながら自ら部隊を指揮して攻略した（察哈爾《チャハル》作戦）。

第2次近衛内閣で初めて陸軍大臣になったが、近衛首相や松岡洋右《ようすけ》外相などとともに、日独伊三国同盟の締結や大東亜共栄圏の建設や、そのためには米英との戦争も辞せずとする国策づくりに直接関わった。

いくら天皇から、いきなり戦争しない方向で考えよといわれても、できない相談だったのだ。

第2章

南方侵攻作戦

ヤンキーを奮い立たせた真珠湾攻撃

山本五十六大将の思惑とは逆の結果となった真珠湾奇襲作戦

世界初の空母機動部隊で真珠湾を奇襲

一九四一年（昭和十六）十二月八日（日本時間）、太平洋戦争の口火を切った真珠湾攻撃が、アメリカ人に与えた衝撃は大きかった。二〇〇一年の同時多発テロの際にも、一部で「パールハーバーの再現」と言われたほどである。

その衝撃は、不意打ちによる奇襲だったというだけではなく、世界初の大胆な戦法が採《と》られていたことも大きな要因だった。

当時の海戦の常識では、軍艦を沈めるのは戦艦や重巡洋艦の大砲であり、飛行機は敵の飛行機と航空戦を行なうものというのが常識的考えであった。

ところが八隻の戦艦を含むハワイ真珠湾の米太平洋艦隊は、空母を飛び立った日本の艦上機の攻撃で壊滅的打撃を被ったのだ。

空母を中心に編成された南雲忠一《なぐもちゅういち》中将率いる機動部隊（第一航空艦隊）は、十一月二十六日に択捉島《えとろふとう》の単冠湾《ひとかっぷわん》を出撃し、途中米軍に発見されることなく、攻撃隊の発艦地点であるハワイのオアフ島北方一九〇浬《かいり》に達した。そして十二月七日午前六時過ぎ（現地時間）、一八三機の第一次攻撃隊が六隻の空母から発進した。

日曜日の朝の真珠湾には、米太平洋艦隊の戦艦群がずらりと碇泊《ていはく》していた。奇襲は成功だった。日本の攻撃隊は魚雷をぶち込み、爆弾の雨を降らせて米艦を次々と炎上させ、撃沈していった。第一次攻撃隊の一時間後に発艦した第二次攻撃隊一六七機も追い討ちをかけ、真珠湾は黒煙に包まれた。

真珠湾の米艦隊は、戦艦八隻のうち四隻が撃沈、三隻が大破した。真珠湾周辺にある六ヵ所の航空基地の航空機も二三一機が破壊された。日本側の未帰還機は二九機だった。

アメリカの世論を一変させた真珠湾への騙し討ち

一九三九年にヨーロッパで勃発《ぼっぱつ》した第二次世界大戦で劣勢に立たされていたイギリスは、アメリカに対独参戦を促《うなが》していた。しかし米国世論は戦争参加に消極的であり、米大統領フランクリン・D・ルーズベルトは一九四〇年の大統領選挙で「戦場に若者を派遣しない」と公約していたこともあり、イギリスに武器弾薬を提供するだけにとどめていた。

米軍首脳も大統領に参戦を迫った。国民を納得させるだけの参戦の大義名分を欲していたルーズベルトにとって、ドイツ、イタリアと三国同盟を結んでいる日本に最初の一撃を

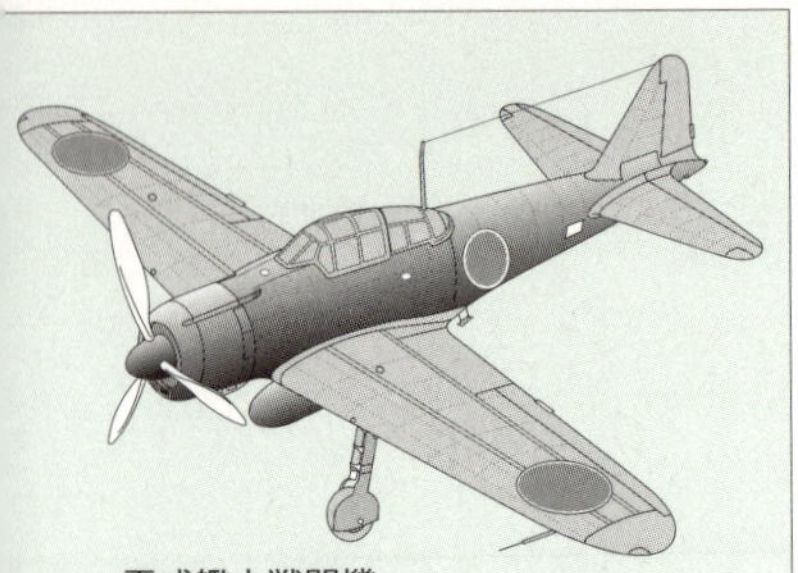

零式艦上戦闘機
太平洋戦争の緒戦では無敵の戦闘機として活躍。最高速度：533ｋｍ、武装7.7mm機銃×2　20mm機銃×2　爆弾：30または60ｋｇ×2

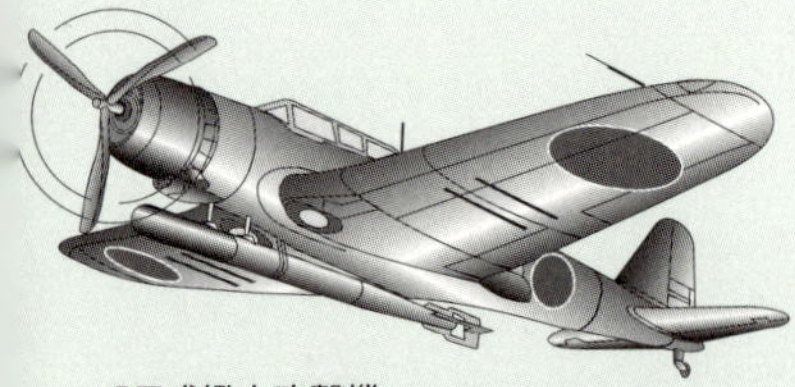

97式艦上攻撃機
太平洋戦争の緒戦での大戦果は本機の雷撃による。最高速度：377ｋｍ、武装7.7mm機銃×1　爆弾／魚雷：800ｋｇ

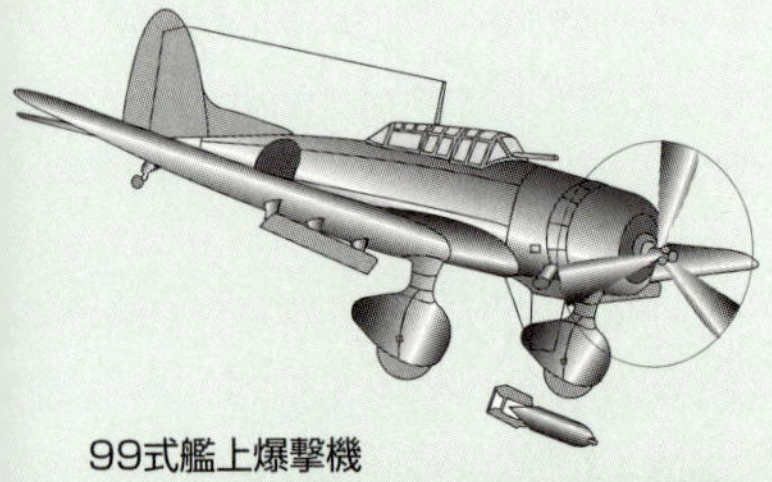

99式艦上爆撃機
太平洋戦争の緒戦で活躍した急降下爆撃機。最高速度：387ｋｍ、武装7.7mm機銃×3　爆弾：250ｋｇ×1　30または60ｋｇ×2

日本軍の第１次攻撃で爆発・炎上し、沈没する戦艦「アリゾナ」

米下院で対日決議を要請するルーズベルト大統領

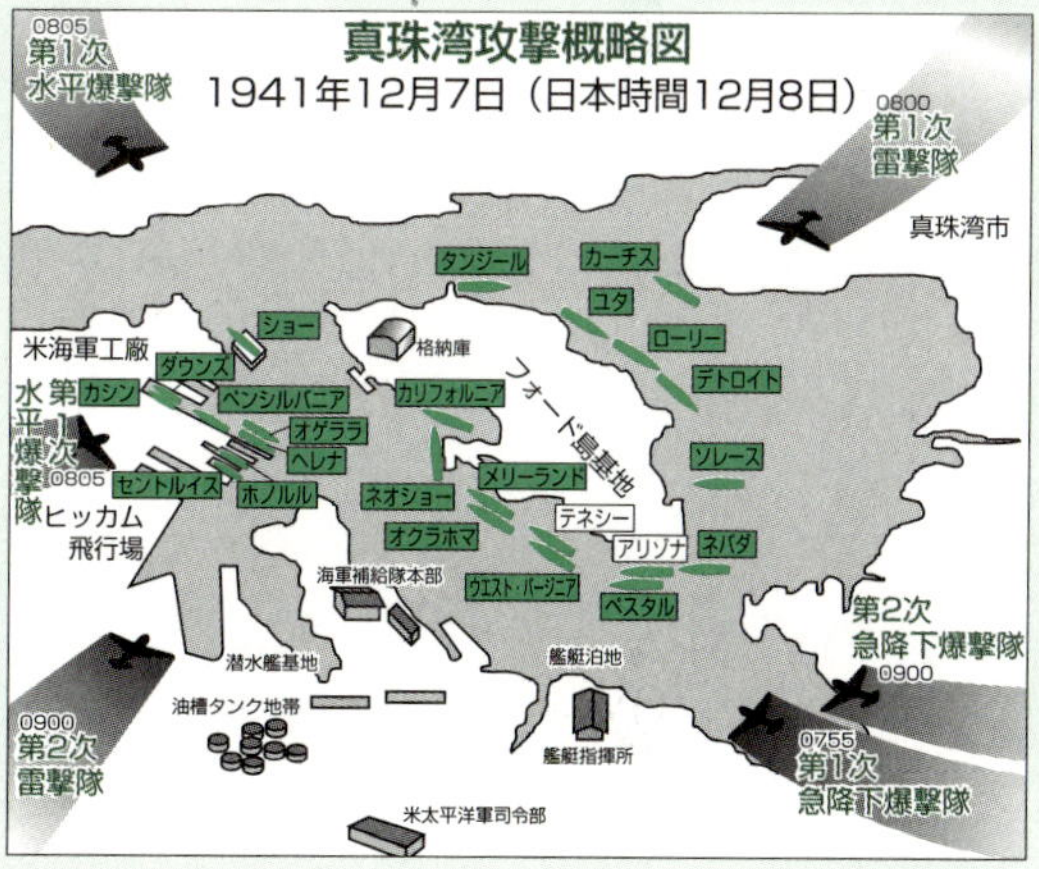

放たせたことは、犠牲は大きかったとはいえ、ある意味では「天佑《てんゆう》」だったともいえる。

真珠湾攻撃を計画した山本五十六《いそろく》大将は、先制攻撃によってアメリカ国民の戦意を喪失させようと考えていたが、詳細は後述するが、宣戦布告前の奇襲攻撃はまったく逆の結果を招いてしまった。卑怯な行為に対してヒートしやすいのがヤンキー魂である。

真珠湾攻撃の翌日、ルーズベルトは議会で日独伊に対する宣戦を求める演説を行ない、上院では全会一致、下院では賛成三八八、反対一の圧倒的多数で可決された。

日米開戦にあたっては、ルーズベルトの「陰謀説」が根強くささやかれている。大統領は日本の外交暗号を解読して、日本が開戦に走っているのを知りながら、国内世論を一気に参戦へ導くために、わざと日本に先制攻撃をさせたのではないかという説である。もちろんそれを裏付ける証拠などはないが……。

無電と暗号　真珠湾へ向かう機動部隊と瀬戸内海にいる連合艦隊司令部（戦艦「長門《ながと》」）との間の連絡は、すべて暗号で交わされた。

洋上の機動部隊に開戦を正式に知らせる「新高山《にいたかやま》登レ一二〇八」も暗号で、「十二月八日を開戦日とする」という隠語である。新高山とは日本領土だった台湾にある三九五〇メートルの玉山のこと。

「トラ・トラ・トラ」も有名な隠語《いんご》である。これはハワイ時間で十二月七日午前七時五二分、真珠湾への第一次攻撃隊の指揮をとった淵田美津雄《ふちだみつお》中佐が、攻撃合図の直後に奇襲を確信して発した暗号電である。「我、奇襲ニ成功セリ」の意味。

日本軍はなぜ緒戦でハワイ攻撃を行なったのか？

山本五十六長官によって実現した真珠湾への奇襲攻撃

真珠湾攻撃に固執した山本司令長官の真意は？

真珠湾攻撃は連合艦隊司令長官の山本五十《いそ》六《ろく》大将の発案によるものである。大佐時代に駐米大使館付海軍武官を務めた経験もある山本は、日本とアメリカの国力の違いを知り尽くしていた。そのため対米開戦には絶対反対の立場をとっていた。

しかし、連合艦隊司令長官という作戦現場の最高責任者として、いざ開戦となれば勝つための作戦を採《と》らなければならない。正攻法では勝ち目がない。

そこで山本は、緒戦《しょせん》で一撃を加えて短期決戦に持ち込もうと考えた。それが真珠湾の米艦隊主力への急襲である。

山本が真珠湾攻撃を具体案として初めて第三者に明かしたのは、一九四一年（昭和十六）一月のことである。海軍大臣及川古志郎《おいかわこしろう》大将にあてた「戦備ニ関スル意見」と題する三〇〇〇字近い長文の手紙で、そこに作戦構想を書いている。そして軍令部へ作戦案を提出したのは同年四月だった。

だが、山本案は海軍内で大反対にあう。海軍の作戦を立案決定する軍令部の構想では、戦争に不可欠な石油などの資源を確保するために、まず蘭印《らんいん》（オランダ領東インド、現在のインドネシア）を中心とする南方を攻略し、長期戦に耐えうる態勢を整えようとしていた。

しかし山本は反論した。南方作戦の最中に米艦隊が日本本土を攻撃してきたら、防ぐことはできない。南方作戦を成功させるためにも真珠湾の米艦隊主力を叩《たた》き、制海権を確保しておく必要があると。だが双方の主張は平行線をたどった。

山本が軍令部を恫喝し作戦が採用される

作戦担当者や作戦を実施する空母部隊幹部からは、真珠湾攻撃はあまりにもリスクが大きすぎるという意見が相次いだ。ハワイにたどり着くまでに発見される可能性も高い。もし発見されて空母が被害を受ければ、戦争の緒戦で戦力がそがれ、戦局は一挙に悪化してしまう。だが、山本は「リスクのない攻撃はない」との一念で譲らなかった。

山本は部下に作戦の研究を命じ、真珠湾攻撃の実現へ向けて準備を進めていった。反対理由の一つとして、水深の浅い真珠湾では航空魚雷を使うことは難しいと言われていたが、航空隊員は真珠湾に似ている鹿児島の錦《きん》江湾《こうわん》で猛訓練を重ね、深く潜らない改造魚雷を開発し、命中率を高めることに成功した。

山本と軍令部の対立は日米開戦がいよいよ現実味を帯びてきた十月十九日に決着をみた。

山本は作戦が採用されなければ連合艦隊司令長官の職を辞すと軍令部を恫喝《どうかつ》したのである。これにより永野修身《ながのおさみ》軍令部総長が折れ、真珠湾攻撃は実行されることとなった。

軍令部　海軍を統率する機関で、作戦計画や動員計画、将校の監督、海軍訓練の監視などを行なう。陸軍では参謀本部にあたる。その長である海軍の軍令部総長、陸軍の参謀総長は天皇に直接任命される親補職である。大日本帝国憲法の第一一条に「天皇ハ陸海軍ヲ統帥《とうすい》ス」と定められているように、天皇を最高司令官とする日本軍の作戦と運用に、政府は介入できない仕組みとなっていた。政府の行政機関である海軍省・陸軍省の権限は、人事・予算・装備などの軍政事務に限られていた。

作戦立案中の山本長官と幕僚（左端が宇垣参謀長、右端が渡辺参謀）

真珠湾上空の97式艦攻機

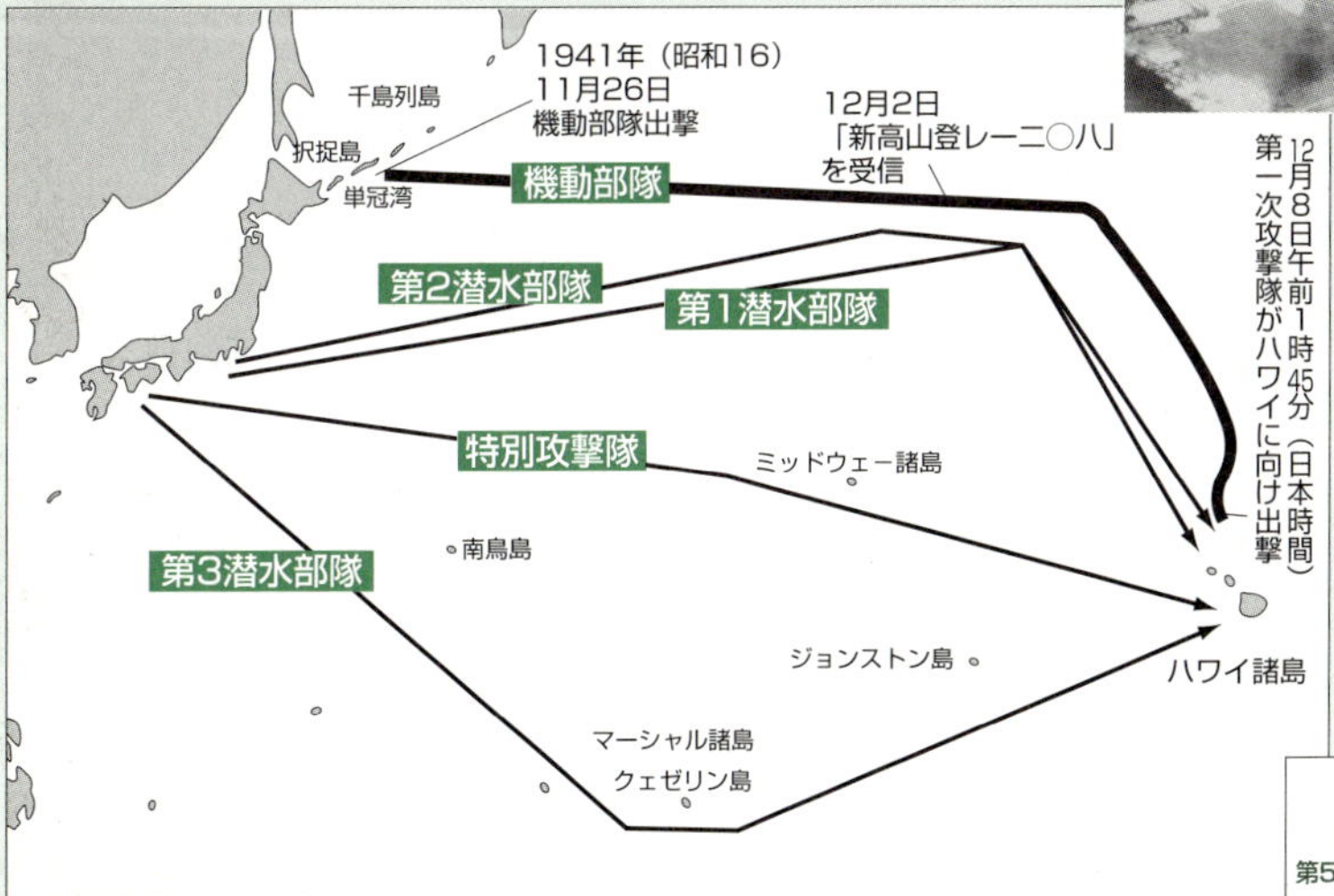

真珠湾への進撃ルート

真珠湾攻撃機の訓練基地

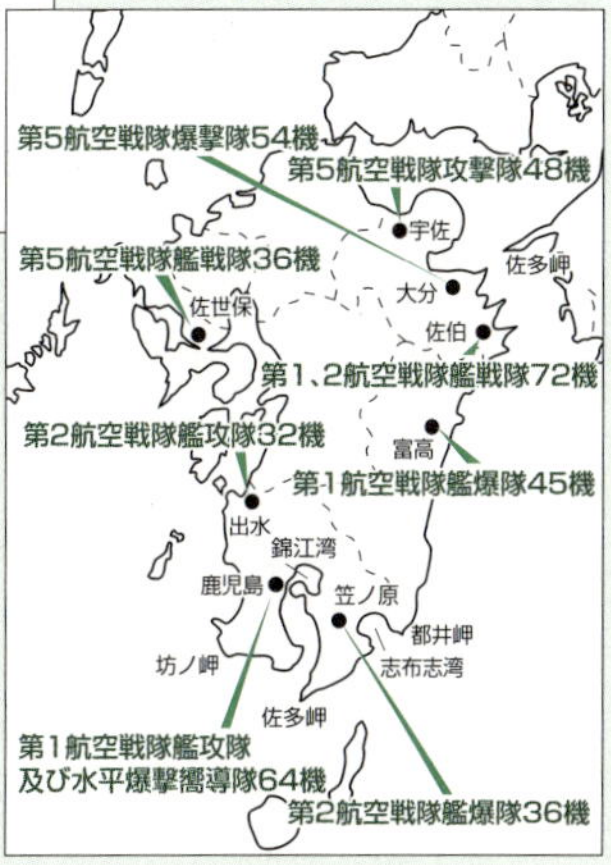

現在の鹿児島の錦江湾

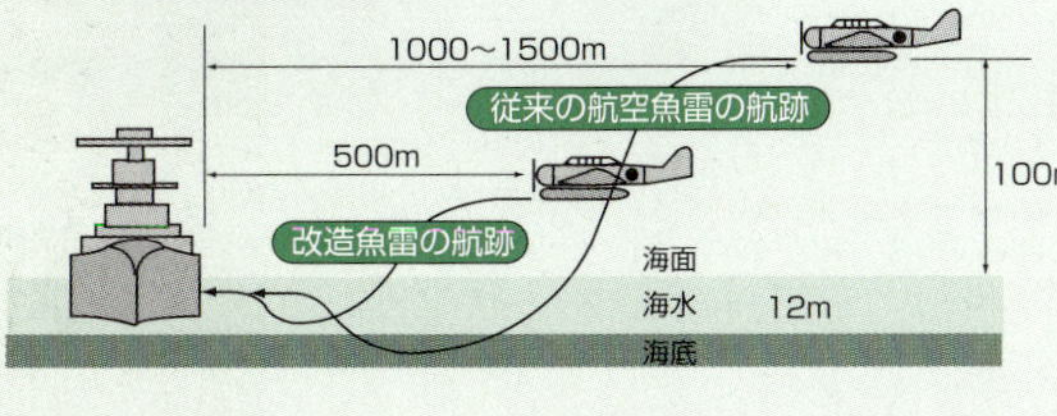

浅深度魚雷の構造

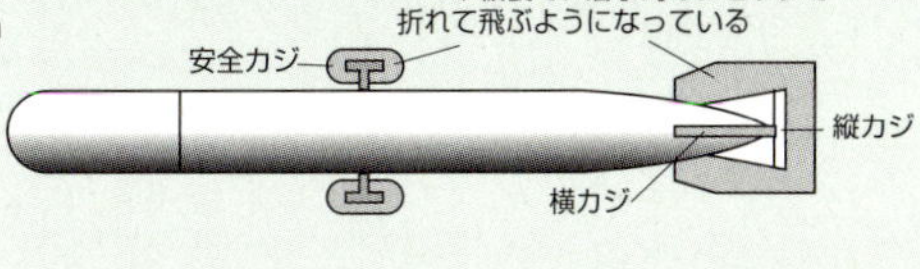
ベニヤ板製で、着水時のショックで

「真珠湾の騙し討ち」の元凶・在米日本大使館

日本大使館はなぜ「最後通牒」の手交を遅らせてしまったのか？

真珠湾への第一弾投下は予定時間どおりだった

アメリカの世論を参戦に一変させたのは真珠湾への「騙《だま》し討ち」だったが、日本は決して騙し討ちするつもりはなかった。

一九〇七年に結ばれたハーグ条約（日本の批准《ひじゅん》は明治四十四年）では、開戦に際しては「最後通牒《つうちょう》ノ形式ヲ有スル明瞭且《かつ》事前ノ通告ナクシテ」戦争を始めてはならないとされている。軍部では攻撃を効果的にするために宣戦布告なしの開戦も主張されていたが、外務省は国際関係に配慮して事前通告することを決めた。

では、なぜ騙し討ちの奇襲となってしまったのか。まず、アメリカの首都ワシントン時間にそって事実関係をみてみよう。真珠湾攻撃が開始されたのが午後一時二五分（ハワイとの時差は五時間三〇分）。駐米大使である野村吉三郎《きちさぶろう》と特命全権の来栖《くるす》三郎からコーデル・ハル国務長官に、日本の対米最後通牒が手渡されたのが午後二時二〇分。すでに攻撃開始から五五分がたっている。日本政府が駐米大使館に指示していた手交時間は真珠湾攻撃の三〇分前、午後一時だったので、予定より一時間二〇分も遅れてしまっていた。

ルーズベルト大統領宛の文書を抱え、車を降りる野村大使

日本大使館

手交の遅れは駐米大使館の怠慢

この時間の遅れの原因は駐米日本大使館の認識の甘さにある。十二月六日、日本政府からワシントンの日本大使館に向け暗号電の最後通牒が送られた。電報された覚書は一四部からなるが、一三部まではその日のうちに送信された。また、覚書を受け取ったことは極秘とすること、という指示電信も届いた。

ところが日本大使館ではこの覚書の重要性の認識に欠けていた。この六日は夕方から寺崎英成書記官の送別会が催されるため、大使館員は解読作業を中断してしまったのだ。送別会のあと、大使館員たちは解読作業を再開し六日中に解読をほぼ終えたようだが、清書はせずに、当直の一人を除いて帰宅してしまった。

翌七日、大使館は混乱をきわめた。午前一〇時三〇分、覚書は午後一時に国務長官に手交せよとの訓令とともに最後の一四通目が届けられた。野村大使はただちにハル国務長官に会見を申し込んだが、肝心の覚書の清書が間に合わない。覚書は機密保持上、タイピストに打たせてはならないと指示されていたのである。

来栖大使はそのときの様子を「七日の朝か

左より野村吉三郎大使、ハル国務長官、来栖三郎特使

ハワイ・オアフ島航空攻撃進入路

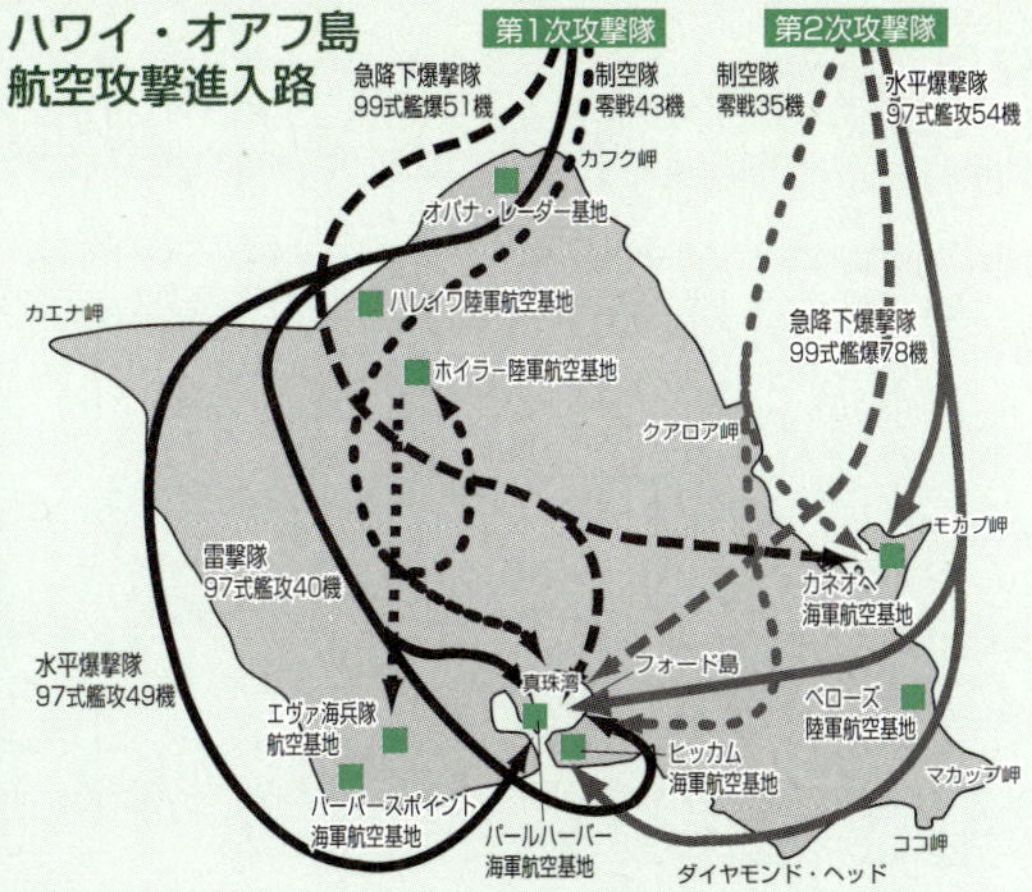

開戦直前でのアジア・太平洋の軍と艦隊の配備状況

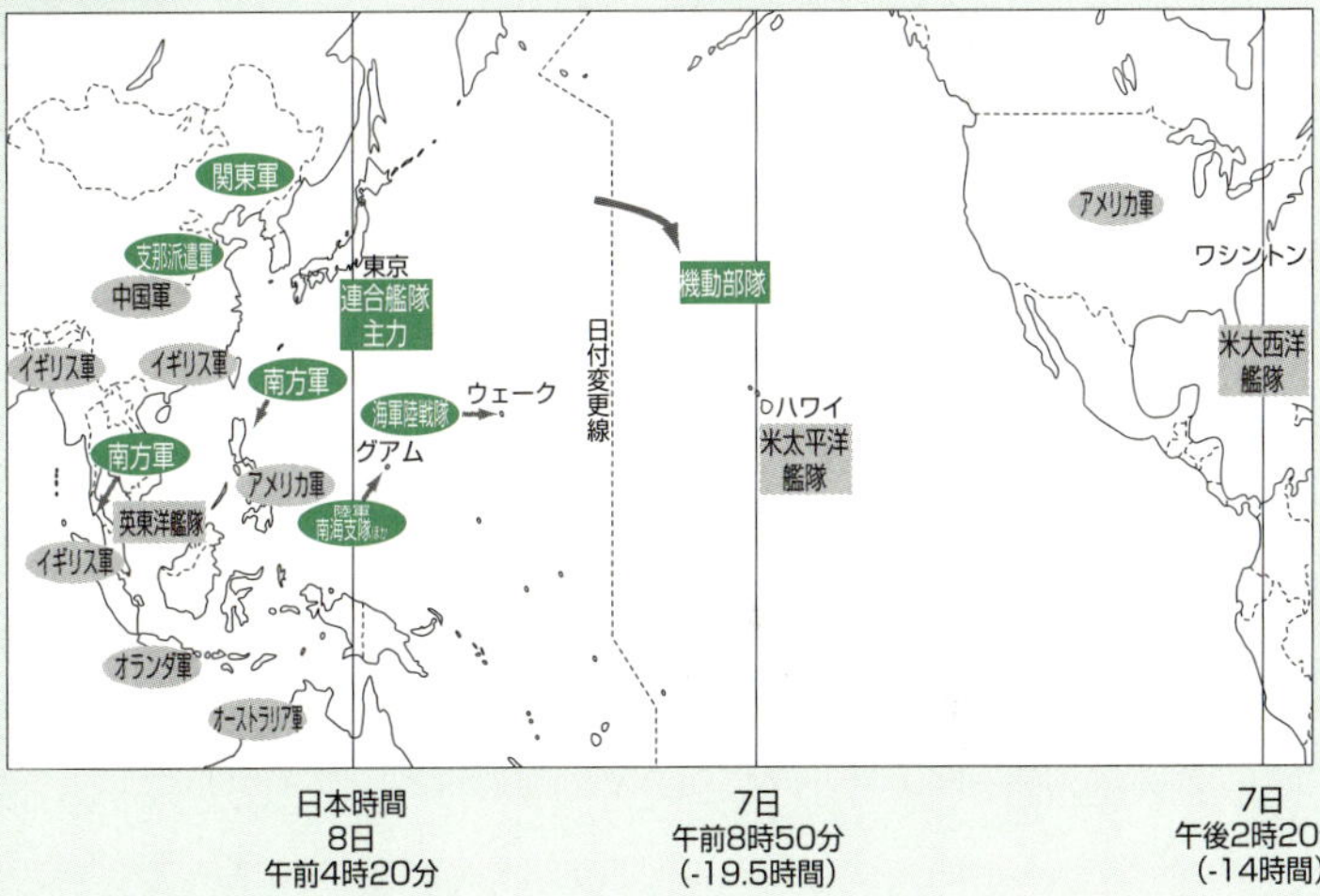

最後通牒の手交時間と攻撃開始時間

ワシントン時間

6日午後2時	東郷外相はアメリカの日本大使館へ、前もって重要文書の提出準備を指示
7日午前10時	アメリカ大統領は、日本側の最後通牒全文の報告を受ける
7日午後1時	日本政府はこの時間に最後通牒を渡せと命じた
7日午後1時25分	真珠湾攻撃開始
7日午後2時5分	ハル国務長官は日本軍のハワイ攻撃を知る
同時刻	野村、来栖両大使がハル国務長官を訪れる
7日午後2時20分	野村、来栖両大使がハル国務長官に最後通牒を手渡す

ら上級書記官が慣れぬタイプを自身で叩き始めたのである。何分にも興奮しているので、消したり直したりして仲々進まない」と書いている（栗栖三郎『日米外交秘話』）。

午後一時の手交が間に合わなくなったため、野村は米国務省に電話を入れ、会見時間を四五分延ばしてもらった。野村と来栖が国務省に着いたのは、さらに遅れて二時五分だった。すでに日本軍が真珠湾を攻撃しているとは夢にも思わず、ハルに通告書を手渡した。

実はアメリカ政府は日本の外務省からの電報を解読し、ハルはその内容を知っており、真珠湾が攻撃されているという報告も受けていたのだが、文書を手にしたハルは「こんな恥知らずの外交文書を受け取ったのは初めてだ」と怒りをあらわにした。

打ち沈んだまま大使館に戻った両大使は、そこで初めて真珠湾攻撃を知ったのだった。

宣戦布告　一九〇七年にハーグ条約で定められたように、戦争の開戦に際しては、敵国政府への正式な開戦通告が義務づけられている。

日本は日露戦争でも宣戦布告前に戦闘を開始しているが、一九〇四年のことであり、真珠湾攻撃のときのような国際的な非難はあびなかった。

日中戦争では、宣戦布告がなされないまま紛争が拡大している。日本政府は紛争の局面が変化、拡大するにつれ、北支《ほくし》事変、日華《にっか》事変、日支《にっし》事変、支那《しな》事変と名称を変え、戦争とみなさなかった。

また、満州事変に端を発する中国大陸での戦乱は、昭和六年から二十年まで続いたことから、戦後「十五年戦争」と呼ばれることも多い。

真珠湾攻撃よりも早かった陸軍のマレー上陸作戦

五五日間でマレー半島一一〇〇キロを縦断した日本軍の快進撃

太平洋戦争の開始はマレー上陸作戦から

太平洋戦争は真珠湾攻撃によって始まったとイメージする人が多いかもしれないが、実際は真珠湾奇襲より一時間五〇分も前に、イギリスの植民地であったマレー半島で戦闘が開始されている。日本軍のマレー上陸作戦である。

日本陸軍は開戦劈頭《へきとう》、東南アジア全体を攻略しようとする南方作戦を立てた。蘭印《らんいん》（オランダ領東インド、現インドネシア）の石油をはじめ、マレー半島のゴムや錫《すず》など戦争遂行に欠かせない地下資源を確保し、長期戦にそなえるためである。

マレー半島の先端、シンガポールはイギリス東洋艦隊の根拠地となっていて、港には巨大な一五インチ砲が海に向かって据え付けられている。

そのため日本軍はマレー半島のつけ根に上陸し、そこから約一一〇〇キロを縦断することにした。

マレー半島の英印軍をわずか五五日で攻略

マレー・シンガポール攻略戦は山下奉文《やましたともゆき》中将率いる第二五軍が担当した。十二月八日午前一時三〇分、日本軍はマレー半島のコタバルに上陸を開始した。上陸したのは兵力約五三〇〇名の侘美《たくみ》支隊（第十八師団第五六連隊基幹）で、コタバルにある英軍飛行場の制圧が第一の任務である。

飛行場から発進した英軍の爆撃機や戦闘機の反撃もあり、侘美支隊は日没まで海岸に釘づけにされたが、翌日には飛行場を制圧し、コタバル市を占領した。

コタバルの他にも同じ八日、タイ領のシンゴラには第二五軍の司令部と第五師団が、パタニにも第五師団の一部が上陸している。こちらが攻略戦の主力である。

タイは東南アジア唯一の独立国だったが、日本は上陸後にタイのピブン首相と交渉し、軍事通過協定を結んだ。これは日本軍への一方的な協力を約束させたもので、タイは事実上、日本の占領下におかれた。

マレー半島はシンゴラからシンガポールまで西海岸を鉄道が走っている。日本軍の主力は鉄道に沿って南下した。

タイとマレーの国境近くにはジットラ・ラインという英軍の防御陣地が築かれ、英軍司令官アーサー・A・パーシバル中将は「日本軍がどんな大人数で攻めてこようと、二、三ヵ月は防いでみせる」と豪語していた。しかし約六〇〇名の佐伯《さえき》挺身隊は、多くの犠牲を出しながらも二日間で突破した。

その後も日本軍は快進撃を続け、途中、英印軍の激しい抵抗に遭《あ》いながらも、上陸から五五日目の一九四二（昭和十七）年一月三十一日、シンガポールを望むジョホールバルに到達した。

英印軍　マレー半島のイギリス軍守備隊は、指揮官こそイギリス人が務めるが、下級兵士の大半はインド人だった。当時、インドはイギリスの植民地であり、列強からの植民地の解放をうたっていた日本に対して、敵対心よりむしろ共感を覚えるインド人兵士も少なくなかっただろう。

また、藤原岩市《いわいち》少佐を中心とした陸軍の特務機関である藤原機関（F機関ともいう）がマレーに潜入し、インド兵に投降をうながし、マレー青年同盟（YMA）やインド独立同盟（IIL）などと手を結び、反英運動を展開した。

工兵隊の架け橋を渡る歩兵部隊。鰐の住む流れに人間橋脚となって架設した橋は二五〇もある

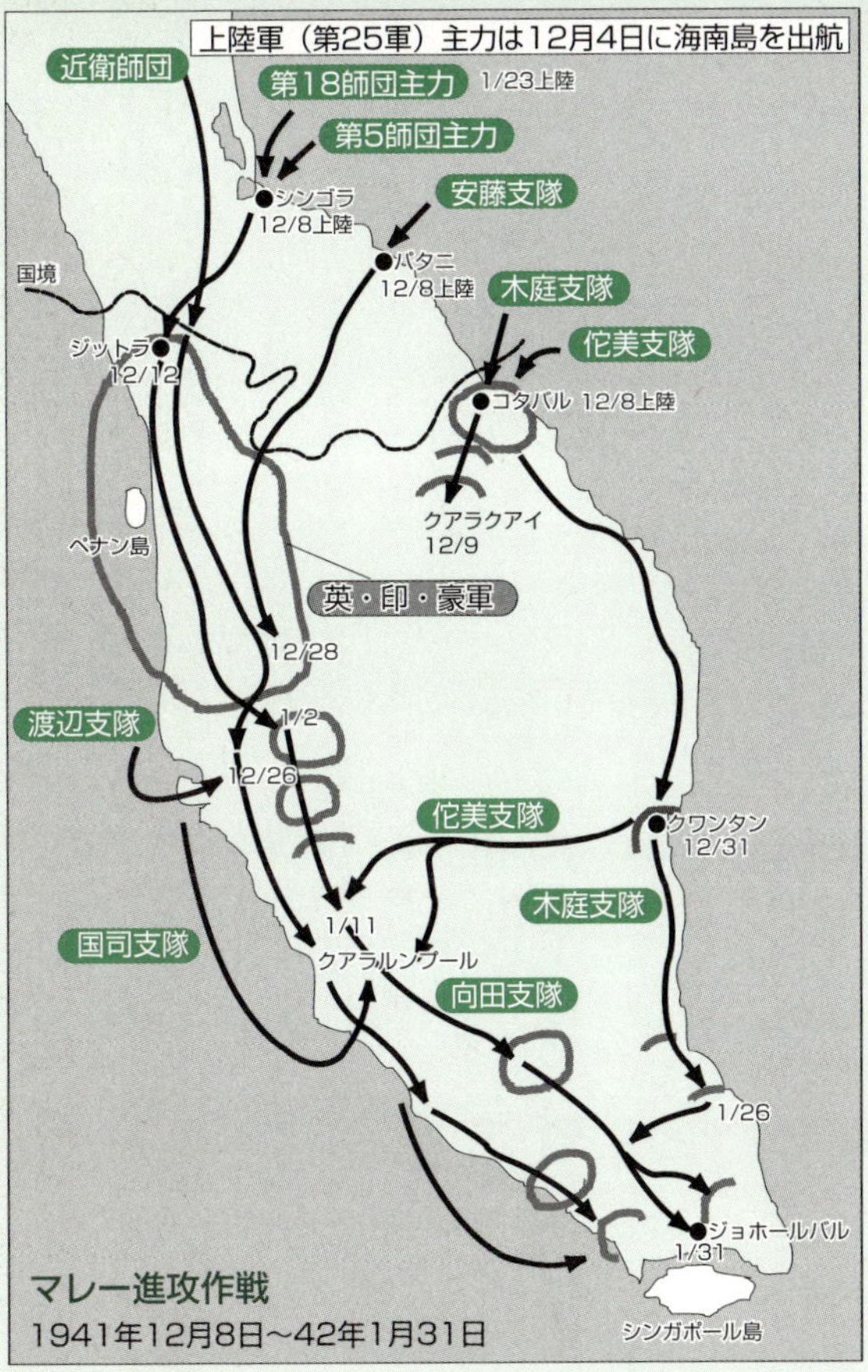

英軍が退却に際して火を放った村々のかたわらを進む銀輪部隊

マレー上空で敵戦闘機を撃墜した陸軍戦闘機「隼」

意外に早かったシンガポールの英印軍降伏

世界初、航行中の戦艦を航空攻撃で撃沈した日本の基地航空隊

チャーチル首相も衝撃！最新鋭戦艦の撃沈

日本軍によるマレー上陸作戦が開始されると、マレー侵攻を阻止すべく、イギリス海軍の東洋艦隊がシンガポールを出航した。三六センチ砲一〇門を備えた最新鋭の戦艦「プリンス・オブ・ウェールズ」と三八センチ砲八門をもつ巡洋戦艦「レパルス」が基幹である。対する日本軍はマレー上陸支援にあたった南《なん》遣《けん》艦隊で、まともな戦艦も空母もなかった。

十二月九日、日本軍の潜水艦が東洋艦隊を発見した。南遣艦隊の司令長官である小沢治《じ》三郎《さぶろう》中将は、重巡洋艦五隻と軽巡洋艦四隻を集めて、夜戦を企図《きと》した。ところがこの夜は悪天候のため、英艦隊を見失ってしまった。

開戦前、日本軍は基地航空部隊をサイゴン付近に進出させていた。十二月十日午前一一時四五分、サイゴンを発進した索敵機がクワンタン沖で「プリンス・オブ・ウェールズ」と「レパルス」を発見した。ただちに美幌《びほろ》、元山《げんざん》、鹿屋《かのや》航空隊の陸上攻撃機約八〇機が出撃し、三派に分かれて英艦隊に襲いかかった。

英軍は日本軍航空部隊の能力を「イタリア軍と同程度、ドイツ軍よりも遙かに劣る」と見積もっていたため英東洋艦隊に護衛の戦闘機はついていなかった。英艦隊は対空砲火で応戦したが、爆弾一発、魚雷一四発を浴びた「レパルス」が午後二時過ぎに沈み、続いて二時五〇分には爆弾二発、魚雷七発が命中した「プリンス・オブ・ウェールズ」も沈没した。日本軍の損害は陸攻三機だけだった。

航行中の戦艦を飛行機だけで撃沈したのは、このマレー沖海戦が世界で初めてで、英首相チャーチルは「あらゆる戦争で、私はこれほどの直接のショックを受けたことはなかった」と、のちに回想している。

紀元節に合わせてシンガポールを攻略せよ

マレー半島を一日平均二〇キロで進撃し、ジョホールバルに集結した六万の日本軍は、シンガポールを二月十一日に完全占領という目標を立てていた。神武《じんむ》天皇が即位したといわれる紀元節（現在は建国記念日）にあたるからである。

二月九日、日本軍は対岸のシンガポール島に上陸した。約一三万の英印軍との戦闘はシンガポールの西側が中心となり、なかでも標高一八〇メートルのブキテマ高地では一進一退の激戦が繰り広げられた。

紀元節も過ぎ、砲弾も底をついた二月十五日、日本軍は攻撃の一時中止を検討していた。ところがそこに、突如、英軍から停戦の申し入れがあった。英軍側も食料がほとんどなくなっていたのだった。

同日午後七時、山下奉文《ともゆき》軍司令官は英印軍

上が「レパルス」。下が「プリンス・オブ・ウェールズ」

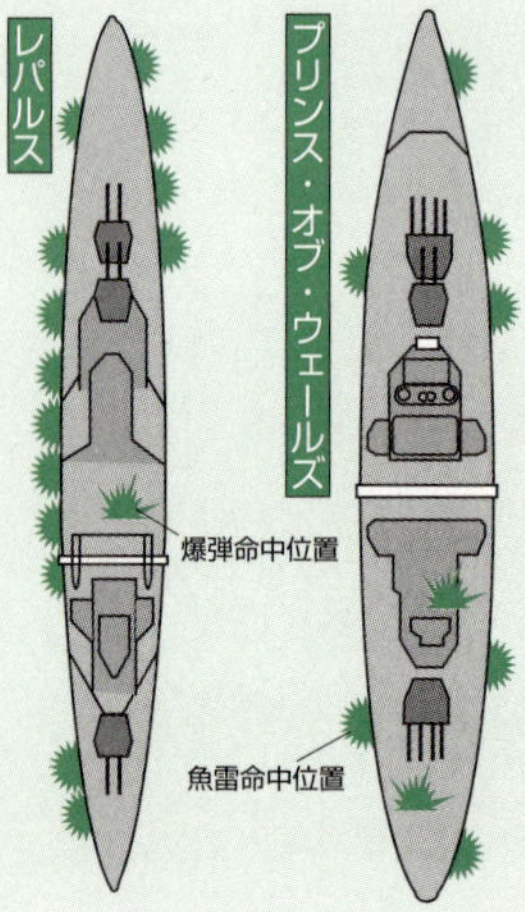

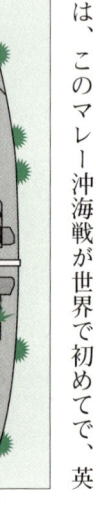

フォード自動車工場で、パーシバル将軍と交渉する山下将軍

シンガポール入城。ラッフルズ広場を行進する日本軍

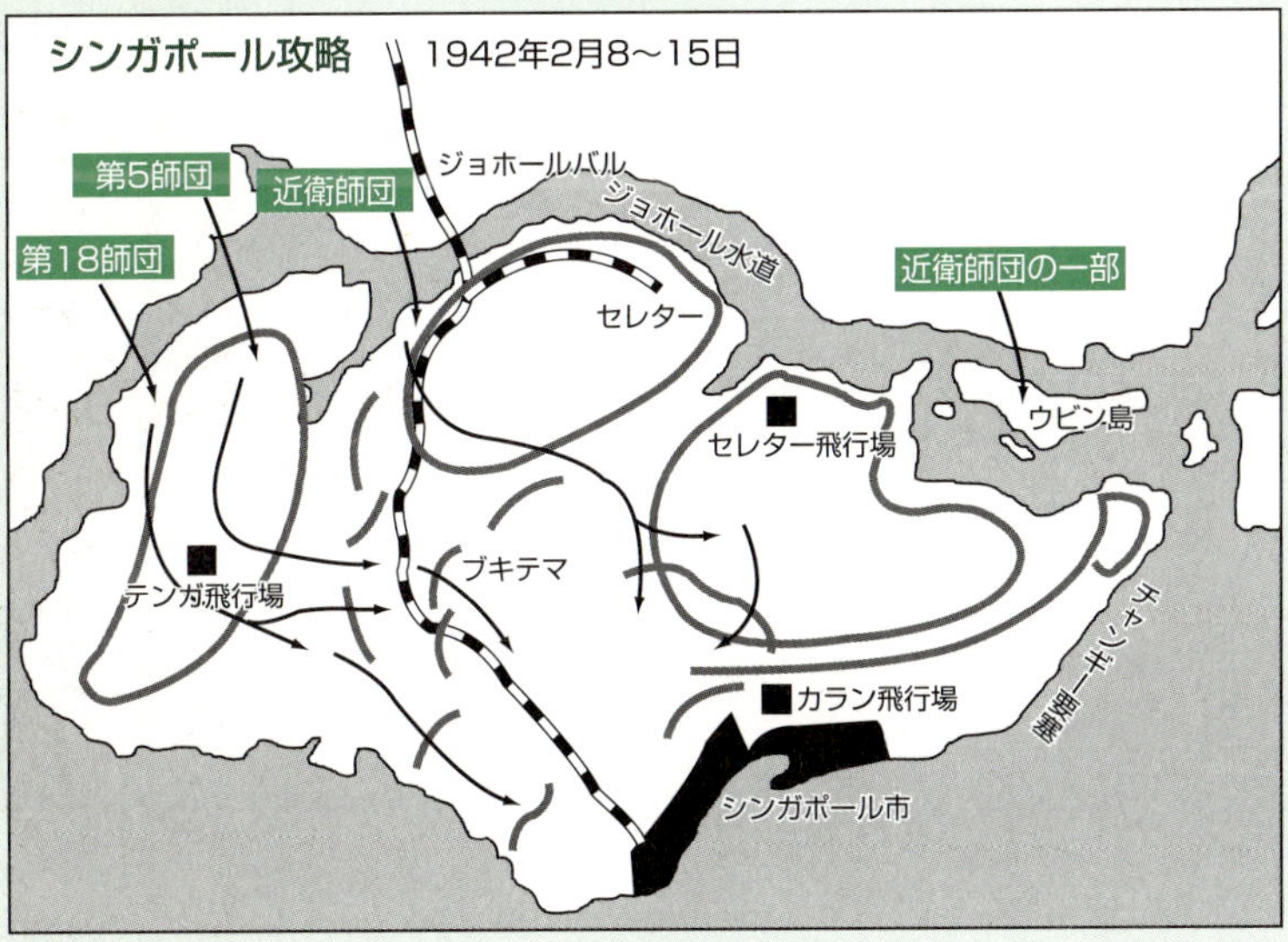

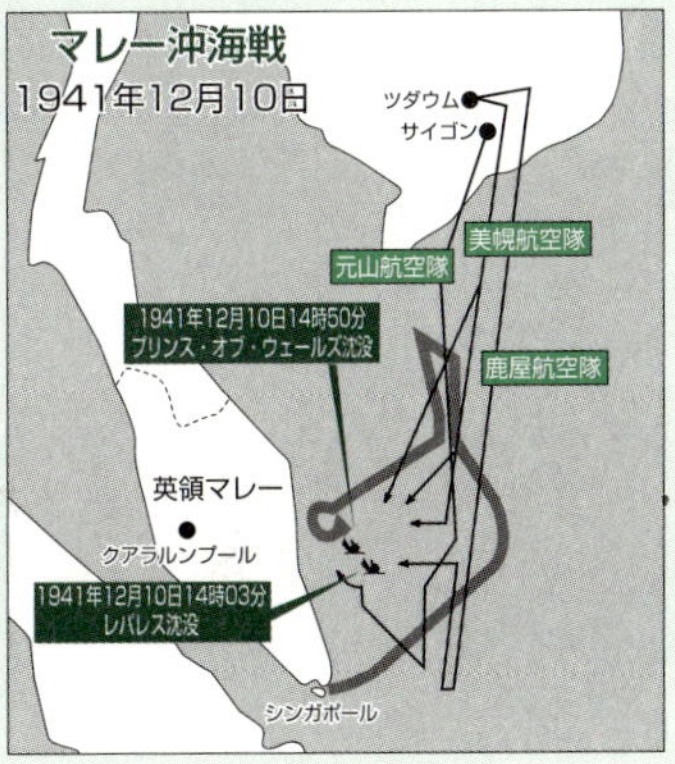

総司令官パーシバル中将とブキテマのフォード自動車工場で会見した。停戦を申し入れるパーシバルは、シンガポールの治安維持を任せてほしいと主張した。それに対し山下は、「夜襲の時刻も迫っているが、英軍は降伏するのかどうか。『イエス』か『ノー』で返事をせよ」と強く迫った。

やむなくパーシバルは「イエス」と回答したのだが、日本では山下の「イエスかノーか」という言葉だけが有名になり、テーブルをドンと叩いて降伏を迫る絵も描かれた。

しかし、実際にはそれほど高圧的な態度ではなかったと、山下自身もたびたび弁明していたという。

戦艦　軍艦の艦種の一つで、太平洋戦争開戦時は海軍力の主力とされていた。敵艦隊との決戦が想定され、大口径の砲と、敵の砲撃に耐えるための強力な装甲を備えていた。

開戦時、日本海軍の戦艦部隊主力は山本長官とともに瀬戸内海の泊地におり、他は真珠湾攻撃に出撃していたため、英東洋艦隊に対抗できるのは「金剛《こんごう》」「榛名《はるな》」（ともに三六センチ砲八門）しかなかった。主砲は口径が大きいほうがより強く、遠くへ届くため、主砲の大きいほうが圧倒的に有利である。

開戦時、帝国海軍の保有する戦艦は一〇隻で、兵装は「長門《ながと》」級のもつ四一センチ砲の主砲が最大だったが、開戦直後の昭和十六年十二月十六日には、世界最大の四六センチ砲を備えた戦艦「大和」が竣工した。

だが、戦艦が航空機によって撃沈されたマレー沖海戦などを教訓に、連合国は空母と艦上機を中心とした編成に移行し、のちに四六センチ砲を誇る「大和」も航空機による攻撃で沈没した。

日本軍を助けたジャワの「救世主伝説」

オランダからの独立をめざす住民の前に、空から救世主が舞い降りた…

日本軍の占領目的は豊富な石油資源

蘭印《らんいん》はオランダ領東インドの略で、現在のインドネシアにほぼ匹敵する。

蘭印は年生産八〇〇万トンというアジア有数の石油産出国であり、他にもゴム、ボーキサイト、錫《すず》、マンガン、ニッケルなど豊富な資源を産出した。アメリカから石油の輸出を停止された日本にとって、この蘭印の資源はのどから手が出るほどほしかった。

しかし、蘭印の石油資本はほぼアメリカとイギリスに握られており、ここを攻略することは、すなわち米英との戦争を意味した。日本軍の南方作戦は、すべてがこの蘭印の石油の確保に帰結する。

蘭印の首都はジャワ島のバタビアだったが、日本軍は石油が出るボルネオ島とスマトラ島から攻略を開始した。

一九四二年（昭和十七）一月十日、坂口支隊約五〇〇〇名がボルネオ島に上陸した。坂口支隊は約一ヵ月かけてボルネオ島を攻略したが、奪取目的であった油田や製油所の大部分はオランダ軍によって破壊されていた。

残るはスマトラ島の石油施設である。なんとしても無事に確保したい。そこで日本軍は約三〇〇名の落下傘部隊を投入し、二月十四日、パレンバン上空から奇襲攻撃を加えた。翌日も第二次の落下傘部隊が降下し、二十日までにパレンバンの主要な製油所を占領した。

蘭印住民の熱烈な歓迎に日本軍は応えなかった

パレンバンの製油所は、一部は破壊されていたものの、おおむね無傷であった。それは現地住民が、オランダ軍の命令を無視して施設を破壊しなかったからである。

インドネシアには古くから伝わる伝説があった。それは「天から白い衣をまとった神が舞い降り、われわれを解放してくれる」「北方から黄色い人々がやってきて、われわれを解放してくれる」というもので、前者には日本軍の落下傘部隊があてはまり、後者には黄色い顔の日本兵がぴったりだった。

伝説を信じている蘭印の人々は、突如天から舞い降りてきた日本軍を救世主と信じ、熱烈に歓迎し、オランダ軍の命令を無視したのだった。

蘭印の中心であるジャワ島攻略は三月一日から始まったが、オランダ軍はわずか一週間で降伏した。五〇〇〇万の住民が日本軍に味方したのでは、オランダ軍はかなわない。ここでも日本軍は住民の熱烈な歓迎を受けた。

もちろん蘭印の人々が日本軍に協力したのは、伝説のせいだけではない。蘭印では独立インドネシア委員会が日本軍へ協力をすることによって、オランダからの早期独立達成の夢を膨《ふく》らませていたのだ。

熱烈な歓迎を受けた日本軍だったが、その目的は石油資源の確保であり、彼らを独立させるためではない。蘭印の占領は、インドネシアの独立にはつながらなかったのである。

蘭印の連合軍捕虜　戦闘開始時の蘭印には約八万名強の連合軍がいた。上陸した日本軍は約五万五〇〇〇名で、総兵力では連合軍のほうがはるかに上回っていた。そしてジャワ戦終了後の連合軍捕虜は、蘭印軍約六万六〇〇〇、オーストラリア軍約五〇〇〇、英軍約一万、米軍約九〇〇名だった。

蘭印の油田を獲得し、原油を手に入れた日本軍

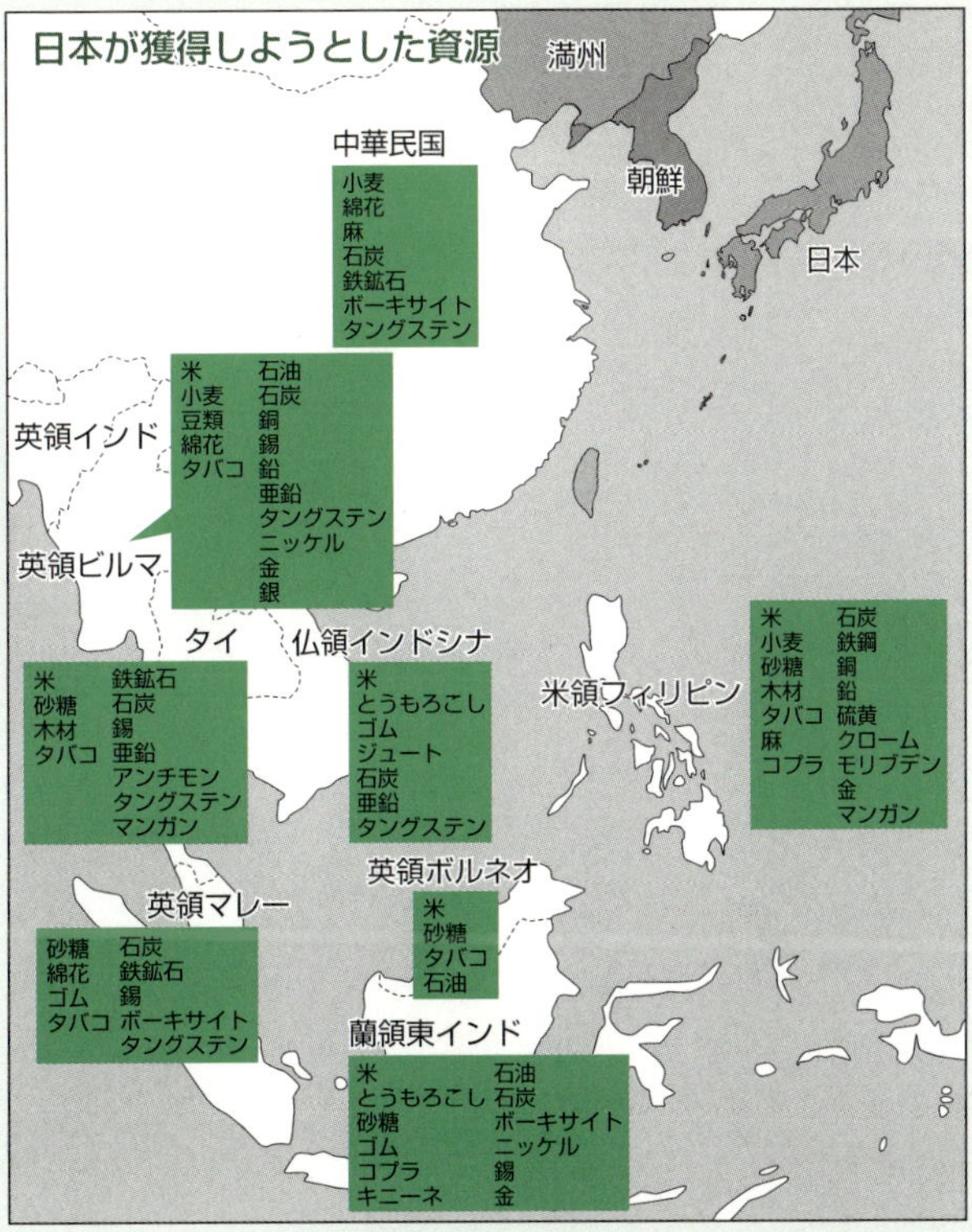

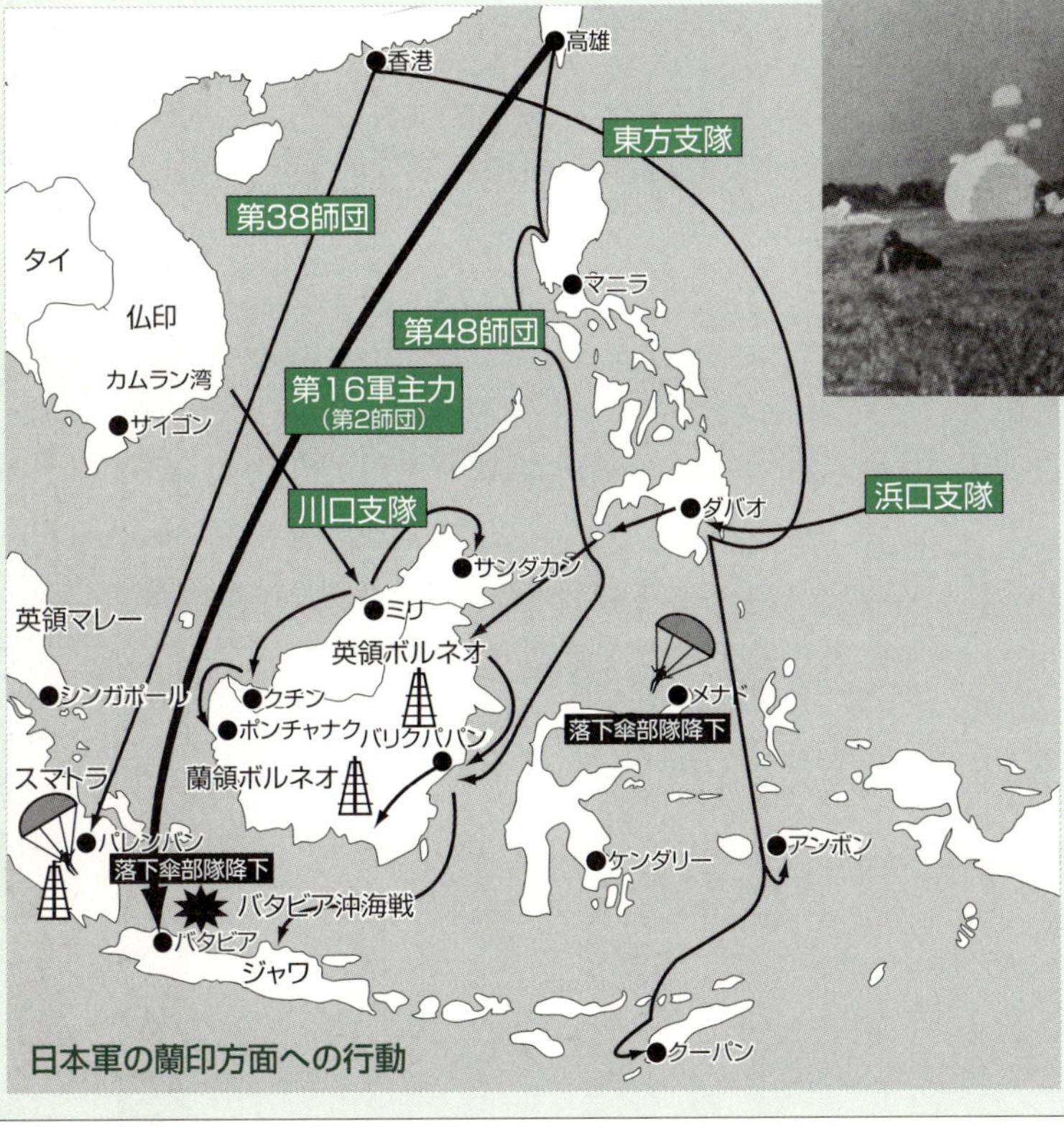

パレンバンに降下した日本軍

市民に歓呼の声で迎えられたビルマ独立義勇軍

日本軍とともに英軍を駆逐した若き戦士たちは、なぜ反日に走ったか

独立運動家たちに期待した反英闘争と援蒋ルート遮断

日本軍がイギリスの植民地ビルマ（現ミャンマー）を攻略する目的は、援蒋《えんしょう》ルートを遮断することにあった。太平洋戦争が始まったとき、日中戦争はすでに四年以上もたっていた。その間、蒋介石《しょうかいせき》の中国軍は米英からの支援を受けており、そのため日本軍に対する抵抗はやまなかった。

米英からの援助物資は、仏印《ふついん》（フランス領インドシナ）経由のほかにビルマ・ルートがあった。ラングーンに陸揚げされ、それをトラックに積み替えてマンダレー、ラシオをへて中国の雲南省に入り、昆明《こんめい》に運ばれた。これらが援蒋ルートである。

ビルマの攻略は急がれていたが、日本軍にはビルマ攻略に充《あ》てる兵力がなかった。そこで一九四〇年（昭和十五）に鈴木敬司大佐が率いる特務機関「南機関」が、ビルマで独立運動を続けている若い指導者たちに接触した。

その結果、ビルマ人はイギリスからの独立の願望が強力なことを知り、ビルマの独立運動家を支援することにした。

南機関は三〇名の若い独立運動指導者をビルマから脱出させ、中国の海南島で軍事訓練をほどこした。日本軍は訓練終了後、彼らを中心にビルマ軍を組織させ、ビルマ国内で反英闘争を起こさせる考えだった。

ビルマの独立は認められず日本軍に銃を向けたビルマ軍

マレー作戦が順調に進んだため、日本軍は予定よりも早い一九四一年（昭和十六）十二月二十日、第一五軍にビルマ攻略命令をくだした。

ビルマ独立義勇軍約三〇〇〇名は、日本軍とともに進撃した。第一五軍の第五五師団と第三三師団は一九四二年末にはタイの国境を越えた。ビルマに入ると、ビルマ独立義勇軍には志願兵が続々と加わってきた。

日本軍は二月末にシッタン河を渡り、そこで初めてイギリスの優秀な戦車隊に遭遇した。装備で劣勢だった日本軍だが、そこは得意の夜襲と肉弾戦で切り抜け、三月七日ペグーを占領した。

翌八日、第三三師団がラングーンに突入した。しかし、すでに英印軍は前日に同市を退却していたため、無血占領となった。日本軍はビルマ独立義勇軍を伴っていたため、ラングーン市民は歓呼の声で出迎えた。

「ドウバーマー！（ビルマ万歳！）」と叫びながら進軍した義勇軍は、ラングーン到着の時点では六〇〇〇名にふくれ上がっていた。義勇軍には民衆も集まり、その後の追撃戦では補給や情報、渡河《とが》作戦での援助など、日本軍を陰でバックアップした。

だが、義勇軍は独立を宣言することはでき

義勇軍の指揮官だったアウン・サン将軍。現在ミャンマーで軍事政権に抵抗するアウン・サン・スーチー女史の父

仏教徒も最初は日本軍を歓迎した

創設されたビルマ防衛軍の行進

バー・モ国家代表によるビルマの独立宣言

ラングーンで給水サービスを受ける日本軍兵士

イェナンジョン油田攻略作戦

なかった。日本軍が認めなかったからである。義勇軍自身の力で英印軍を倒していれば事態は変わっていたかもしれないが、自分自身の手で英印軍を制圧した日本に、ビルマを独立させるつもりはなかった。

日本軍は義勇軍をビルマ防衛軍として再編した。そして「大東亜共栄圏の一員」として独立を認めたのは一九四三年（昭和十八）八月であった。

しかし、その頃にはビルマ中に反日感情が広まっていた。そのため戦争末期、連合軍がビルマ奪還にやってくると、反乱を起こして連合軍についたのである。

南機関　一九四〇年（昭和十五）に鈴木大佐がビルマに潜入した際に名乗った「日緬協会書記兼読売新聞記者・南益世」にちなんでつけられた名称。当初は大本営直属の特務機関だった。

戦後の一九八一年、ビルマ政府は軍国主義日本と南機関を区別して、旧南機関員七人に「アウン・サン旗」勲章を贈って功績を称えた。

ビルマの中国軍　ビルマ防衛の英印軍は約三万ほどだったが、ビルマにはこのほかに約一〇万の中国軍が中部ビルマに派遣されつつあった。この中国軍は米軍のスティルウエル中将が指揮する部隊で、米軍製装備を与えられた精鋭だった。

ビルマの連合軍で最も頑強に日本軍に抵抗したのは中国軍で、退却に際してはビルマと中国の雲南省の間に架かる恵通橋を破壊、ビルマ公路（援蔣ルート）の生命線を自ら絶った。

新援蔣ルート　日本軍にビルマを占領された連合国は、援蔣ルートを空に変更した。インド東部アッサム州のチキンスキヤからヒマラヤを越え、昆明への空輸を開始したのである。

その量は、月間一〇〇トンという小規模なものだったが、翌一九四三年夏頃には、月三〇〇〇～四〇〇〇トンにまで増強された。

新鋭の英東洋艦隊を壊滅した南雲機動部隊

ビルマへの補給路を得るための、インド洋制海権奪取作戦

事前に情報を察知し避難していた英艦隊

ビルマの首都ラングーンを占領した日本軍にとって、ビルマ全土の攻略作戦を進めるためには、海路からの軍需品輸送が不可欠だった。当時、インド洋のセイロン島（スリランカ）には英軍の二大基地、商港コロンボと軍港トリンコマリーがあった。

海路からビルマへの軍需品輸送を行なう場合、この二つの英拠点をほうっておけば、必ず有力な英艦隊が日本軍の輸送を阻止してくるはずである。

つまりビルマを完全攻略するには、事前にこの二つの英軍基地と英東洋艦隊に打撃を与えておかなければならなかった。

当時、インド洋に展開する英海軍は、先のマレー沖海戦で戦艦「プリンス・オブ・ウェールズ」と重巡「レパルス」を失ったとはいえ、まだまだ強力だった。沿岸の陸上基地には約三〇〇機の航空機も配備されていると見られた。

一九四二年（昭和十七）三月二十六日、セレベス島南東岸のスターリング湾で訓練にあたっていた南雲《なぐも》機動部隊は、セイロン島へ向けて出撃した。対する英軍は日本艦隊がセイロン島奇襲を四月一日にしかけてくるという情報を米軍から入手し、戦艦五隻、空母三隻からなる機動部隊をマルダイブ諸島の秘密基地周辺に避難させていた。

だが、日本艦隊は四月一日になっても、翌二日になっても現れなかった。攻撃予定日が四月五日に変更されていたのである。

四月五日、南雲機動部隊は予定どおりコロンボ空襲を敢行した。しかし、目当ての艦隊はおらず、攻撃隊は駆逐艦と仮装巡洋艦を一隻ずつ撃沈しただけだった。

同じ日の午後、索敵機が英重巡「ドーセットシャー」と「コンウォール」を発見した。日本軍はただちに攻撃を開始し、わずか十数分で両艦を撃沈してしまった。

空母「ハーミス」を撃沈してインド洋の制海権を奪取

四月九日午前九時、南雲機動部隊は英軍の軍事基地トリンコマリーを空襲した。しかし日本軍の動きを察知した英軍は、事前にすべての艦船を退避させていた。

ところが攻撃隊がトリンコマリーの攻撃を終えた直後、南方海域で「敵艦発見！」の報告が入った。英軍の軽空母「ハーミス」と駆逐艦三隻であった。

午前一一時四三分、母艦を発進した江草隆《たか》繁《しげ》少佐指揮の第二次攻撃隊の艦爆八五機と零戦六機は、約一時間四〇分後に「ハーミス」を発見した。

江草少佐は「全員突撃」を下命するやいなや、真っ先に「ハーミス」めがけて急降下爆撃に入った。「ハーミス」を攻撃した艦爆四五機の命中弾は三七発で、なんと八二パーセントの命中率だった。

やがて「ハーミス」は沈没、さらに日本の艦上機隊は駆逐艦、商船、補給艦などすべてを撃沈した。また敵戦闘機群をも次々に撃墜、トリンコマリーの敵基地も壊滅状態に追い込んだ。

こうして、南雲機動部隊はセイロン島攻撃の目的を達成し、日本はインド洋の制海権を奪取したのだった。

◆インド洋作戦

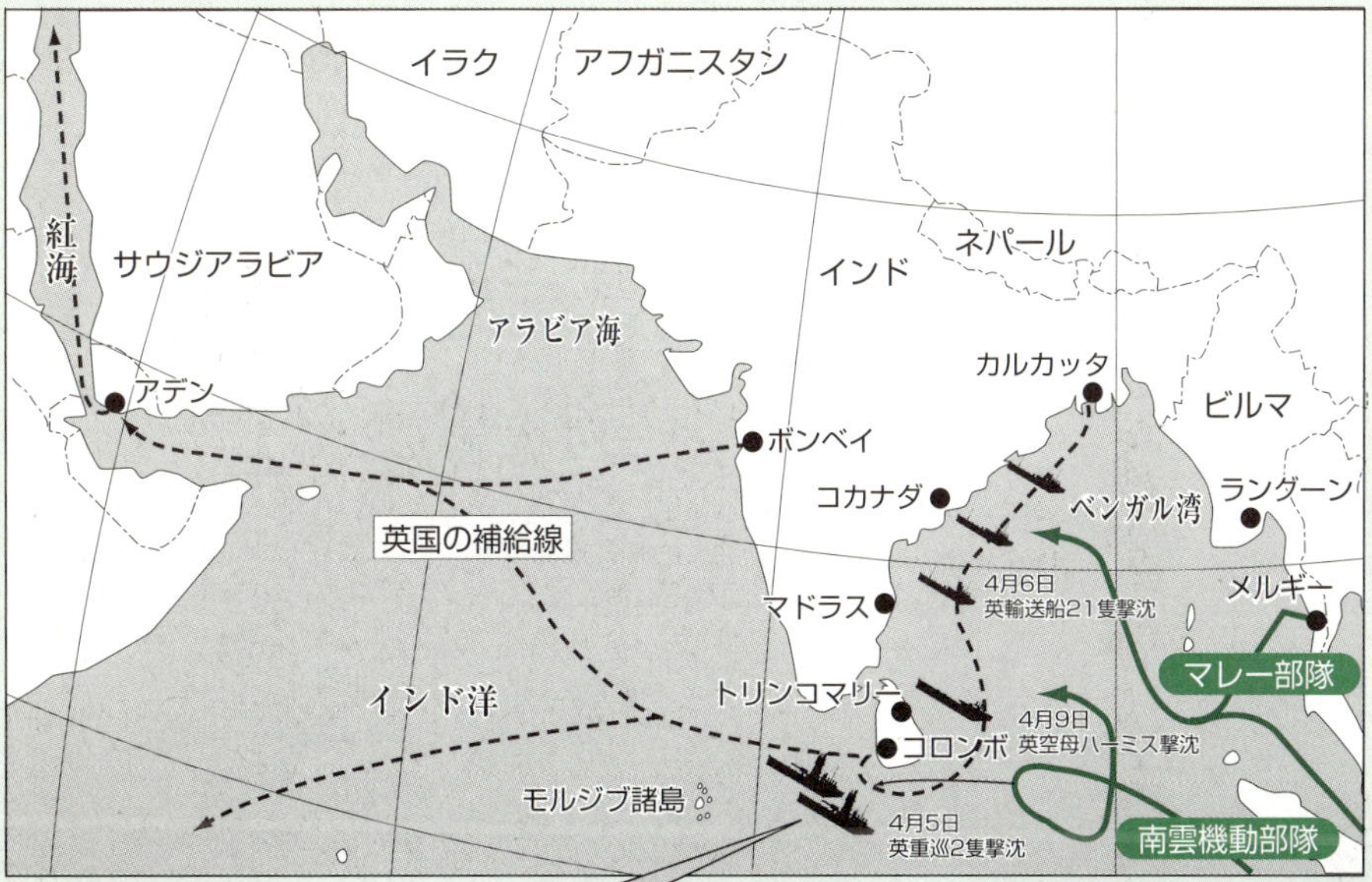

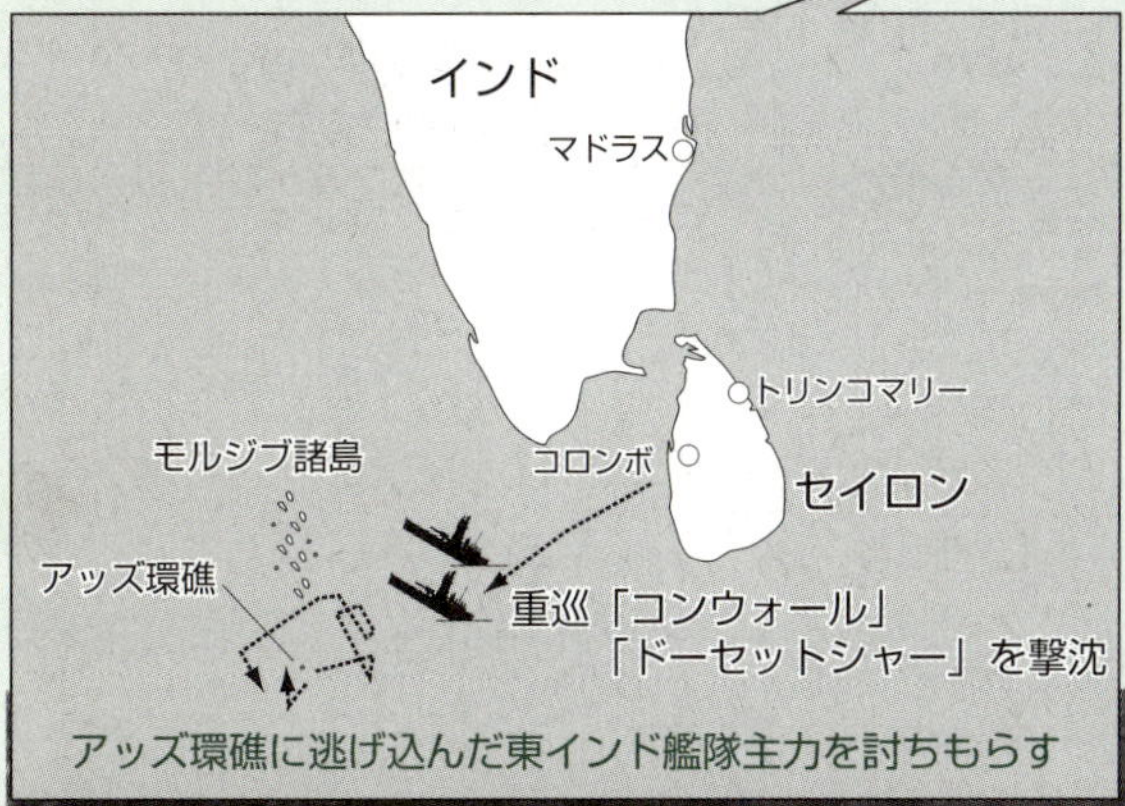

日本軍機の攻撃で沈没する英重巡「コンウォール」

沈没する英空母「ハーミス」

COLUMN 2

開戦に反対し、短期決戦と早期講和を希求

山本五十六［やまもと・いそろく］

1884年生まれ。海軍大将・元帥《げんすい》、開戦時の連合艦隊司令長官、1943年4月18日・搭乗機が撃墜されて戦死

空母機動部隊による真珠湾奇襲を思いつき、大方の反対を押し切って強行した山本五十六は、アメリカとの戦争に最も反対していた一人だった。

アメリカとの戦争は太平洋を舞台とすることになり、その勝敗は日本海軍がアメリ海軍に勝てるかどうかにかかっていた。日本海軍の最高首脳は大部分が「勝てない」と判断していたが、山本は開戦直前まで、「勝てない戦争をすべきではない」と、ことあるごとに主張していた。

そんな大将が連合艦隊司令長官のポストにいては、戦争どころではなかったはずだが、「山本を更《こう》迭《てつ》せよ」という声はいっさい出なかったという。

山本の対米戦争反対はかなり以前からのものであった。それが典型的にあらわれたのが、米内光政《よないみつまさ》海軍大将が海軍大臣、山本が海軍次官、井上成美《しげよし》海軍少将が海軍省軍務局長の時代である。

この時期、陸軍は日独伊三国同盟を提案してきたが、米内・山本・井上のトリオは職を賭《と》して同盟に反対したのだ。

その理由は、ファシストであるヒトラーが独裁者となっているナチス・ドイツと軍事同盟を組めば、遠からずアメリカとの戦争が避けられなくなる、日本はアメリカにはとうてい勝てないから、そんな危険な軍事同盟は結ぶべきではない、というものだった。

陸軍は、陸軍大臣を辞職させて、強引に陸軍言いなりの内閣をつくってでも同盟を結ぼうと画策したが、そうこうするうちにナチス・ドイツがソ連（現ロシア）と不可侵条約を結んでポーランドを侵攻し始めた（1939年9月1日。これが第二次世界大戦の始まりである）。

日独伊三国同盟案は、第一にはソ連を仮想敵国にしたものでもあったから、日本陸軍はヒトラーに裏切られたことになり、日独伊三国同盟の問題は自然に消滅した。

しかしその後、ドイツがフランスなどヨーロッパを占領下に置いたとき、日本は日独伊三国同盟を締結した（1940年9月）。すでに山本は連合艦隊司令長官になっており、条約問題で発言するポストになかった。

それでも、「いろいろあって仕方がなかった、勘弁してくれ」と言う及川《おいかわ》古《こ》志郎《しろう》海軍大臣に対して、「勘弁ですむか」と気色《けしき》ばんだという。

アメリカとの戦争が始まり、広大な米英蘭《らん》の植民地を占領したとき、全部返還したら講和の可能性があるが、中央部はそんな腹はないから、結局は斬り死にしかないだろうと、親しい部下に語った。

山本には海軍大臣がふさわしかったのかもしれない。

第3章

アメリカの反攻開始

日本軍首脳を震撼させたドゥーリットル空襲

唯一残った機動部隊をフル活用して反撃する米太平洋艦隊

ヒットエンドラン戦法の米機動部隊

開戦時の真珠湾攻撃で、米太平洋艦隊は壊滅的な打撃を受けたが、唯一無傷で残されていた戦力があった。空母機動部隊である。

米太平洋艦隊は「レキシントン」「サラトガ」「エンタープライズ」「ヨークタウン」の四隻に加えて、大西洋から「ホーネット」を回航し、五隻の空母を保有していた。

ただ「サラトガ」は日本軍潜水艦の魚雷攻撃を受け、早々に戦列を離れることになるが、米軍は空母四隻の機動力を最大限に生かした作戦を展開する。

米軍の採《と》った作戦とは、南太平洋各地の日本軍基地に近づいた空母から艦上機を発進させ、基地を爆撃したらただちに引き揚げる「ヒットエンドラン」戦法だった。

しかし作戦は虎の子の空母を失う危険性もはらんでいたから、反対意見も多かったし、危険に見合うだけの大戦果も期待できない。

実際、日本軍に与えた損害は微々たるものだった。それにもかかわらず作戦を実行したのは、開戦以来負け続きで沈んでいる米軍や国民の士気を高める効果を期待したからだった。そして「ヒットエンドラン」作戦の集大成といわれるのが、日本本土初空襲、通称「ドゥーリットル空襲」だったのである。

日本の虚を突いた首都への空襲

米軍による初の日本本土空襲は実に型破りな方法で行なわれた。空母から陸上基地専用の大型爆撃機B25を発進させ、爆撃をすませたあとはそのまま中国まで飛び、陸上基地に着陸するという大胆なものである。

通常の艦上攻撃機は航続力が足りないため、日本を空襲することはむずかしい。そこで出たアイディアが、航続距離の長い陸軍の重爆撃機を空母から発艦させ、日本本土を空襲しようというものだった。

作戦が成功すれば、日米双方に与える影響は絶大なものがある。米軍はなんとしてでも

中国で歓迎されるドウ・リットル隊の隊員たち

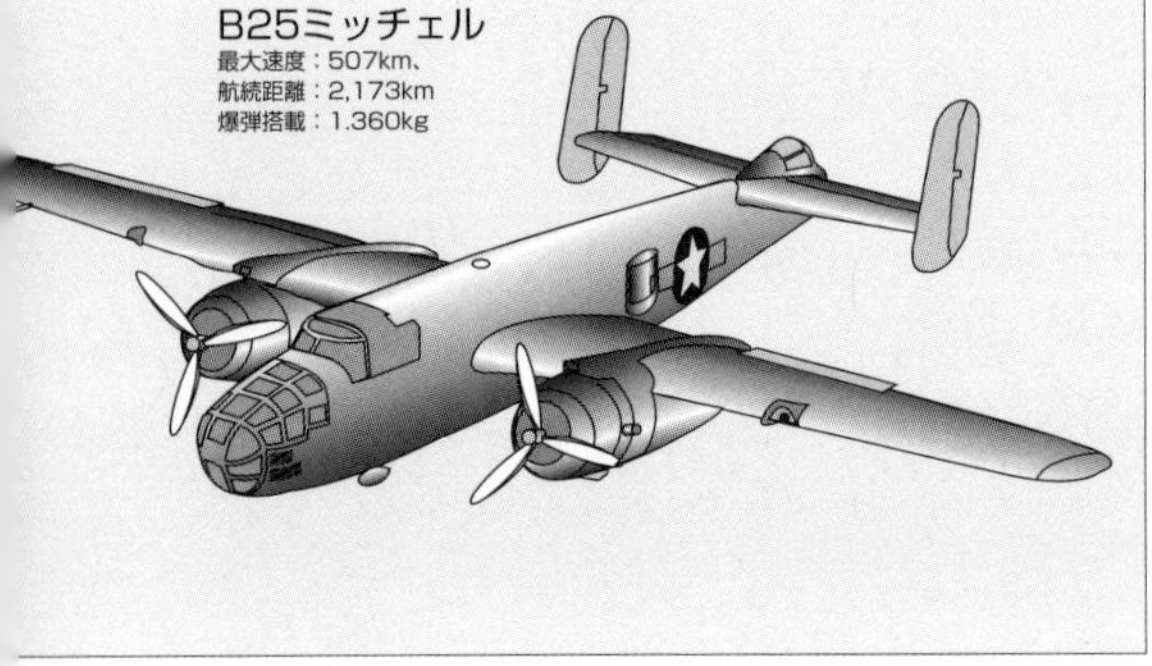

空母「ホーネット」の飛行甲板に並んだB25爆撃機

ドゥーリットル隊長（右）と隊員たち

ドゥーリットル隊の飛行経路

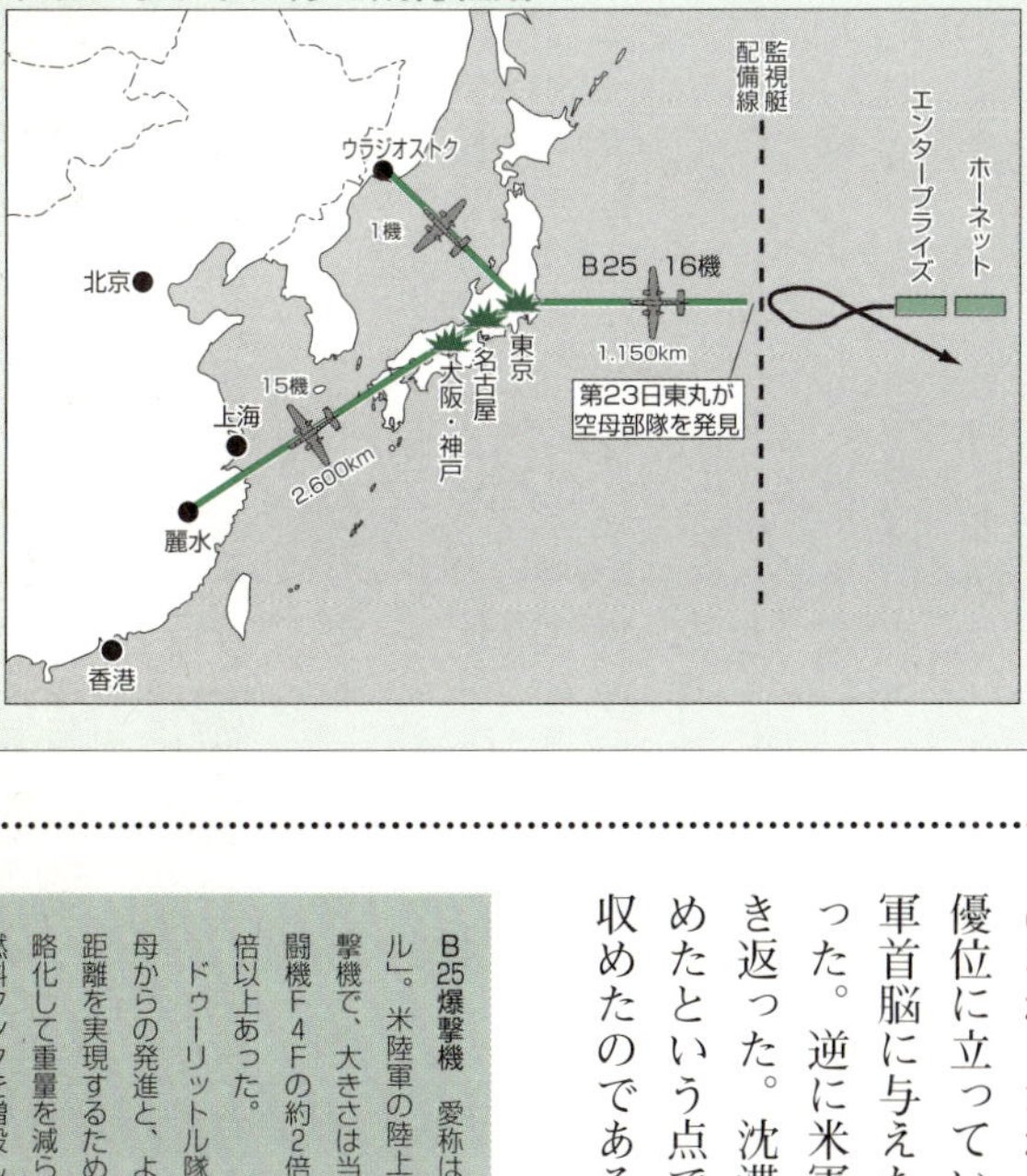

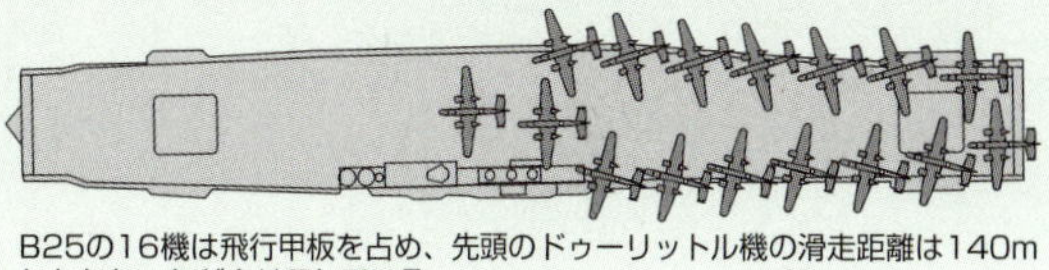

B25の16機は飛行甲板を占め、先頭のドゥーリットル機の滑走距離は140mしかなかったがクリアしている

日本の本土空襲を実施したかった。

空母から陸上機のB25爆撃機を発進させるという前代未聞の作戦を実施するために、指揮官のジェームズ・H・ドゥーリットル中佐は飛行場に空母の甲板と同じ長さの線を引いて離陸の訓練を行なった。

その甲斐あってドゥーリットル中佐以下一六機のB25は、全機無事に母艦「ホーネット」を飛び立ち、東京、大阪、名古屋、神戸といった日本の主要都市を爆撃した。一九四二年（昭和十七）四月十八日のことである。

空襲の犠牲者は三六三名と、それほど多くはなかったが、日本軍が米軍に対して圧倒的優位に立っている状況での首都空襲は、日本軍首脳に与えた衝撃は計り知れないものとなった。逆に米軍や米国民は日本空襲の報に沸き返った。沈滞していたアメリカの士気を高めたという点で、作戦は狙いどおりの成果を収めたのである。

B25爆撃機　愛称は「ミッチェル」。米陸軍の陸上基地専用爆撃機で、大きさは当時の主力戦闘機F4Fの約2倍、重量は4倍以上あった。

ドゥーリットル隊の機体は空母からの発進と、より長い航続距離を実現するために装備を簡略化して重量を減らし、さらに燃料タンクを増設していた。

ドゥーリットル隊の行き先　発進地点に着く前に日本の哨戒《しょうかい》船に発見されたため、ドゥーリットル隊は予定より早く発進した。

そのため一機は燃料不足でウラジオストクに、残りは中国の麗水飛行場で四機が不時着して大破、一一機の搭乗員はパラシュートで脱出した。

空母対空母が初対決した珊瑚海海戦

珊瑚海海戦は、なぜ日本の「戦術的勝利」、「戦略的敗北」といわれているのか

オーストラリア占領の代替案・MO作戦

開戦と同時に始められた日本軍の南方への進攻作戦は予想外の速さで完了し、次の作戦計画・第二段作戦を決定した。そのなかの一つがMO作戦である。

第二段作戦計画をめぐって、陸軍と海軍の間には意見の食い違いが生じていた。これ以上は占領地を広げたくないという陸軍に対し、海軍の主張は積極進攻を続けてアメリカの戦意を挫《くじ》くというものだった。

そして連合軍の反攻基地になるのを防ぐという目的で、オーストラリアの占領を提案していた。しかし、この海軍案は国力の限界を超えるという理由から許可されなかった。

急降下爆撃の方法
高度6000〜8000mで
急降下爆撃姿勢60度
落下速度が加算され
時速500km程度となる
高度450mで爆弾投下と
同時に機首を引き上げる
敵の防御砲火を避け、海面から3〜5mの超低空を、時速330kmで退避する

MO作戦は第二段作戦計画の議論の結果だされた折衷《せっちゅう》案の一つで、ニューギニア南岸のポートモレスビーを占領し、そこを拠点にしてアメリカとオーストラリアの連絡線を断つというのが主な目的だった。このMO作戦の上陸部隊をポートモレスビーへ輸送中に起こったのが、世界の海戦史上初の機動部隊(空母艦隊)同士の戦闘、珊瑚海《さんごかい》海戦である。

戦術的勝利に浮かれた日本軍の戦略的敗北

ところが日本海軍の暗号を解読している米軍は、MO作戦の概要を事前に察知し、空母「レキシントン」と「ヨークタウン」を珊瑚海に急派して日本軍を待ち構えていた。

珊瑚海海戦でリーフ上に撃墜された97式艦上攻撃機

一方の日本軍は、将兵を乗せた輸送船団に完成したばかりの軽空母「祥鳳《しょうほう》」を護衛につけ、それとは別に大型の正規空母「翔鶴《しょうかく》」「瑞鶴《ずいかく》」を擁する機動部隊の第五航空戦隊が参加した。

一九四二年(昭和十七)五月七日の海戦初日は、米艦上機によって「祥鳳」が撃沈され、日本軍の艦上機は米タンカーと駆逐艦を沈めたが、双方ともに機動部隊本隊を発見することはできなかった。

日米機動部隊による本格的な戦闘は、翌八日に起こった。両軍はほぼ同時刻にお互いを発見して艦上機を発進させた。米軍は「レキシントン」が撃沈され、「ヨークタウン」も大損害を被った。日本軍も「翔鶴」が大きな損傷を受けたが、「瑞鶴」はスコールの中に退避して無事だった。

この海戦は日本軍の戦術的勝利、戦略的敗北といわれている。戦術的勝利とは双方の沈没艦「祥鳳」と「レキシントン」を比較すると、軽空母である「祥鳳」に対して「レキシントン」はより戦闘力の高い大型空母だった

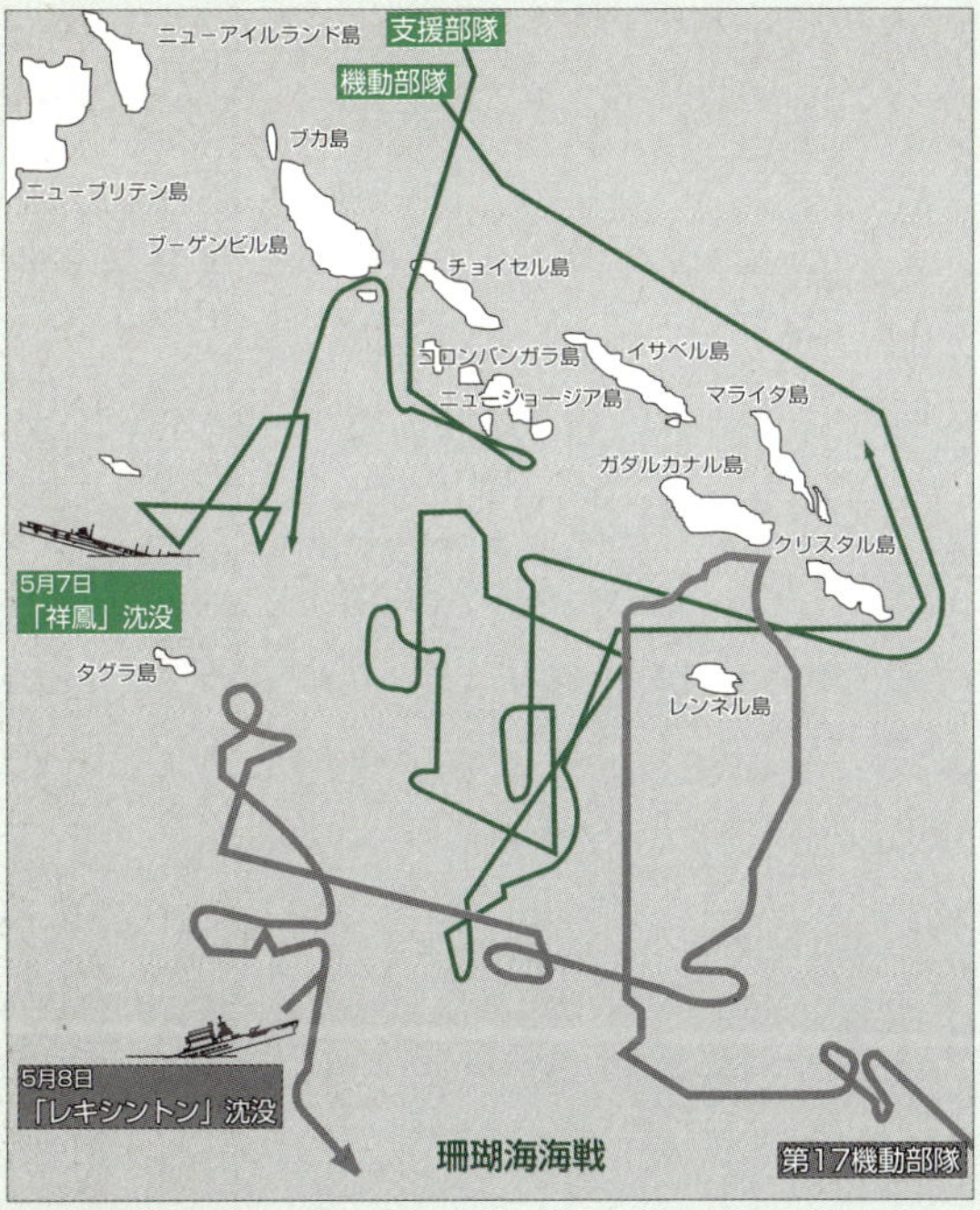

珊瑚海海戦で爆発する米空母「レキシントン」

米機動部隊のヒットエンドラン作戦（1942年）

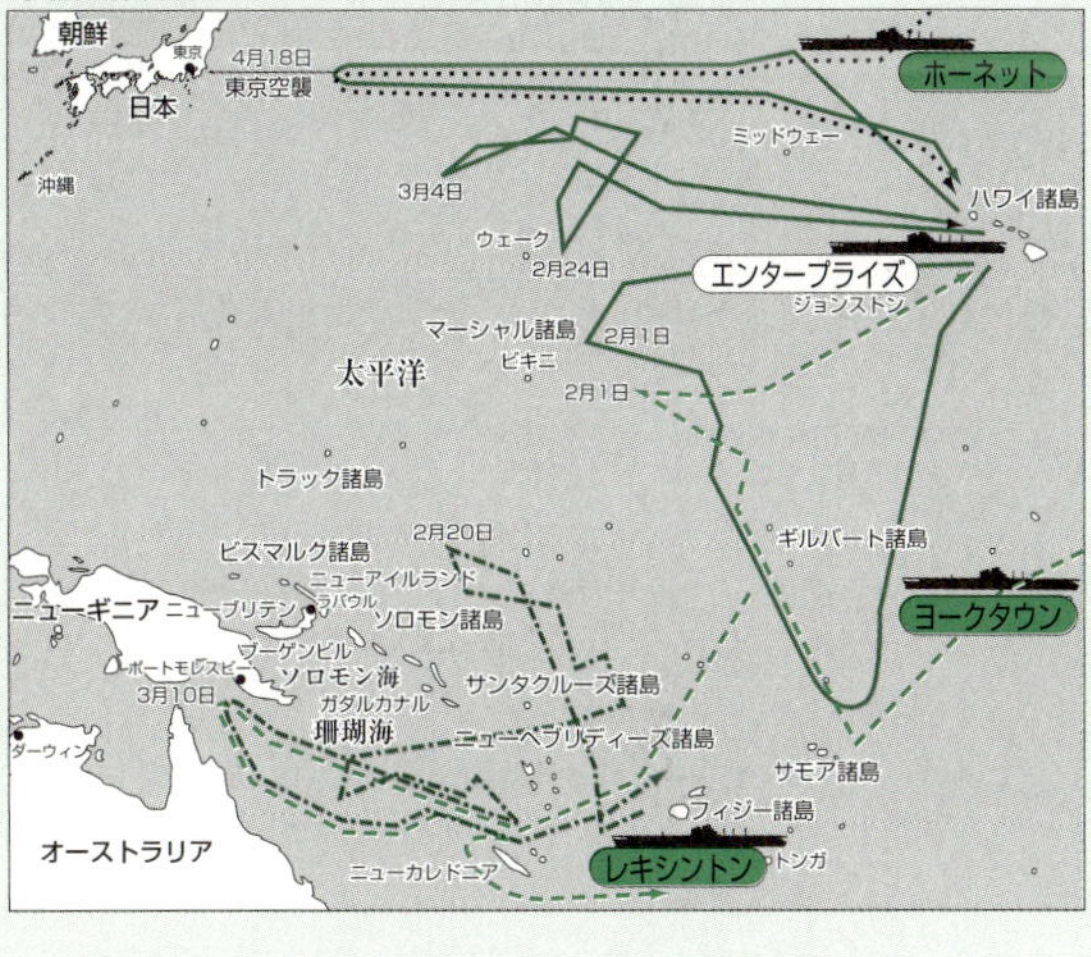

沈没寸前の軽空母「翔鳳」

からである。

そして戦略的敗北とは、珊瑚海海戦で日本海軍が損害を被ったため、主目的のMO作戦が中止に追い込まれたことをさす。言い換えれば、開戦以来続いていた日本軍の快進撃が、この珊瑚海海戦で初めて米軍に食い止められたからである。

また日本軍は多数の飛行機と熟練搭乗員を失った。飛行機生産とパイロット養成でアメリカに大きく水を空けられていた日本軍にとって、この損害を補うのは容易なことではない。戦力の低下は日本軍のほうが大きかったからだ。

しかし珊瑚海海戦を勝利と信じた日本軍は、それまでの連戦連勝による驕《おご》りにさらなる拍車をかけることになり、初の機動部隊同士の戦いから、なんの戦訓も得ようとはしなかったのである。

戦術と戦略　戦術とは一つの戦闘をいかに有利に戦うかということで、戦略とは戦争全体をいかに進めていくかということ。つまり戦略のほうがより示す範囲が広い。戦闘では勝利したが、その結果、日本軍の戦力が著しく消耗し、以後の戦いが不利になっていったことから珊瑚海海戦は戦術的勝利、戦略的敗北といわれている。

ポートモレスビー　オーストラリアの北に位置するニューギニア島の南東岸にあり、現在はパプアニューギニアの首都。戦時中は連合軍の基地があり、マッカーサー軍の反攻作戦もポートモレスビーを拠点に開始された。南太平洋最大の日本軍航空基地ラバウルは、ここから飛び立った飛行機によってたびたび空襲を受けていた。

ミッドウェー海戦になぜ惨敗したか

米軍を上回る戦力を投入した大作戦は、フタを開ければ完膚なき敗北だった

またもや脅しで決まった ミッドウェー攻略作戦

連合艦隊司令長官山本五十六《やまもといそろく》大将の強い要望で行なわれたのがミッドウェー作戦である。ミッドウェー攻略を餌《えさ》に、真珠湾攻撃で撃ち洩らした米機動部隊をおびき出し、殲滅《せんめつ》しようという作戦だった。

しかし、作戦を決定する海軍軍令部と島の占領にあたる陸軍の参謀本部は、かりに占領しても日本から離れすぎていて維持は困難であり、また作戦そのものも非常に危険だという理由で反対していた。

そこで山本長官は真珠湾攻撃のときと同じように、作戦が容《い》れられなければ司令長官を辞めると言い、軍令部に作戦を認めさせた。さらに、作戦決定後の米機動部隊による東京空襲（ドゥーリットル空襲）が、皮肉にも山本の作戦案の正しさを立証する形となった。

こうして作戦は決まったが、米軍はまたも日本海軍の暗号解読で事前に作戦を把握しており、いつどこに日本軍がやってくるかなどをかなり正確に計算していた。

さらに珊瑚海海戦で損傷した空母「ヨークタウン」をわずか三日で修理し、「エンタープライズ」「ホーネット」を加えた三隻の空母で日本軍を迎え撃った。

空前の大損害を受けた 日本軍機動部隊

ミッドウェー海戦の結果は、空母四隻を失うという日本海軍始まって以来の大惨敗に終わった。その主な原因は作戦情報が米軍に漏れていたことだけではない。

山本長官が最優先したかったのは米機動部隊の殲滅だったが、機動部隊指揮官の南雲《なぐも》忠一《ちゅういち》中将にそのことがはっきりと伝わっていなかった。

そのため、南雲中将には作戦の目的がミッドウェー島攻略なのか、米機動部隊殲滅なのか曖昧だったのではなかったかという。

日本軍の攻撃は艦上機によるミッドウェー島への攻撃で始まったが、一回目の攻撃では不十分だったため、再度攻撃をすることにした。

このとき米空母の出現に備えて待機していた艦攻の爆装を、魚雷から陸上攻撃用の爆弾に転換させた。米機動部隊がいまだに発見されないため、南雲中将は米空母は現れないと判断したのだろう。

ところがその直後に「敵機動部隊発見！」の報が入った。南雲は爆装を再び魚雷に戻せと命令した。不十分な索敵《さくてき》のため空母の発見が遅れたことと、米機動部隊殲滅を優先しなかったことが惨敗の最大原因となった。

そしてやっと発艦準備がすんだとき、日本空母は米軍のSBD急降下爆撃機の攻撃を受けてしまった。

命中弾はわずかだったが、燃料と爆弾を満載して飛行甲板に待機していた攻撃機は次々誘爆し、母艦も炎上していった。

あと五分早く攻撃機の発艦がすんでいれば、四隻の全空母を失うという大損害は被らなかったと思われることから、ミッドウェーの敗戦を語るときに、よく「運命の五分間」という言葉がつかわれる。

以後、機動部隊が半壊した日本軍は終始劣勢に回り、アメリカが戦争の主導権を握るようになる。

母艦を飛び立つ零戦

「ヨークタウン」に襲いかかる「飛龍」攻撃隊

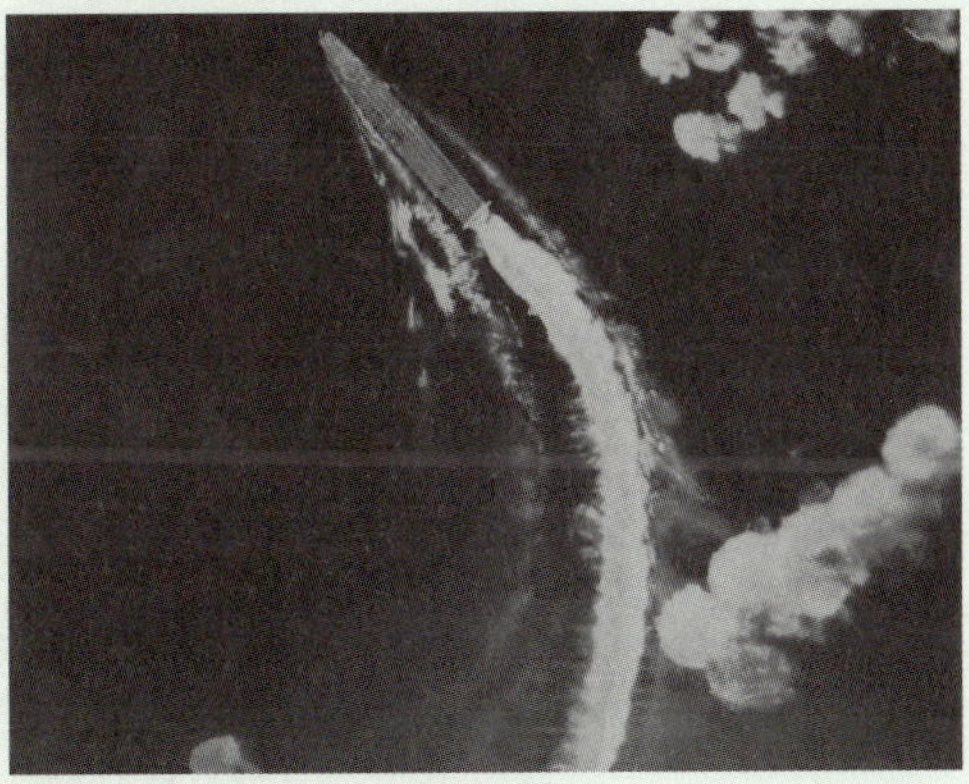

米機の攻撃を回避する空母「赤城」

ダグラスSBDドーントレス（急降下爆撃機）

急降下爆撃機は、アメリカ海軍が精密爆撃の手段として開発したものである。本機は際立った性能はないが、日本の99式艦爆よりも爆弾搭載能力に優れ、ミッドウェー海戦では南雲機動部隊の空母3隻を撃沈する戦果をあげた

最大速度：402km
最大航続距離：2,540km
爆弾：胴体下に450kg
左右主翼下に45kg×2

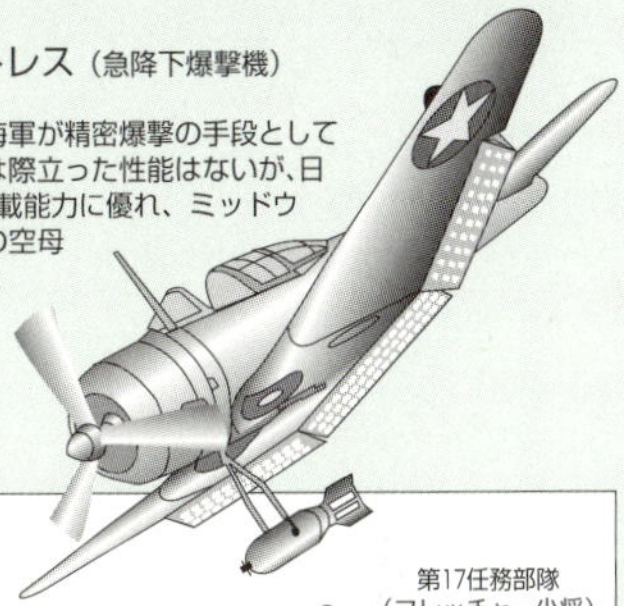

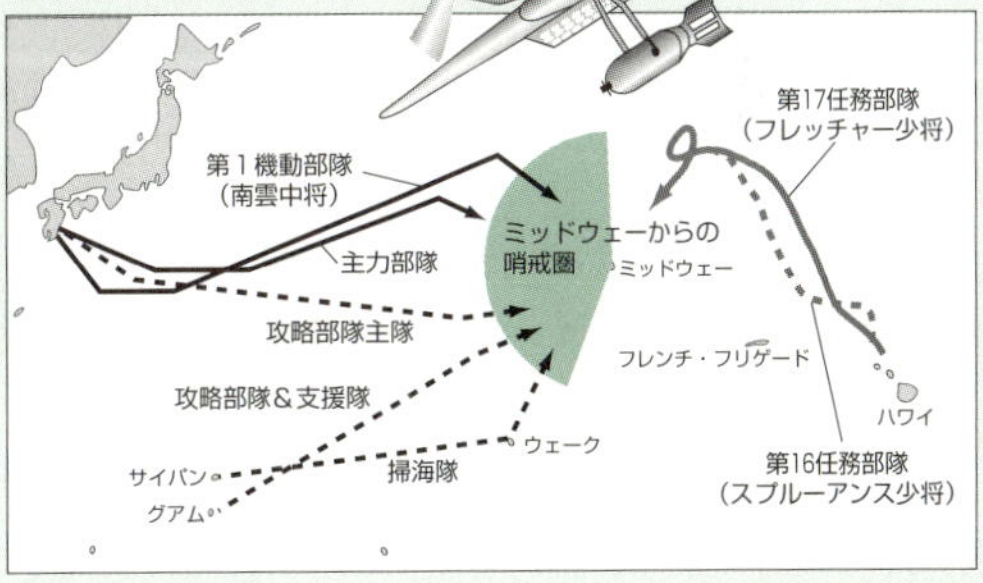

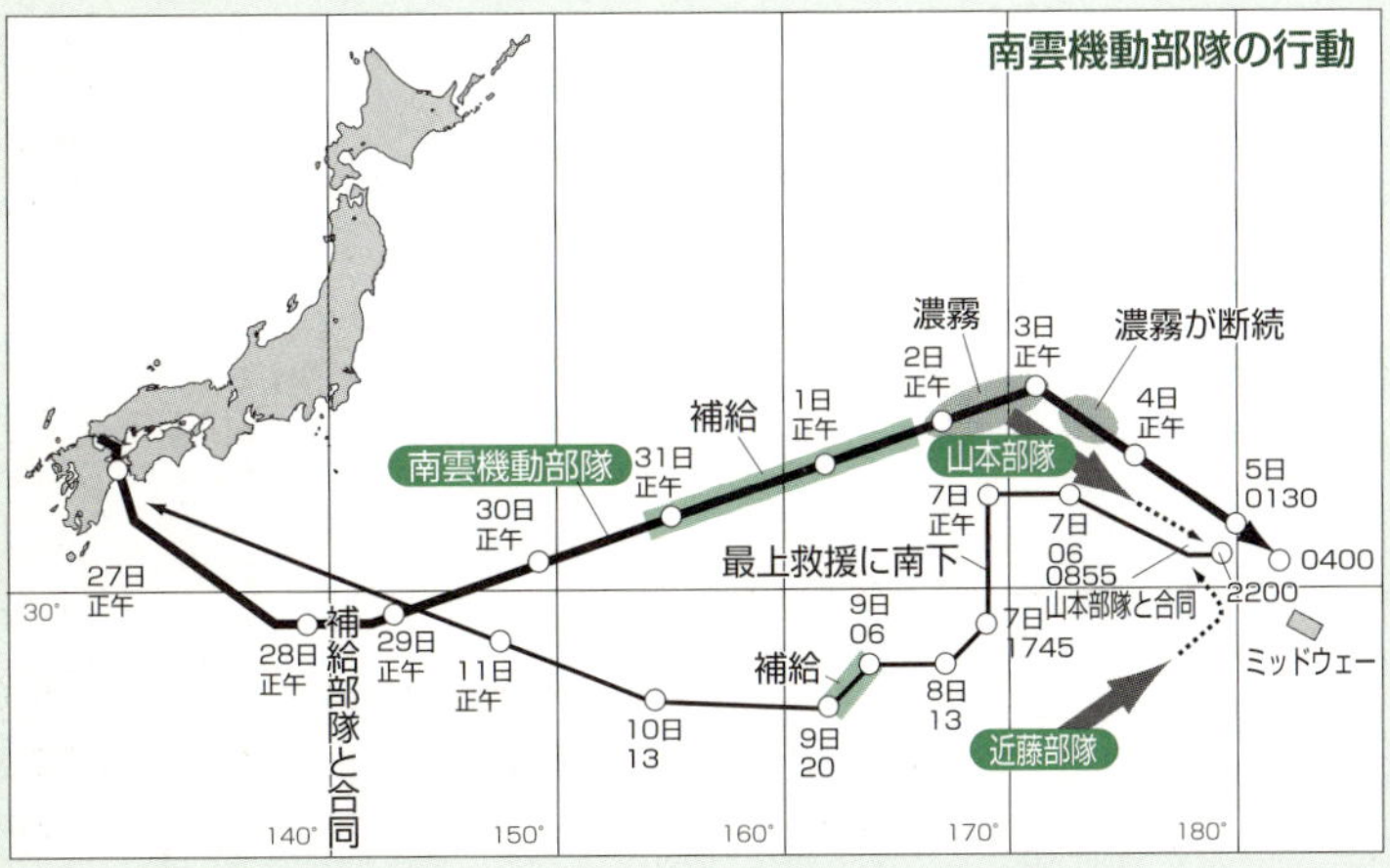

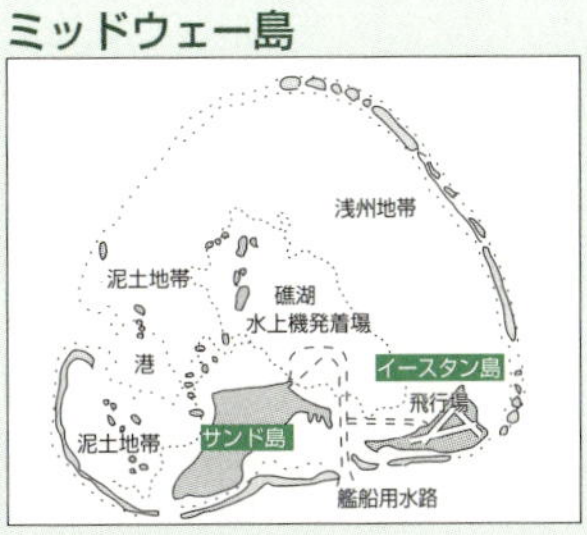

米海軍の暗号解読班　ワシントン、ハワイ、フィリピンの三ヵ所にあり、開戦前から日本の「海軍暗号D」の解読に取り組んでいた。暗号解読の結果、米軍はミッドウェー作戦に関しては、兵力・時間・航路などかなり細かく特定することができた。

空母の艦載機　空母搭載の攻撃機には艦上攻撃機＝艦攻《かんこう》、艦上爆撃機＝艦爆《かんばく》、戦闘機の三機種がある。

艦攻は魚雷を装備したときは雷撃機と呼ばれ、八〇〇キロ爆弾などを抱いて高々度から爆撃を行なうときは水平爆撃機と呼ばれる。

通常、艦艇を確実に撃沈するには魚雷攻撃が最も効果があるとされていたが、空母の場合は飛行甲板に穴が開けば飛行機の発着艦ができず、空母の役目は果たせないから、爆撃でも十分効果があった。

艦爆は急降下爆撃機とも呼ばれ、高空から二五〇キロ爆弾などを抱いて艦艇や基地施設などに一直線に突入する飛行機。日本の空母の多くは、米軍の艦爆に撃沈されている。

戦闘機は艦攻や艦爆を敵機の攻撃から守るのを主な任務としていたので制空隊ともいわれたが、自ら爆弾を装備して攻撃に加わることもある。

作戦の「愚」を繰り返したガダルカナル島の攻防

米軍の目的、兵力を日本軍が勝手に判断したことが悲劇の発端となった

常に少ない兵力で戦いを挑んだ日本軍

ミッドウェー海戦を境に、それまでの日本軍優勢の戦局は逆転した。そしてガダルカナル島（ガ島）の占領を皮切りに、米軍の本格的な反撃作戦が始まった。

一九四二年（昭和十七）八月七日、ガダルカナルに上陸してきた米軍の目的は、完成したばかりの日本軍飛行場を奪取《だっしゅ》することだった。日本軍は建設した飛行場を拠点に、アメリカとオーストラリアの連絡線を断ち切ろうとしていたのである。

日本軍はガ島を奪回するため次々と部隊を送り込み、日米初の地上戦が幕を開けた。

米陸軍部隊のガダルカナル上陸

当初、日本軍は上陸した米軍は約二〇〇〇名前後とみた。実際の第一陣は約二万名だったから、かなり少なく見積もっていた。上陸の目的も本格的な反攻作戦ではなく、威力偵察程度のものと勝手に判断していた。そのため最初に増援された一木《いちき》支隊は二〇〇〇名、続く川口支隊も三〇〇〇名たらずだった。

ところが米軍は万を超す本格上陸とわかり、今度は一万七〇〇〇名の第二師団を送り、そして第三八師団の主力五〇〇〇名を送った。結果はいずれも日本軍の惨敗だった。

兵力を小出しに送り込む日本軍のやり方は「戦力の逐次《ちくじ》投入」と呼ばれ、作戦では下策《げさく》とされている。そのため、日本軍はつねに劣勢な戦力で戦いをしなければならなかった。

米陸軍の荷揚げ作業。箱を運ぶためアーストン・マットを使っている

しかし日本軍の敗北の理由はそれだけではなく、米軍は装備の点でも日本軍を圧倒しており、かりに日本軍が米軍と同じ兵力で挑んだとしても勝ち目はなかったに違いない。

補給を遮断されたガ島の飢餓地獄

ガ島の戦いで負け続けた日本軍は、死傷者数もかなりの数に上る。しかしそれまでの戦場と違っていたのは、その多くが戦闘ではなく餓えや病気で死んでいったことだ。

ガ島に上陸した日本軍の兵士は、携帯してきた食糧しかなかったから、一週間もするとたちまち底をついた。無くなったら米軍から奪えばよいと教えられていたからだ。「糧《かて》は敵に依《よ》る」というのが、大陸で戦ってきた日本軍の〝伝統〟だったからである。だが、戦闘に勝てなければ敵の食糧は奪えない。

加えて米軍は飛行場占領と同時に制空権もほぼ手中に収めており、日本の輸送船は大半が米軍機に沈められていたから、補給も期待できなかった。最後にガ島に送り込まれた第三八師団にいたっては、装備と食糧の大部分

ガダルカナル島のヘンダーソン飛行場

ガ島最後の戦闘で捕虜となった日本兵

ガダルカナル島要図

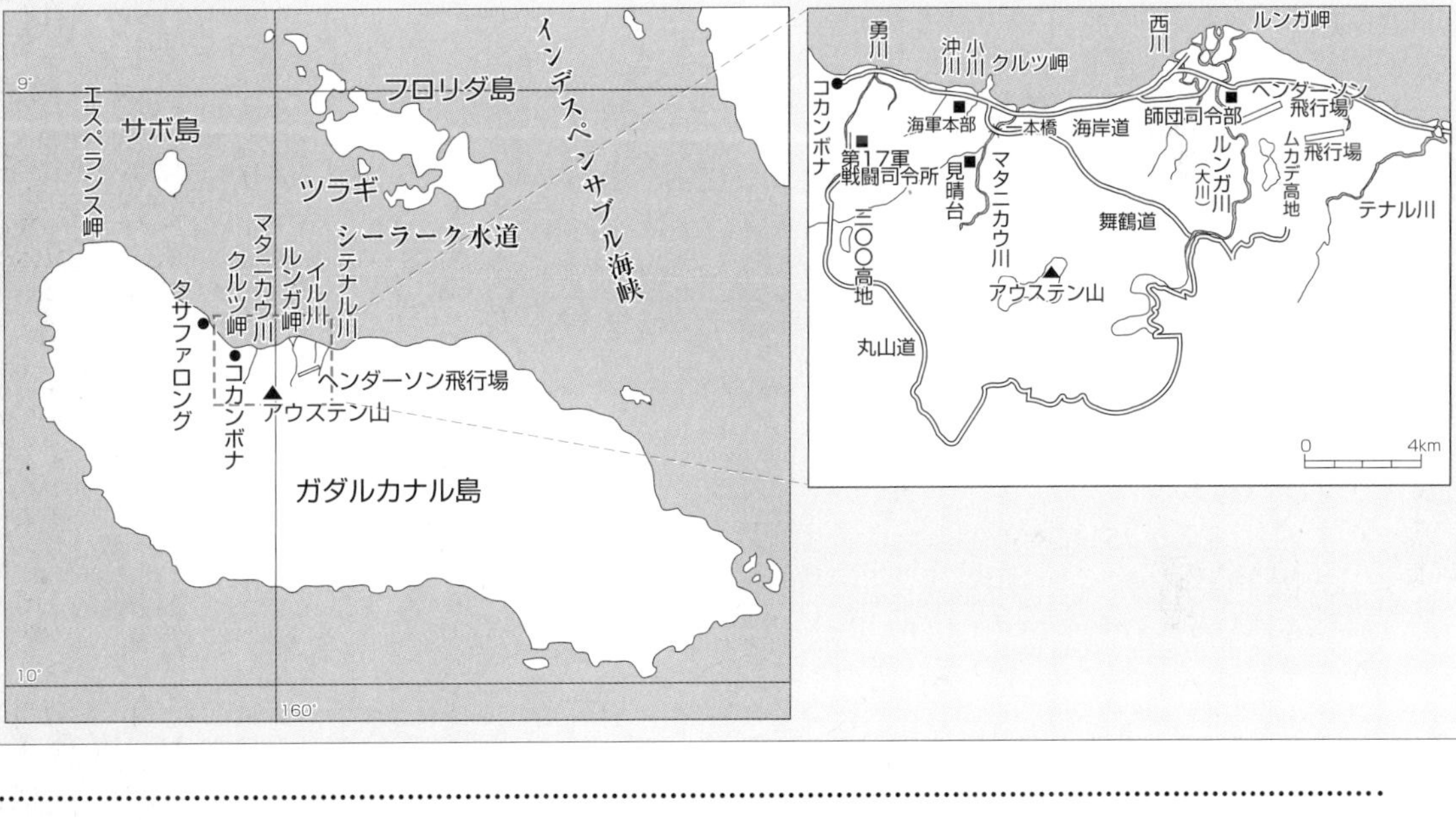

が米軍機の攻撃で輸送船もろとも海に沈められ、将兵だけが上陸するというありさまだった。ガ島争奪戦の全期間を通じ、日本軍はつねに飢餓や病気と闘い続けたのである。

日を追うごとに餓死者が増えていく惨状に、大本営はついにガ島からの撤退を決定した。一九四二年（昭和十七）の大晦日《おおみそか》の御前会議だった。開戦以来、日本軍初の撤退である。だが大本営は敗北を隠すため、これを「転進」と発表した。

翌年二月一日から三回に分けて行なわれた撤退は、米軍に気づかれることなく無事完了した。ガ島から生還した将兵の総数は一万六六五名で、死没者は二万一一三八名、そのうち飢餓や病気で死んでいったのは一万五〇〇〇名前後といわれる。

ガダルカナル島　オーストラリア北東ソロモン諸島の中央に位置する島で、面積は愛媛県とほぼ同じである。米軍が上陸してきたという情報が入ったとき、陸軍将兵のほとんどがガダルカナルがどこにある島か知らなかったという。

大本営　戦時や事変に際して設置される軍の最高意志決定機関。日清戦争の一年前の一八九三年（明治二十六）制定された旧大本営条例では、会議には天皇の特旨によって首相以下関係閣僚も出席した、実質上の最高戦争指導者会議だったが、日中戦争が起こった直後の一九三七年（昭和十二）十一月に旧条例は廃止され、大本営令が制定された。

新令の特徴は、陸海軍大臣を除いて首相以下の閣僚の会議参加を認めなかったことだ。そのため太平洋戦争は政略と戦略がぎくしゃくし、軍部独裁の要素が強く表れ、国民をミスリードする大きな要因となった。

果てしない消耗戦が作った「鉄底海峡」

ガ島をめぐる海戦は、陸戦と同様に戦局の転換を象徴していた

海上のイニシアチブも奪われる日本軍

ガダルカナル島で日米の陸戦兵が死闘を展開しているとき、海上でも日米海軍が壮絶な戦いを繰り広げていた。

主な戦場はガ島とその北に浮かぶサボ島の周辺で、その海域が「鉄底海峡」と呼ばれるようになるほど、海戦で多くの艦艇や輸送船が海底に沈んでいった。

ガ島をめぐる海戦は、第一次ソロモン海戦、第二次ソロモン海戦、サボ島沖夜戦、南太平洋海戦、第三次ソロモン海戦、そしてルンガ沖海戦が主なもので、他には戦艦によるガ島飛行場への砲撃などが行なわれた。

ガ島争奪戦における海軍の役割は陸軍部隊の支援で、輸送船の護衛などが主な任務だった。そのため海戦は輸送の最中《さなか》に起こったものがほとんどだった。

一つひとつの戦闘では、日本軍と米軍は勝ったり負けたりで勝敗は五分だった。たとえば重巡部隊同士の戦闘で完全に勝利した第一次ソロモン海戦では、揚陸《ようりく》中の輸送船団を攻撃できず、米軍に与えた打撃はたいしたことはなかった。またガ島への大規模輸送中に起きた第三次ソロモン海戦では、米艦隊を圧倒したものの、本来の目的であるガ島への補給物資揚陸は失敗に終わっている。他のほとんどの海戦は、戦闘に敗れたうえに補給まで失敗している。こうしたことからガ島戦をめぐる海戦は、米軍の勝利だったともいえる。

また、ガ島をめぐる海戦のなかで、米軍は新兵器のレーダーを用いることで、日本軍が得意としていた夜戦でも優位に立つようになった。以後、日本軍は科学力を駆使した米軍の最新兵器の前に苦汁を飲むことになる。

艦艇と輸送船の消耗の激しい日本軍は、ガ島戦の後半になると、艦船の消耗を避けるために高速の駆逐艦のみを使って補給を続けた。しかし、駆逐艦では飢えた将兵の腹を満たすだけの物資は輸送できなかった。

ガ島に向かう水雷戦隊の「ネズミ輸送」。猫の目を盗んで夜陰に乗じて行動することから、ガダルカナルへの物資輸送を「ネズミ輸送」と呼んだ。

第1次ソロモン海戦。この戦いは日本海軍の得意とする夜戦で、パーフェクトな勝利であったが、米軍にレーダーが装備されるようになって、逆転してしまう

撃墜された日本軍の零戦

第一1次ソロモン海戦に参加した古鷹型巡洋艦。上から「衣笠」「古鷹」「青葉」

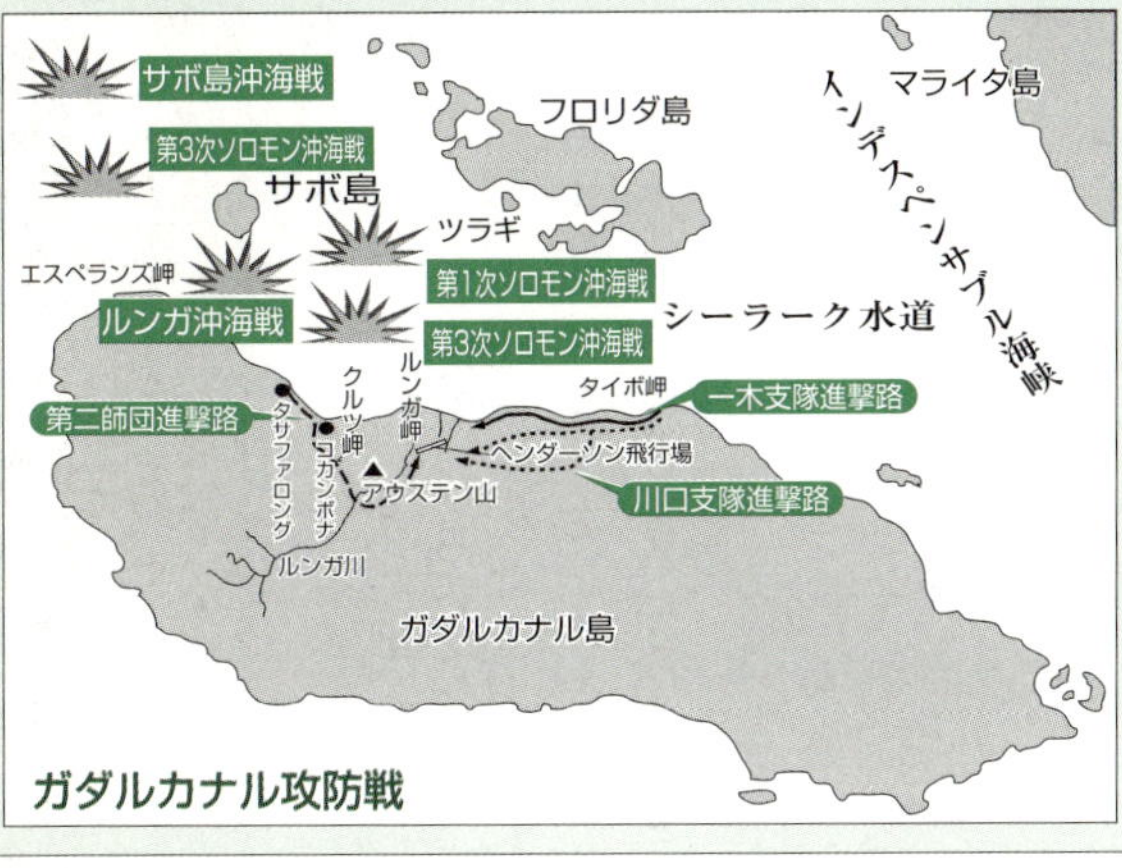

第1次ソロモン海戦　1942年8月8日深夜～9日未明

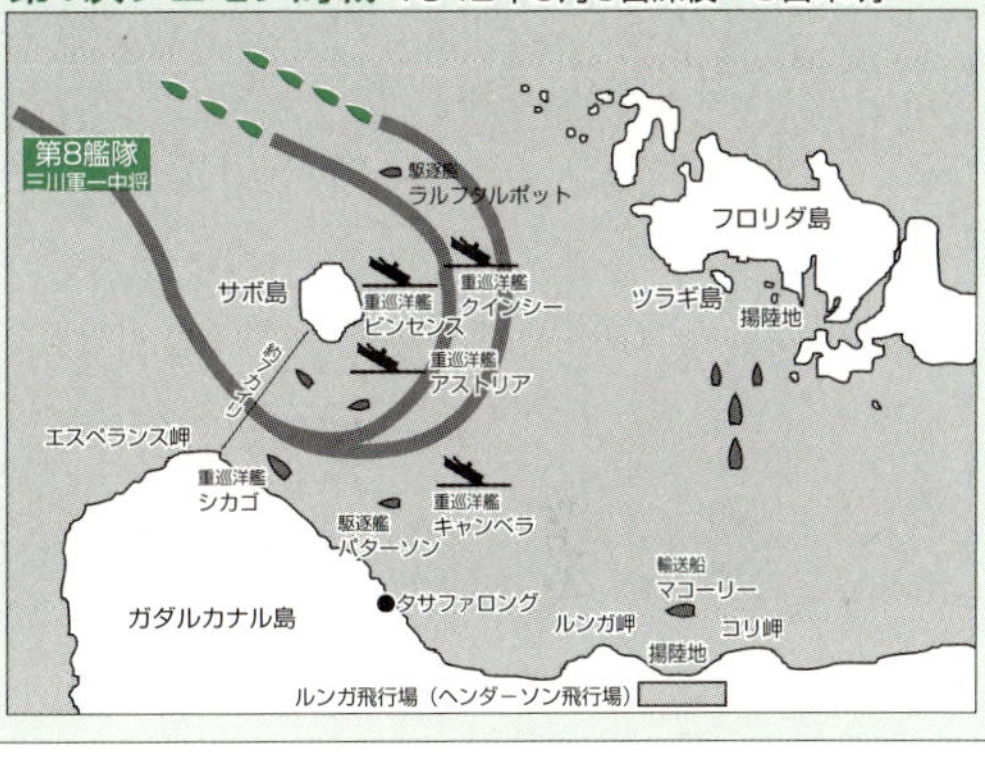

日米の国力の差が如実になってきたガ島戦

これらガ島戦をめぐる海戦以降、米海軍は日本海軍に対して確実に有利な立場を築いた。海戦全体を見ると日米両軍の損害は同等だったのだが、それが問題だった。

日米の国力には圧倒的な差があり、日本軍は失った多くの航空機や艦艇の穴は簡単に埋められなかったが、米軍は損失を補って余りある兵器の開発・製造が可能だった。

飛行機の搭乗員に関しても同様で、機械に触れることの少なかった日本人は、パイロット養成に長時間を要した。しかし自動車が普及し、民間の航空会社もあったアメリカでは、パイロットの短期大量養成が可能で、次々と前線に送り込まれていた。

地上戦と同様に、海戦でも日本軍は消耗を強いられ続けたのである。

レーダー　太平洋戦争前から研究・開発が進められていた新兵器。日本でも「電波探信儀《たんしんぎ》」という名で研究されていたが、軍人たちはその効果にあまり期待をしていなかった。また採用にも消極的だったため、米軍にくらべて決定的な後れをとってしまった。

駆逐艦輸送　ガ島戦の後半になると、艦船の消耗を避けるために日本軍の軍需物資輸送はもっぱら駆逐艦で行なわれた。

高速の駆逐艦が素早く動き回るさまから「ネズミ輸送」、米軍からは「トウキョーエキスプレス」と呼ばれた。他には小さな舟艇で島づたいにガ島を目指す「アリ輸送」もあった。

日本空母部隊、最後の苦い勝利

ガ島の総攻撃に合わせて動いていた南雲機動部隊と米機動部隊が激突！

南雲機動部隊の最後の戦い

一九四二年（昭和十七）十月二十五日、兵力一万七〇〇〇の第二師団による米軍のガ島飛行場への総攻撃に呼応して、海軍は艦砲射撃などで総攻撃を支援すると同時に、出現するであろう米艦隊を撃滅する作戦をとった。そして予想どおり現れた米機動部隊と日本機動部隊との戦闘が、南太平洋海戦である。

この海戦はミッドウェー海戦で惨敗した責任を、山本五十六《いそろく》連合艦隊司令長官の情けで免れた南雲忠一《なぐもちゅういち》中将と草鹿龍之介《くさかりゅうのすけ》少将にとっては、雪辱戦ともいえた。

一方、米軍は暗号解読や通信解析によってガ島の日本軍の大規模攻撃と、それに呼応する海軍の行動を予測していた。

そして米軍は空母「エンタープライズ」と「ホーネット」をガ島北方のサンタクルーズ諸島沖に派遣して、日本軍を迎え撃つ態勢を整えた。

戦闘は両軍の攻撃隊とも正確に相手を発見しての攻撃開始となった。日本の攻撃隊は第一次、第二次の攻撃で「ホーネット」を大破炎上させ、さらに執拗な攻撃を繰り返して撃沈した。「エンタープライズ」にも命中弾を与えたが、撃沈はできなかった。

対する米機動部隊の攻撃隊も、空母「瑞鳳《ずいほう》」を中破、「翔鶴《しょうかく》」を大破させ、戦場からの離脱を余儀なくさせた。

海戦の結果、米軍は「ホーネット」の他に駆逐艦「ポーター」が沈没し、「エンタープライズ」と戦艦「サウスダコタ」、軽巡「サンファン」のほか駆逐艦二隻が大破した。日本側には沈没艦はなく、「翔鶴」「瑞鳳」のほかには重巡「筑摩《ちくま》」と二隻の駆逐艦の大破にとどまった。

こうした結果から、海戦は日本の勝利といわれた。そして南雲中将はミッドウェー海戦惨敗の汚名を一応は晴らすことになり、海戦の翌月、佐世保鎮守府《ちんじゅふ》司令長官に転任し、開戦以来の機動部隊に別れを告げた。

正規空母を撃沈して勝利したのになぜ戦局を好転できなかったのか

海戦の結果は、沈没艦を出さなかった日本の勝利といってもいい。事実、米軍は空母一隻が沈没し、もう一隻が大損害を被ったため、一時的とはいえ太平洋上で行動可能な空母は一隻も無くなっていた。しかし、日本軍にはその好条件を生かして攻勢に出る余裕はなかった。

日本は艦艇こそ失わなかったものの、多くの飛行機と真珠湾攻撃以来のベテラン搭乗員を多数失っていた。

その数は戦闘機二四機、艦爆四〇機、艦攻二八機の合計九二機で、米軍の七四機を二〇機も上回っていた。そして戦死した搭乗員は一五〇名を数えた。

正規空母「瑞鶴《ずいかく》」はほぼ無傷で残ったものの、航空兵力は大打撃を受け、そのため日本の機動部隊の戦力は、いちじるしく低下してしまった。米機動部隊の戦力低下につけ込めなかったのは、そういった理由からだった。

また、第二師団の総攻撃が失敗に終わったため、ガ島の飛行場と周辺の制空権は依然として米軍の手の内にあり、海戦でいくら米空母を沈めたからといって、日本が戦局を好転させるのは難しかったのである。

日本軍機の攻撃に、空母「エンタープライズ」を護る対空砲火の弾幕

日本軍機の攻撃にさらされた、空母「ホーネット」

南雲忠一第3艦隊司令長官

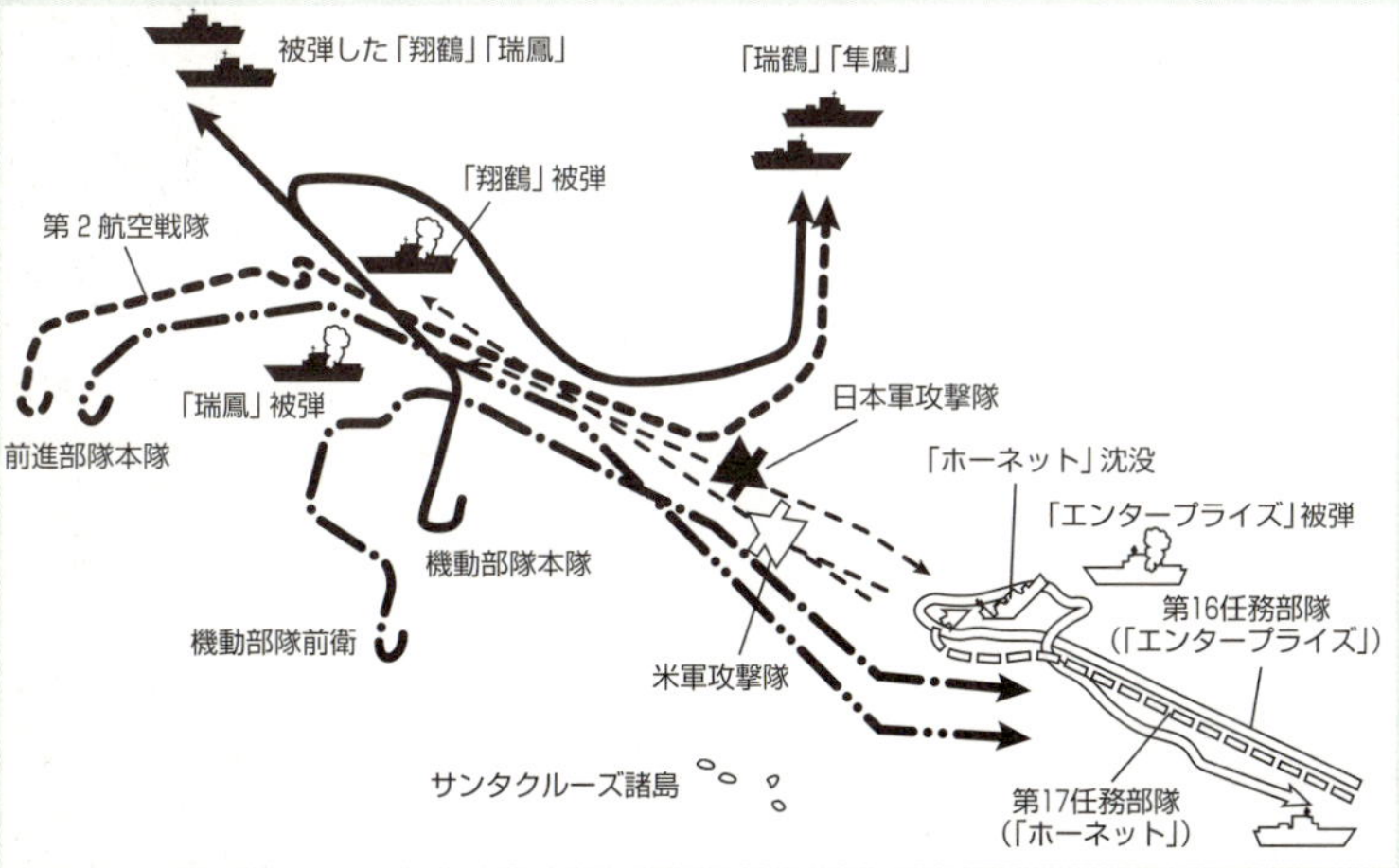

草鹿龍之介第3艦隊参謀長

鎮守府　海軍の地方機関。明治四年に兵部省《ひょうぶしょう》内に設置された海軍提督府から出発している。海軍の根拠地で、艦隊の後方を統括《とうかつ》する中心機関。いってみれば艦艇の本籍地である。鎮守府に準ずる機関が要港部（のち警備府に改編）である。

全国の海岸および海面を五海軍区に分け、それぞれに鎮守府と軍港を設けた。太平洋戦争開戦時の海軍区は第一が横須賀《よこすか》、第二が呉《くれ》、第三が佐世保《させぼ》、第四が舞鶴《まいづる》で、日韓合併後は鎮海《ちんかい》を軍港とする第五海軍区が設定されていたが、鎮海は要港部にとどまった。

各鎮守府は担当の海軍区の防衛と警備、所属艦隊の出動準備をするほか、海兵団や諸学校などを所管して新兵や下士官兵の教育も行なった。太平洋の島々で活躍した海軍陸戦隊は、各鎮守府に所属していた。鎮守府の最高指揮官は天皇に直隷し、司令長官と呼ばれ、海軍中将や大将が親任された。

鉄底海峡に沈んだ艦艇数　日本軍の艦艇は二四隻、一三万四八三九トン。米軍も二四隻で、一二万六二四〇トンの艦艇を失った。しかしこの数字には輸送船は含まれないから、実際に沈んだ艦船はもっと多い。ちなみにガ島戦が行なわれた一九四二年（昭和十七）八月から翌年一月までに、日本軍全体では六七万六四九トンもの船舶が失われている。

戦力の限界を見せたポートモレスビー攻略作戦

無謀だった大山脈越えのポートモレスビー攻略作戦

補給の目処が立たないのに強行された攻略作戦

ポートモレスビー占領を計画していた日本軍は、初めは海路から将兵を輸送して攻撃しようとしたが、珊瑚海《さんごかい》海戦で海軍戦力が打撃を受けたため、作戦は頓挫《とんざ》してしまった。そこで陸路からの攻略が模索された。

しかし、作戦を担当する総兵力約一万一五〇〇名の南海支隊は反対した。目標までは標高四〇〇〇メートル級のオーエン・スタンレー山脈を越えなければならず、補給も困難が予想されたからだった。

ところが作戦はなぜか実行されることになった。大本営から派遣された辻政信《つじまさのぶ》参謀が、勝手に作戦決行を命じたからである。

一九四二年（昭和十七）八月十八日、作戦は開始された。将兵は食糧の補給が期待できなかったから、各自が二〇日分の食糧を背負って行軍することになった。小銃などの装備を合わせると、最も軽装な歩兵でも荷物の重さは五〇キロを超した。

ポートモレスビーまでの道のりは予想どおりの難行軍で、ジャングルの木やツルをかき分け、峻険《しゅんけん》な山脈を越えていった。途中で平地に出ると、オーストラリア軍の攻撃を受けた。

ところが日本軍の反撃を受けるや、彼らはあっさりと退却していった。日本軍を奥深く誘い出し、消耗させるためだ。

しかし日本軍は、なんとかポートモレスビーを眼下に見下ろす地点まで進んだ。このとき南海支隊に上級司令部の第一七軍から命令が届いた。転進（撤退）命令だった。

難行の撤退の末に南海支隊壊滅

オーストラリア軍の狙いどおり、ジャングルの奥深く進撃してきた日本軍は疲労困憊《こんぱい》していた。補給は届かず、食糧はすでに底をつき、将兵は飢え始めていた。病人も続出で、とても戦える状態ではなくなっていた。

転進命令は南海支隊の消耗もさることなが

パプアニューギニアのジャングルを黙々と進む日本軍部隊

ニューギニアのジャングルを進む陸戦隊

ブナ周辺詳細図

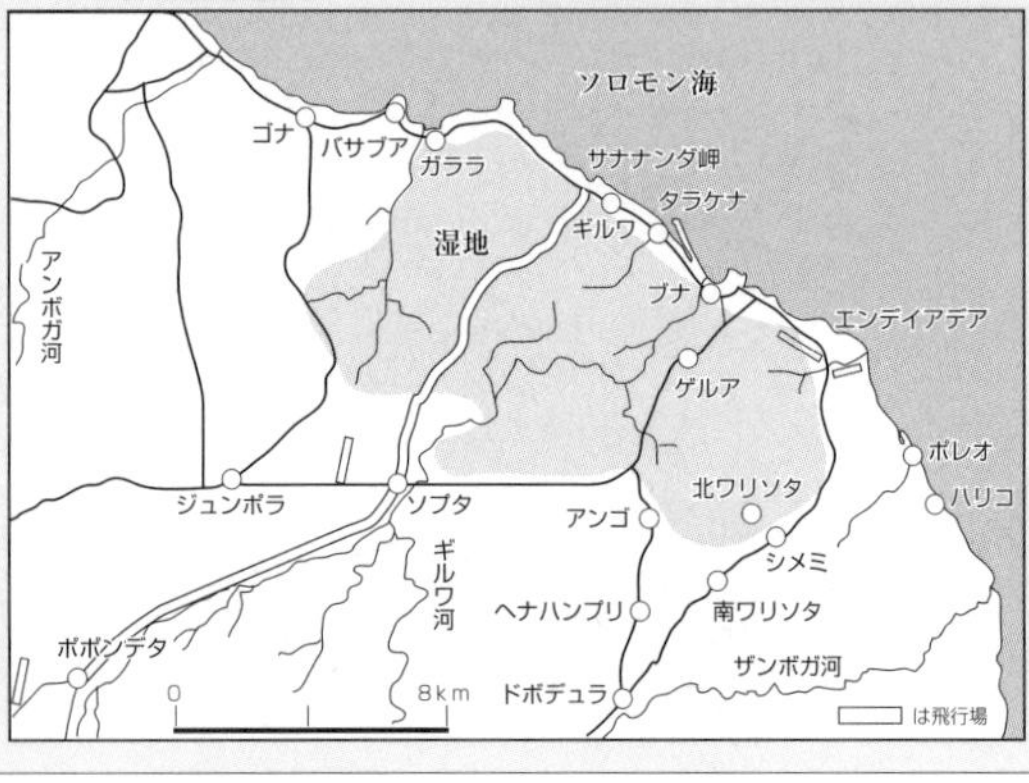

ポートモレスビー攻略作戦を独断で決行させた、参謀の辻政信。辻はノモンハン事件でも独断で作戦行動させ、責任を現場の部隊長にとらせている

南太平洋の最前線で、米軍の猛爆にも耐え、ジャングルを進む日本軍

ポートモレスビー攻略経路

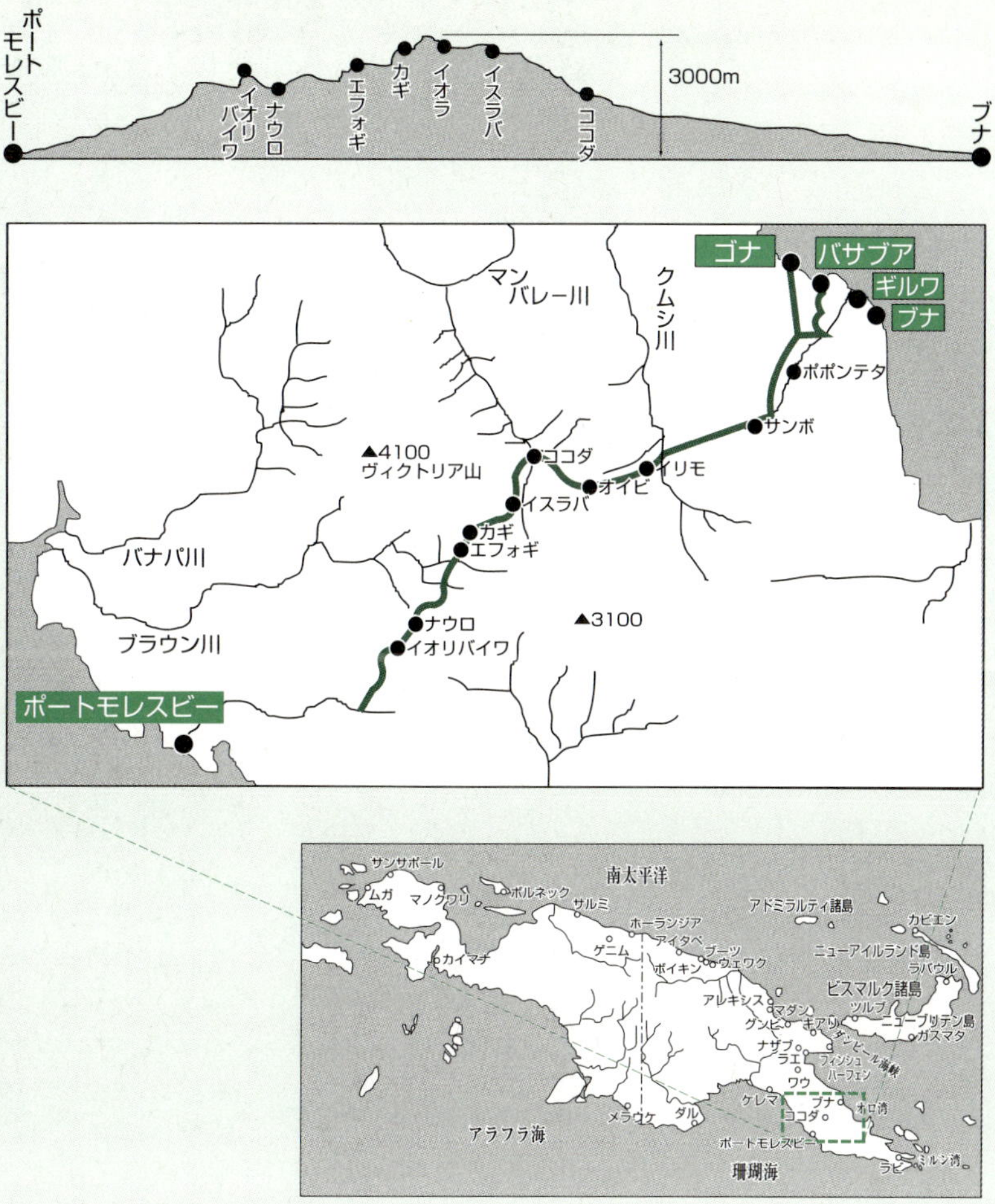

ら、一七軍にとってはガダルカナルで戦っている部隊も配下であり、とてもポートモレスビー攻略までは手が回らなかったというのが本音だった。

いずれにしても満身創痍《まんしんそうい》の南海支隊は、来た道を戻ることになった。

完全に疲弊《ひへい》しきっての撤退は、来るときよりもはるかに悲惨だった。険しい地形とオーストラリア軍の追撃、そこに飢えと病気が重なり、将兵たちはバタバタと斃《たお》れていった。

南海支隊はブナ、バサブア、ギルワといった三つの日本軍拠点があるブナ地区にたどり着いた。しかしそのとき、ブナ地区はすでに連合軍の攻撃を受けていた。

そしてブナとバサブアが陥落したあとに、最大の拠点だったギルワが攻撃を受けて一九四三年（昭和十八）一月十八日に陥落し、南海支隊もほぼ壊滅した。ギルワから脱出できた南海支隊員は、わずかに一〇〇〇名たらずだった。

南海支隊　ガダルカナル奪回戦を行なっていた第一七軍の指揮下部隊。中部太平洋方面で海軍に直接協力する唯一の陸軍部隊だった。支隊長は堀井富太郎少将で、撤退途中に乗っていたカヌーが転覆し、溺死した。

南海支隊の行軍距離　南海支隊が上陸したニューギニア東北岸のバサブアからポートモレスビーまでの距離は、地図上では約二二〇キロだが、実際の行程は三六〇キロはあったという。それも平坦路ではなく、ジャングルにおおわれた三〇〇〇メートル級の山脈のなかを歩き続けたのである。

COLUMN 3

真珠湾から南太平洋海戦まで空母艦隊を指揮

南雲忠一［なぐも・ちゅういち］

1887年生まれ。海軍大将、真珠湾奇襲の機動部隊指揮官、1944年7月6日、サイパン島で自決

南雲忠一は空母艦隊を率いて真珠湾奇襲を成功させ、ミッドウェー海戦に完敗した。その間ちょうど7ヵ月である。

もともとは水雷戦（魚雷を武器にしての戦闘）の専門家だが、年功人事で、空母艦隊である第1航空艦隊司令長官として開戦を迎えた。航空戦はまったくわからなかったという。

だから真珠湾へ向かう途中、「出るには出たが、果たしてうまくいくのだろうか」と、心配ばかりしていたという。

ミッドウェー海戦に敗れたとき自決を思い立ったが、参謀長の草鹿龍之介《くさかりゅうのすけ》少将にとめられた。そして、参謀長ともども敵討《かたきう》ちを山本五十六《いそろく》連合艦隊司令長官に直訴した。

そのかいあってか、引き続き空母艦隊（といっても正規空母は2隻に減っていた。正式の名称は第3艦隊）の指揮をとり、南太平洋海戦（1942年10月）を最後に空母艦隊と縁が切れた。

その後は、佐世保《させぼ》や呉《くれ》の鎮守府《ちんじゅふ》長官などをつとめたあと、第6方面軍司令長官となってサイパン島へ赴任した（1944年3月）。

名前はいかめしいが、ほとんど実働艦隊をもたない指揮官である。

アメリカ軍がサイパン島に上陸したときは、同島にあってサイパン陸海軍守備部隊の総指揮官になった。最後は陸軍部隊の指揮官らと自決して、残存部隊には最後の玉砕《ぎょくさい》突撃を命じた。

このように、南太平洋海戦までは常に第一線で指揮を執《と》り続けた南雲も、最後は地上の洞窟で自決に追い込まれたのである。

南雲は若いときは強硬派論客の一人だった。強硬派とは、1922年（大正11）のワシントン海軍軍縮条約や1930年（昭和5）のロンドン海軍軍縮条約に強硬に反対するグループに属していたという意味である。当時彼らは艦隊派と呼ばれた。

艦隊派が企てた“事件”の一つが、軍令部の権限強化問題があったが、どうしてもウンと言わない海軍省軍事課長井上成美《しげよし》大佐に、軍令部の担当課長だった南雲大佐は「貴様なんか殺すのは何でもないんだぞ。短刀でグサリとやればそれっきりだ」と脅迫したという。

艦隊派は軍令部総長伏見宮博恭王《ふしみのみやひろやすおう》を押したてて、とうとう軍縮条約脱退を果たした（1936年）。ちょうど陸軍による満州事変・満州国建国を境に、米英との協調路線の放棄、国際連盟からの脱退が行なわれたが、そういう陸軍の動きによく合わせていったのが艦隊派だった。

連合艦隊司令長官山本五十六は条約派の急先鋒であり、米英との協調派だったが、南雲はその部下として真珠湾奇襲作戦の指揮を執ったわけである。

第4章

欲しがりません勝つまでは

虐げられる国民生活「配給とヤミ」

国民の生活を犠牲にして、すべてを戦争のために我慢させられた

流行語となった「欲しがりません勝つまでは」

戦場の後方や、直接戦闘に加わっていない国民一般を、「銃後《じゅうご》」と呼んだ。太平洋戦争の戦場は日本国内ではなく、東南アジアや中国などだったから、日本国内はすべて銃後だったわけだ。

銃後の生活は、戦場で戦っている兵隊に武器弾薬、食糧、衣服、軍靴《ぐんか》、医薬品などを届けるために、禁欲的節約を強制された。

政府の力で強制的に節約させる方法が、食糧や生活用品の配給制度だった。米や衣料品などに公定価格を定め、国民に配給通帳や切符を配り、買える量を制限したのだ。

たとえば、一九四一年（昭和十六）四月一日から東京・大阪・名古屋・神戸など六大都市では米が配給制度になり、米穀《べいこく》通帳が配られた。その通帳を米屋に持っていけば、一一歳から六〇歳までは一人あたり一日二合三勺《しゃく》（約三三〇グラム）買える仕組みだ。子どもや老人の配給量はこれより少ない。この制度はやがて全国の都市部で実行された。

朝昼晩ともご飯と味噌汁を食べていた時代だから、これではたいていの人にとって不足だった。各家庭では麦、粟《あわ》、芋やジャガイモ、カボチャをご飯にまぜて食べた。うどんだけ、ふかし芋だけという場合も珍しくなかった。

陸軍省報道部は、「最低の生活、最高の名誉」という標語をつくり、あらゆる面で最低限度に切りつめた生活を訴えた。この標語が発表されたのは一九四一年三月で、日中戦争が始まってから三年九ヵ月たった頃である。

やがて日中戦争は太平洋戦争へと拡大されたが、開戦一年後の一九四二年十一月、大政《たいせい》翼賛会《よくさんかい》と朝日新聞、東京日日新聞（現毎日）、読売新聞が協同で募集した「国民決意の標語（合言葉）」が選定され、その一つが「欲しがりません、勝つまでは」だった。選ばれた一〇個のうち、これが最も有名になり、「足らぬ足らぬは、工夫が足らぬ」とセットになって、国民生活を縛りつけていったのである。

国民はヤミを活用して生活を防衛

配給制度が強まるとヤミ市場が自然につくられていった。公定価格より高いが、必要なものが買えるから、少し余裕がある家庭はヤミに頼った。ヤミという言葉も、日中戦争が始まって一年後に、綿製品の製造・販売が制限され、不法・不正取り引きが横行したことをきっかけに生まれた。

米だけではなくミソ、醤油《しょうゆ》、マッチ、薪《まき》、石炭、服、古着、タオル、石鹸、清酒、ビールと、何でも配給制となったから、その裏で

東京・有楽町に掲げられた「撃ちてし止まむ」の巨大ポスター

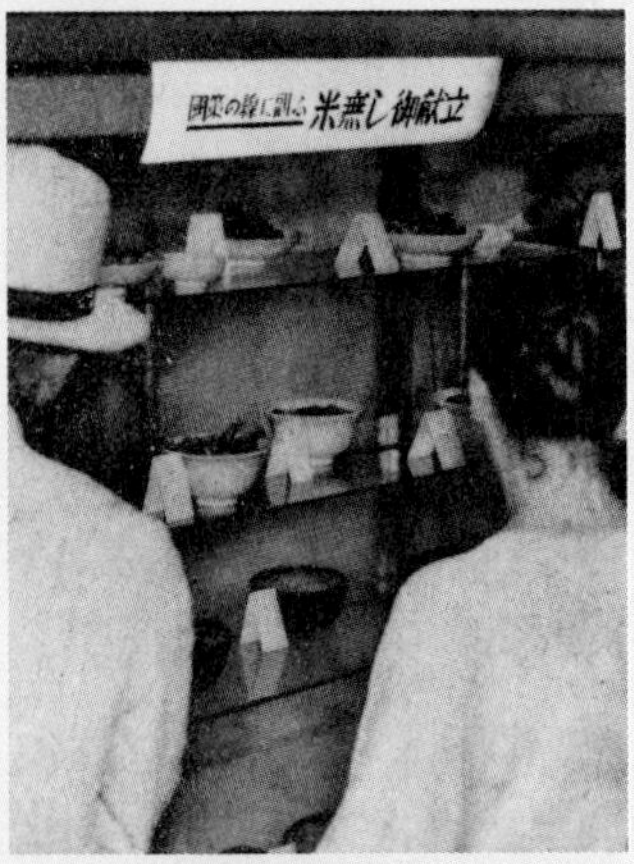

食堂も外食券による配給だったが、米なし献立が〈国策〉の名のもとに登場した

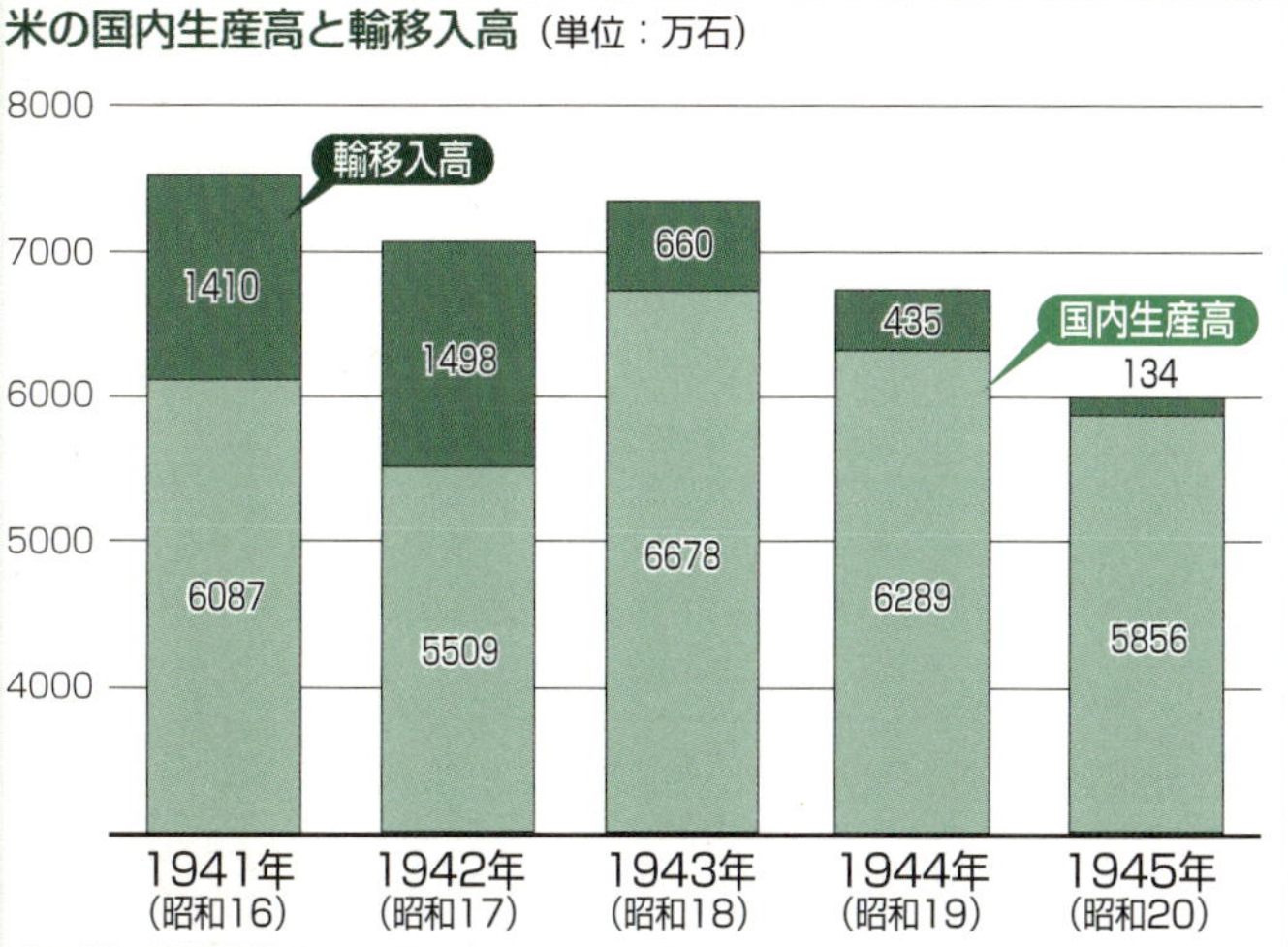

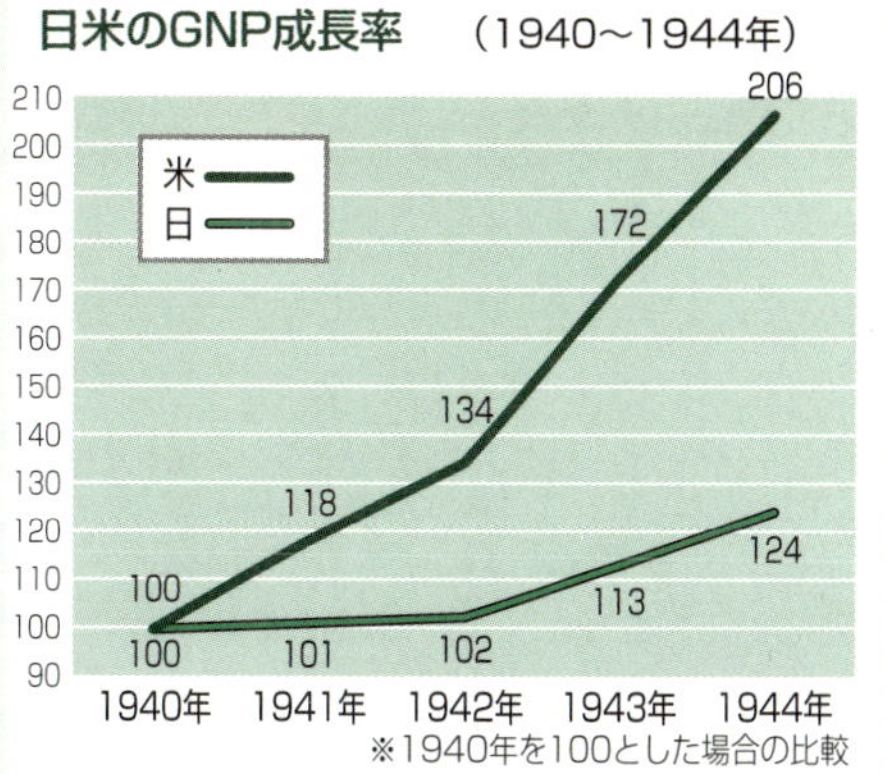

町内会の共同買い出し・共同炊事で、燃料や労力を節約しようという運動も行なわれた

うどんだけの食事。こういう写真を新聞などに載せて、食糧不足を我慢させたのだ

はヤミ取り引きがさかんだった。ヤミ商品の不買や買いだめを呼びかける「経済道義昂揚《こうよう》運動」が、大政翼賛会や産業報国会などの音頭で日常的に展開されたものの、配給制があるかぎりヤミはなくならなかった。

戦争が深まると長年の食糧不足で国民の身体に影響が出始め、母親は母乳が出にくくなった。それに対して「乳が出ないのは出そうという母性愛が足りないからだ」という、とんでもない議論も起こった。まさに戦争が銃後の生活を虐《しいた》げていたのである。

大政翼賛会　翼賛という言葉は天皇を助けるという意味である。大政というのは政治一般のことである。当時の日本は天皇が政治も軍事も外交もすべて取りしきる（統治し、総攬《そうらん》する）システムだった。国民の声は帝国議会を通して天皇の耳に入るようになっていたが、日中戦争が始まって二年ほどすると、身も心もすべて戦争に捧げるために政党を解散し、大政翼賛会に一本化した。戦争反対や批判的な言論を封じ込め、天皇統治がよりしやすいようにとられた措置である。

大政翼賛会はその後、大日本婦人会や産業報国会はもとより、町内会や部落会（農村部の町内会をこう呼んだ）、隣組（監視と互助組織）まで下部組織とし、国民生活のすみずみまで監視し、統制した。

薪・石炭の配給　これで一番困ったのは銭湯で、ついには時間三〇分、洗髪・ひげ剃り禁止、お湯は一人七杯まで、などという規則をつくるところが多かった。石鹸も原料が配給制になったので「粘土七割入り石鹸」も現れた。ある科学者（井上兼雄）はこういう事態を次のように称賛した。

「入浴して石鹸で身体を洗うとビタミンが洗い落とされる。神様がこの聖戦で石鹸と石炭を取り上げてくださった。これは国民をより健康に活動させようとなさっているのだ」

工場に動員される女子「勤労挺身隊」員

未婚女性を軍需工場に駆り立て、拒めば懲役や罰金を課した

一四歳以上の未婚の女性を挺身隊に組織

挺身《ていしん》というのは、自分の身を投げ出して何かをすることである。女子勤労挺身隊は、一四歳以上の未婚女性で組織され、政府が必要と判断した工場などで働かされた。この場合、女学校や女子大、あるいは女子師範学校の学生は除かれた。労働を免除されたのではなく、別の方法で勤労動員されたのである。

女子勤労挺身隊はボランティアではない。女子挺身勤労令という勅令《ちょくれい》（天皇の命令による法律）に基づいて編成された。勅令は太平洋戦争が始まって一年九ヵ月後の一九四四年（昭和十九）八月に出された。

男性が兵隊に召集されるのとよく似ていて、召集令状が出され、強制だった。男性が兵隊に召集されると最低二年から三年は服役したが、女子勤労挺身隊員として召集されると、一年間は命じられた職場に勤めなければならなかった。

まず、地方長官（知事。当時の知事は内務大臣の任命制）が勤労挺身命令書を出す。それに応じないと、国家総動員法第六条による就業命令があらためて出された。それでも応じないと裁判にかけられ、一年以下の懲役または一〇〇〇円以下の罰金が待っていた。

県外にも派遣された女子勤労挺身隊

国家総動員法というのは、戦争に必要な「物・お金・人」を、自由に配分したり統制したりできる法律で、日中戦争が始まった翌年（一九三八年四月）に成立した。人にこれを適用すると、たとえば食堂の店員で働いていても辞めさせて軍需工場で働かせることができた。このように、戦争のためなら職業選択の自由を奪ってもよいという法律だった。

この大枠を定めた国家総動員法のもとに細かなさまざまな法律がつくられ、女子挺身勤労法もその一つだったわけである。

未婚女性は部落会・町内会・婦人会などを単位にして組織され、命令されると県外の軍需工場にも派遣された。

愛知県豊川市に海軍の武器弾薬工場があった。従業員約六万人という大きな工場で、そこには東海、関東、信越、北陸の各県から女子勤労挺身隊が派遣されていた。

一九四五年（昭和二十）八月七日午前一〇時過ぎ、アメリカ軍の重爆撃機B29の大群がこの工場を空襲、三〇分で三二〇〇発以上の爆弾が落とされ大火災が発生、二五四四名が死んだ。このなかには女子勤労挺身隊員七四一名が含まれていたのである。

このように遠く離れたところから動員され、命を落とす挺身隊員も少なくなかった。敗戦時、全国の女子勤労挺身隊員は四七万二〇〇〇人に達していた。

女学生の勤労動員　国民学校（当時の小学校の呼び方）高等科女子部（高等女学校に進学できない女子が入学）、高等女学校（当時の中学校は男子専用で、高等女学校は女子の中学校）、青年学校（国民学校高等科卒業生が進学）、女子師範《しはん》学校（女性の小学校教員養成）、女子高等専門学校（いわば女子大学だが、大学とは呼ばなかった）などの女子学生は学校単位で勤労動員された。

一九四五年三月現在の動員数は国民学校高等科で六万七〇〇〇人（動員数の五・二パーセント）、高等女学校や青年学校で六八万九〇〇〇人（動員数の四二・二パーセント）、女子師範学校や女子高等専門学校で三万三〇〇〇人（動員数の一八・三パーセント）だった。

日米兵器生産力の比較　(1941～1945年)

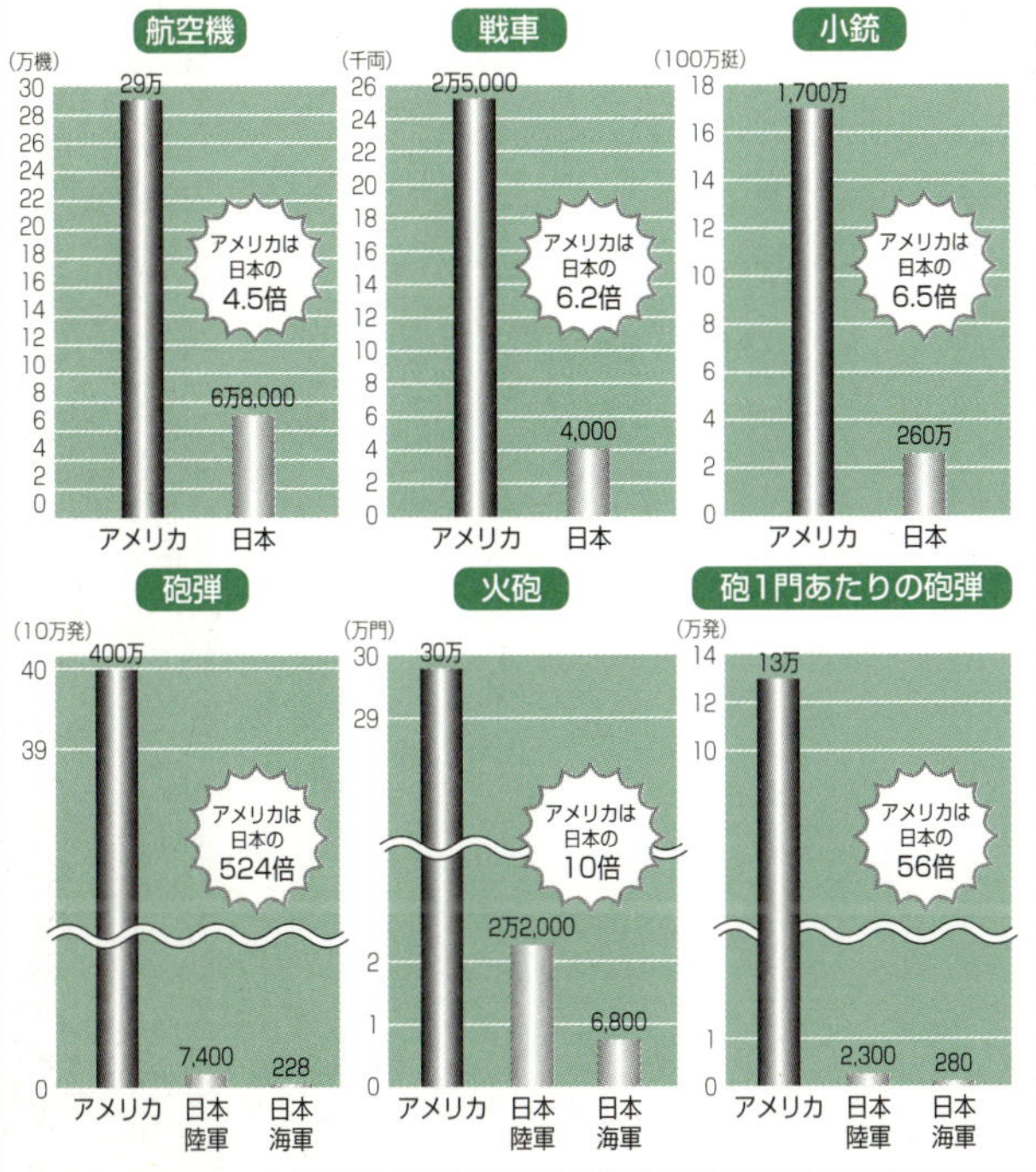

機関砲の弾丸製造に駆り出された女子挺身隊員

政府の情報局が発行していた戦意昂揚のための『写真週報』表紙を飾った女子挺身隊の飛行機胴体組み立てのようす

工場へ向かう女子挺身隊や勤労動員の女子学生たち

米軍の無差別空襲と学童疎開

親と別れ、田舎に行かされた小学生は飢えといじめに苦しんだ

サイパンの陥落が学童疎開に拍車

陸軍大将である東条英機《とうじょうひでき》が首相をつとめていた日本政府が、いずれは東京や大阪など大都市は、アメリカ軍の飛行機による空襲を免れないと覚悟したのは、一九四三年（昭和十八）後半だった。

そうした懸念があったので、田舎に親戚があるならば、早めに学童（小学生）を田舎に疎開《そかい》させるようにと勧告した（一九四三年十二月十日）。疎開とは人口密集地帯から人口の疎《まば》らな地帯へ分散することである。

これを受けて、東京の文京区本郷千駄木国民学校（小学校のこと）で、栃木県那須に専用の疎開学校を開設するなど、学童疎開に向けての取り組みが本格化した。

アメリカ軍がサイパンに上陸し、日本守備軍の敗北がほぼ決まった頃（一九四四年六月三十日）、政府は東京の学童集団疎開を決めた。サイパンがアメリカ軍の手に渡ったので、そこから重爆撃機B29によって、東京が大規模な空襲を受けることがはっきりしたからである。

七月七日（一九四四年）にサイパン守備軍がバンザイ玉砕《ぎょくさい》した。そして七月二十日、政府（東条内閣が総辞職し、後継内閣はまだ成立していない微妙な時期だったが）は、東京・大阪・名古屋・神戸・横浜など主要一二都市の学童集団疎開を決定した。

東京から学童の集団疎開列車第一陣が上野駅を発ったのは八月四日だった。板橋区の学童が群馬県の妙義町へ旅立ったが、この日、品川区の学童も府下西多摩郡瑞穂町へ集団疎開した。

沖縄の学童疎開輸送船「対馬丸」の撃沈

サイパン陥落のあと、アメリカ軍は沖縄県に上陸するのではないかと予測された。そうなると空襲による被害どころの騒ぎではない。そこで沖縄県の沖縄本島・宮古島・八重山《やえやま》諸島の学童は、老人や婦女子とともに宮崎県や熊本県、大分県、台湾に疎開させることになった。奄美《あまみ》大島の学童疎開を受け入れなければならない鹿児島県への疎開はなかった。

第一陣は学童一三一名を潜水艦で鹿児島港に届けたが、第二陣のうちの一隻、「対馬丸《つしま》」はアメリカ軍の潜水艦に撃沈された（八月二十二日）。乗船学童八二六名のうち七六七名が犠牲となった（犠牲者総数は一五二九名）。

こうした大きな犠牲をともなったものの、沖縄の学童疎開は最終的には六一一一名に達した。

東京大空襲（一九四五年三月十日）以後の学童疎開は急ピッチで進められ、各都市全体で約五〇万名の学童が田舎へ疎開した。

学童の疎開先は農村地区だから、米はともかく芋やカボチャなどは豊富にあったのではというイメージがあるが、農村も食料不足は深刻だった。加えて子ども同士の〝よそ者いじめ〟も少なくなく、その心の傷跡は戦後も長く残ったといわれる。

学童疎開者の空腹を象徴する一つに、ガラス製の「おはじき」は火にあぶってどろどろにしたら食べられるという〝迷信〟が広まったことがあったという。

お手玉の中の小豆を食べ終わった頃の悲しきエピソードである。

雨あられと爆弾を投下するアメリカ軍のB29爆撃機

B29の絨毯《じゅうたん》爆撃

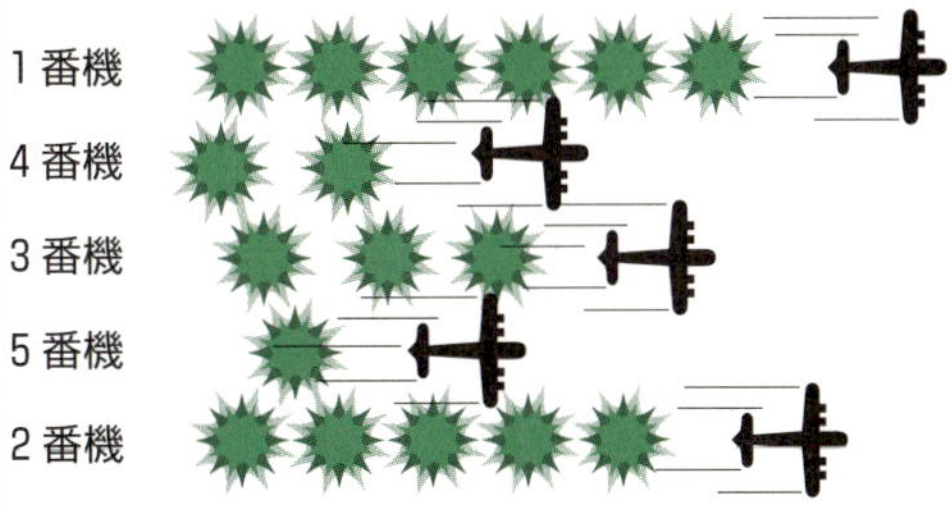

米軍は絨毯を敷いていくように、帯状に爆弾を投下した

B29の日本本土爆撃――成果と損害

全飛行距離		2億 km
全投弾量		14万7576 t
都市に与えた損害 (主要都市66、原爆を含む)	焼失面積 死傷者	450 km^2 103万人(死者約50万人)
機雷投下による損害	沈没 大破	606隻 約400隻
B29の損害	喪失 搭乗員の死傷者	485機(撃墜:147機) 3373人(死者3041人)
日本戦闘機の損害	撃墜 撃墜(推定) 撃破	714機 414機 770機　計1898機

疎開先ではお寺などが宿舎となった。いまは昼寝の時間…

米軍の無差別空襲と学童疎開。田舎へ疎開する国民学校の児童が整列。校長先生の話にでも聞き入っているのだろうか

国民学校と少国民　一九四一年(昭和十六)三月、勅令《ちょくれい》による国民学校令が公布されて、それまでの小学校は国民学校と改称された。

その理由は、当時日本人は皇国《こうこく》民(天皇の統治する国の民。国民は天皇の臣民《しんみん》であるという意識を強調した言い方)と自称する風潮が強く、小学校は皇国民を育てる学校ということを強調したものだった。

小学生は少国民(年少の皇国民)と呼ばれることが多かった。

東京大空襲と無差別都市空襲　サイパン発のB29によるアメリカ軍の日本空襲は、一九四四年(昭和十九)十一月二十四日の東京空襲から始まった。

当初は軍需工場に絞った精密爆撃だったが、効果が薄いとして住宅街を焼き払う無差別空襲に切り替えられた。

東京大空襲はその第一弾で、間をおかず大阪、神戸、名古屋などが無差別空襲された。その後も主要都市への無差別空襲は続き、県庁所在地で焼け残ったのは、ほんの数都市にすぎなかった。

学窓から前線へ、出陣学徒の出征

徴兵猶予という学生の特典を廃止、出陣学徒の大半は将校や下士官へ

学生の特権を廃止して学徒も戦場へ出陣

一九四三年（昭和十八）十月二十一日、東京・明治神宮外苑《がいえん》競技場で、東京、神奈川、千葉、埼玉の出陣学徒壮行会が挙行された。

スタンドには一〇万の人々が詰めかけ、壮途を祝いつつ別れを惜しんだ。参加した出陣学徒兵は七七の大学・専門学校から約二万五〇〇〇名と推定されている。当時は人数発表は軍事秘密だった。

出陣学徒壮行会は東京のほか日を追って全国各地で行なわれ、合計で六万八〇〇〇名から九万五〇〇〇名が出陣したとされる。

当時の学生・専門学校生には徴兵猶予《ちょうへいゆうよ》の特典があった。

二七歳になってはじめて徴兵検査を受ける決まりだったが、年齢が進みすぎていて、いくら健康でも二〇歳の合格者にはかなわない。学生に対する徴兵猶予制度は実質的には徴兵免除に近い特典だった。

しかし、戦局が悪化し、徴集・召集される兵隊はうなぎ登りだった。太平洋戦争が始まった一九四一年（昭和十六）の兵隊の総数は二四〇万名、四二年には二八三万名、四三年には三六一万名。四四年には徴兵年齢が一歳引き下げられて、一九歳と二〇歳の若者を徴集したので、兵隊の総数は五四〇万名にも達している。

学徒出陣は、増えすぎた兵隊の下級指揮官を速成教育することでもあった。

甲幹、乙幹という名の学生出身のエリート

学徒兵として出陣した大半は駆け足で昇進した。

試験を受けて最初から甲《こう》種幹部候補生として訓練した者も多かった。そして一年後には少尉《しょうい》という最下級の将校になった。これを略して甲幹と呼んだ。甲幹に落ちた者は乙《おつ》種下士官候補生としての訓練を受けた。彼らは乙幹と略称された。

学徒出陣した九割が甲幹・乙幹に進んだが、そのうち六五パーセントが甲幹、三五パーセントが乙幹になったといわれる。ふつうの兵隊のままで通した者は、一割程度だったわけだ。

学徒出陣の大半は陸軍軍人になったが、海軍に入った者で将校になった者を予備学生と呼んだ。

もともと陸軍の将校は陸軍士官学校で、海軍の将校は海軍兵学校で三、四年かけて養成していたが、ここまで速成の将校を大量につくりださなければ間に合わない、という事態に立ちいたったわけである。

甲幹・乙幹の試験といっても、なかば強制的なものだったらしく、歯科専門学校を繰り上げ卒業させられて入営したある兵は、試験に反発して白紙を出したところ、教官に呼びつけられて、「なかなか元気があってよろしい」と言われ、猛烈なビンタを一発食らわされて、「合格！」と宣言されたというエピソードもある。

兵隊の総数　正しくは現役徴集（徴兵年齢に達した者が兵隊になること）、現役志願兵（一六歳から志願できた）、召集（現役を終えた者や、補充兵などが兵隊になること）の総数から、召集解除数を差し引いた数。つまりそのときの総兵力数である。

国家予算に占める軍事費の割合

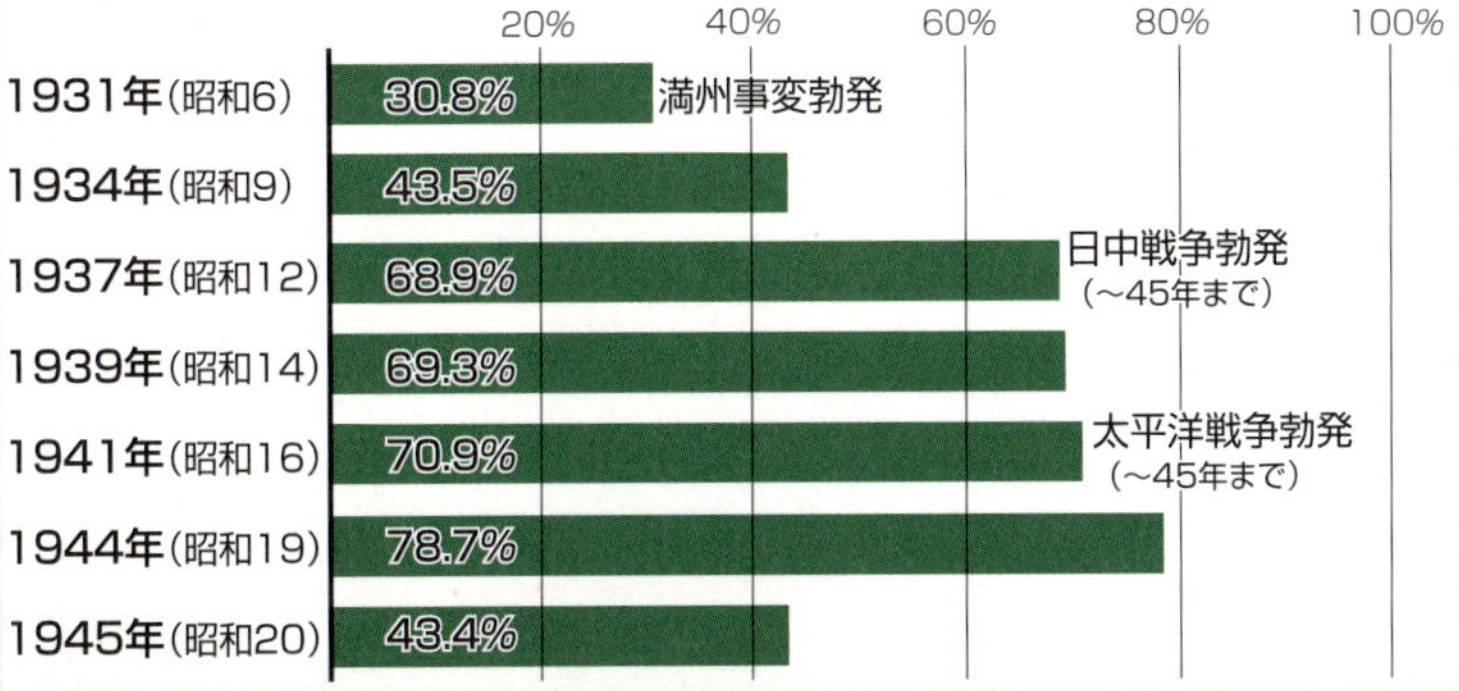

東京の明治神宮外苑競技場で行なわれた出陣学徒壮行会。学徒兵が銃を担いで分列行進をしている

学徒兵を査閲（実地に検査すること）する陸軍大将でもある首相兼陸軍大臣の東条英機

兵力動員総数

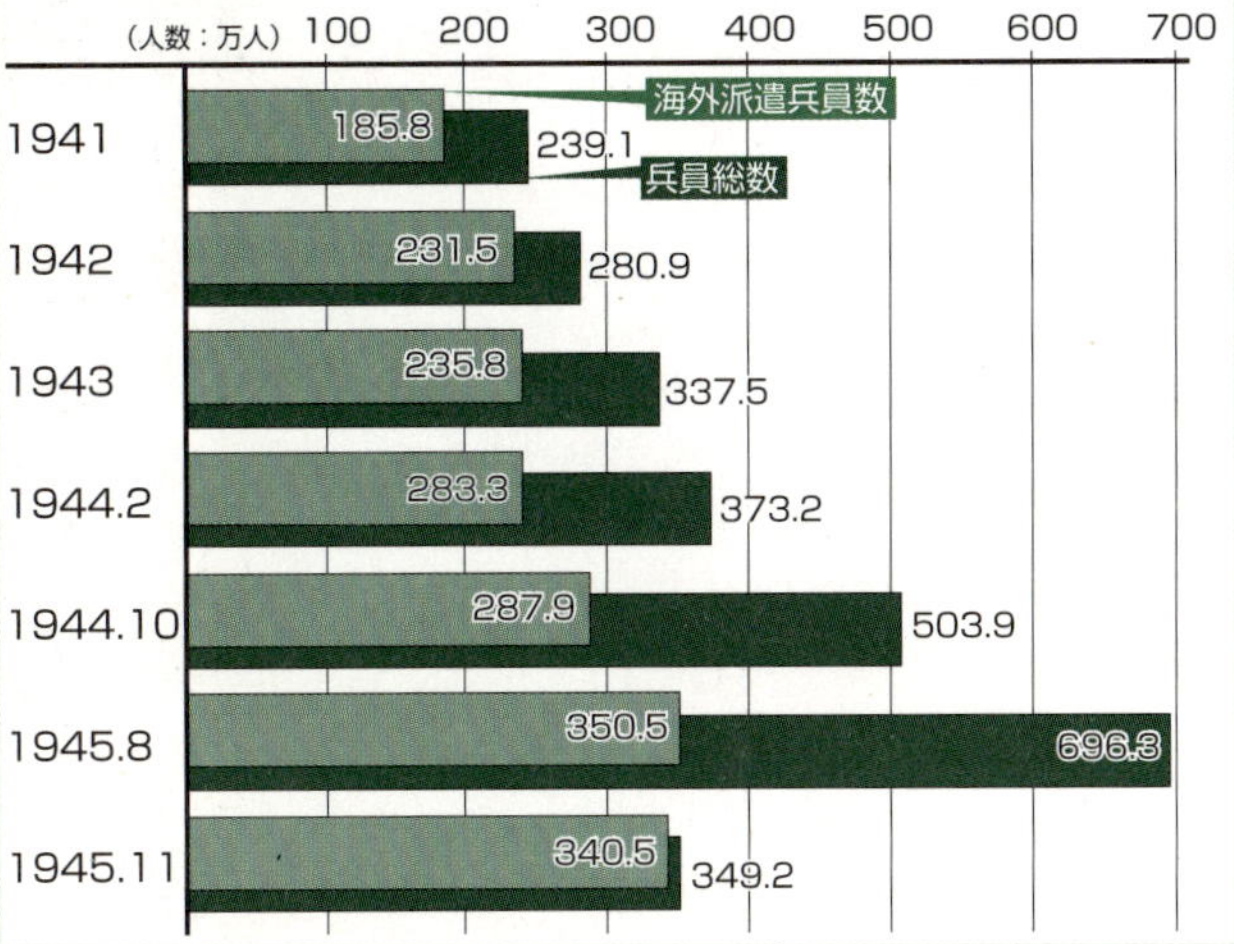

不動の姿勢をとる学徒兵

COLUMN 4

マレー作戦とフィリピン防衛戦の総指揮官

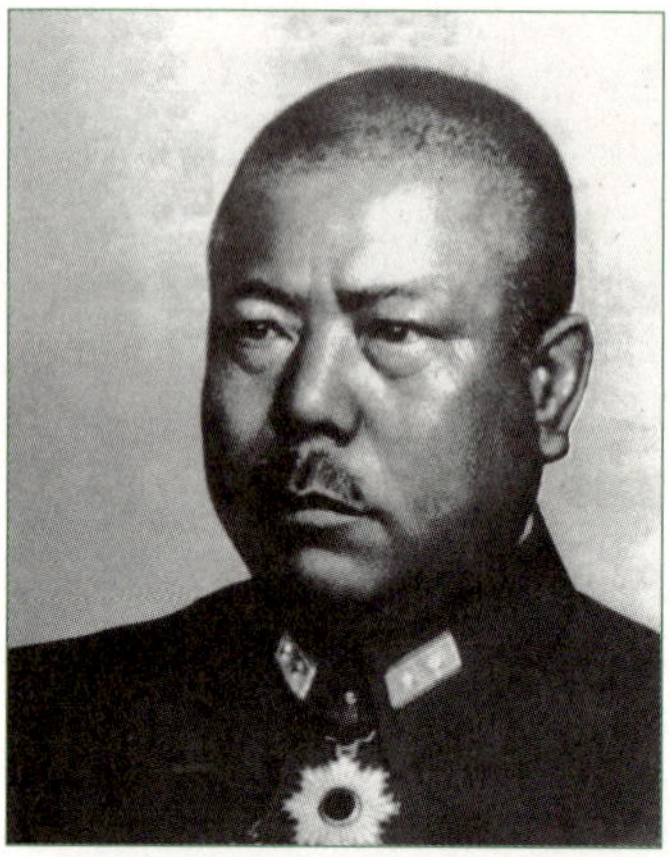

山下奉文［やました・ともゆき］

1885年生まれ。陸軍大将、1946年2月23日・マニラにおける戦犯裁判により絞首刑

山下奉文はまず第25軍司令官としてマレー・シンガポール作戦を指揮した。

マレー半島約1000キロをわずか55日で縦断してシンガポール島対岸のジョホールバルに達したので、その猛烈な勢いと荒々しさを象徴して“マレーの虎”と称された。

山下の“マレーの虎”的な性格は、シンガポールを占領したあとの華《か》僑《きょう》粛《しゅく》正《せい》（占領直後の短期間で約1万名を虐殺。長期に見た場合、総数はもっと多い）に象徴される武断軍政にもみられた。

山下は日中戦争が始まって1年後に、北京に軍司令部を置いた北支《し》那《な》方面軍の参謀長をつとめたことがあるが、その折の中国民衆の徹底抗戦の姿勢に手こずった経験が、シンガポールにおける華僑虐殺に反映されたのかもしれない。シンガポールやマレーの華僑は、英印《えいいん》軍よりも真剣に激しく日本軍と戦ったといわれる。

太平洋戦争の最後の段階では、第14方面軍司令官としてフィリピン全域の防衛に任じたが、自身はルソン島にあってアメリカ軍との戦いを指揮した。

ルソン島はもちろん、フィリピン全域は住民を巻き込んでのゲリラ部隊の活動が活発で、勢い、日本軍による住民虐殺事件が頻発した。

ゲリラ活動は山下が軍司令官になってから始まったわけではなく、日本の占領直後から始まり、ゲリラ討伐に名を借りた虐待・虐殺も占領直後からのものだった。

山下は、フィリピンの日本軍に永久徹底抗戦を命じていた。しかし、日本政府がポツダム宣言を受け入れて無条件降伏すると、さすがに抗戦をやめ、降伏した。

連合軍は東京裁判において、戦争を計画し、準備し、開始し、遂行した最高首脳をA級戦犯として裁いたが、それとは別に日本軍が進出した各戦場ごとに捕虜・住民の虐待・虐殺を糾弾し、BC級戦犯として裁いた。

山下はマニラ軍事法廷でフィリピン全土にわたる虐待・虐殺の最高責任を問われ、絞首刑となった。戦犯として処刑された第1号であった。

かつて二・二六事件（1936年2月26日の陸軍部隊の反乱事件）のとき、陸軍省軍事調査部長ながら、決起部隊の首謀者から決起趣意書を見せられた。山下は無言だったというが、彼のポストは本来そういう過激な将校たちの動静を監視し、暴発を押さえる立場である。それをしなかったという意味で事件との関わりを取り沙汰された。

とはいえ、軍歴として格別に不遇であったわけではなく、陸軍大臣や参謀総長などといったトップにつけなかったというだけにとどまった。

第5章

崩れ去る絶対国防圏

い号作戦と山本五十六司令長官の戦死

航空攻撃でアメリカの基地を叩いたあと、前線視察の山本乗機が撃墜された

い号作戦で消耗した日本海軍航空隊

ガダルカナル島（以下ガ島と記す）から撤退した日本軍は、ニュージョージア島やブーゲンビル島に布陣した。ガ島は失ったがソロモン諸島から撤退したわけではない。

また、東部ニューギニアのブナ地区の戦闘に敗れた日本軍は、西に敗走してサラモアやラエを根拠地とした。それ以上の連合軍の進出を阻止するためである。

連合軍はガ島や、ブナ近くのラビやミルン湾に物資を集積し、反攻の準備を整えつつあった。

日本の連合艦隊はこれら連合軍の基地を航空機で攻撃した。それが「い」号作戦である。

ラバウル基地に空母搭載機と基地航空隊の飛行機が約三五〇機集められた。一九四三年（昭和十八）四月七日、十一日、十二日、十四日の計四日間、それぞれ一〇〇機から二〇〇機の飛行機が出撃し、ガ島航空基地や周辺の艦船、東部ニューギニアのポートモレスビー港の艦船、東部ニューギニアのラビやミルン湾などの艦船、施設などを爆撃した。

連合軍も飛行機を飛ばして迎え撃ち、多くの空中戦が行なわれた。

この一連の航空攻撃で、日本は敵艦を一八隻撃沈、一三四機撃墜したと信じていたが、実際には小艦艇や輸送船など四隻撃沈、三一機を撃墜・地上破壊したにとどまった。

一方、日本が失った飛行機は撃墜されたり被弾して使い物にならなくなったものが全体の三割に達した。とくに、訓練中だった航空母艦の航空部隊もラバウル基地から出撃し、多数を失ったことが痛かった。

母艦航空部隊は、一から訓練のやり直しをするはめになったのである。

米軍に狙われた山本五十六長官機

「い」号作戦は、連合艦隊司令長官山本五十《いそ》六《ろく》大将がラバウル基地に進出して直接指揮をとった。そして、作戦が終わってまもなくの四月十八日に、前線の航空基地を視察し、激励することになった。

ラバウルから最初の視察地ブーゲンビル島南端沖合バラレへ、詳しい日程が無電連絡された。護衛が零戦であることも連絡された。

アメリカ軍はこの暗号電報をたちまち解読した。ミッドウェー海戦の項で触れたように、日本海軍の暗号はほとんど解読されていた。日本海軍はそのことに気づかなかったし、想

ラバウル基地で「い」号作戦に出撃する飛行機に帽子を振って見送る山本長官

山本長官の視察ルートとP38の襲撃ルート

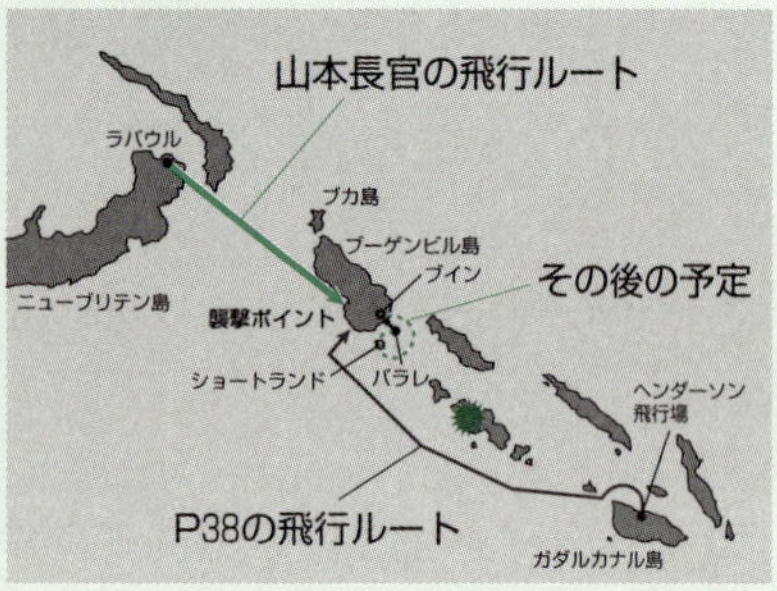

山本長官の前線視察スケジュール

昭和18年 4月18日
AM　6:00 〜ラバウル発
8:00 〜バラレ着
8:40　ショートランド着
9:45 〜ショートランド発
10:30　バラレ着
11:00 〜バラレ発
11:10 〜ブイン着
PM　昼食
2:00 〜ブイン発
3:50 〜ラバウル着

「い」号作戦の参加兵力と戦果

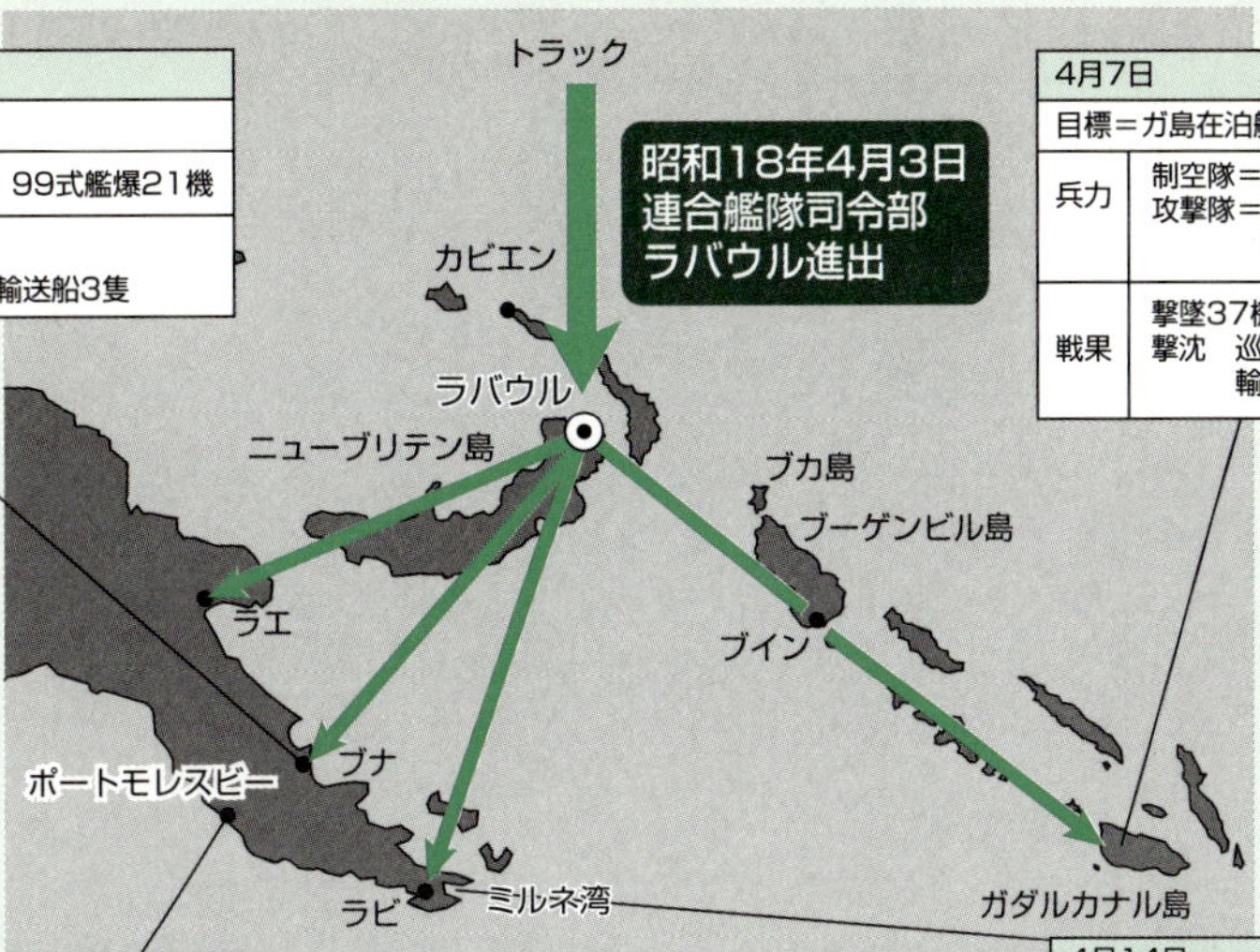

4月7日

目標＝ガ島在泊艦船	
兵力	制空隊＝零戦47機 攻撃隊＝零戦110機 99式艦爆66機
戦果	撃墜37機 撃沈　巡洋艦1隻　駆逐艦1隻 輸送船6隻

4月11日

目標＝ブナ近郊の在泊艦船	
兵力	攻撃隊＝零戦71機、99式艦爆21機
戦果	撃墜22機 撃沈　駆逐艦1隻　輸送船3隻

4月12日

兵力	制空隊＝零戦55機 第1攻撃隊＝零戦27機、1式陸攻18機 第2攻撃隊＝零戦32機、1式陸攻26機
戦果	撃墜26機 撃沈　輸送船1隻

4月14日

兵力	零戦75機、99式艦爆23機 零戦54機、陸攻44機
戦果	撃墜44機 撃沈　輸送船4隻 飛行場3箇所以上

「い」号作戦で出撃するパイロットたちを激励する連合艦隊司令長官山本五十六大将

山本長官の常機を撃墜したアメリカ軍のP38ライトニング戦闘機（同型機）

像すらしたことがなかったのだ。

ハワイのアメリカ太平洋艦隊情報部からそのことを知らされたニミッツ長官は、ルーズベルト大統領の許可を得て、山本長官機を撃墜することに決した。

「ヤマモト・ミッション」のロッキードP38一八機はガ島の飛行場を出撃、ブーゲンビル島ブイン上空で待ち伏せし、攻撃した。

護衛の零戦がわずか六機と少なかったこともあり、長官機と宇垣纏《うがきまとめ》参謀長の乗る二機の一式陸攻は攻撃にさらされた。そして長官機はジャングルに不時着し、山本長官は戦死。参謀長機も海上に不時着したものの、幸いにも宇垣参謀長と操縦手は生還した。

これが「海軍甲事件」である。

真珠湾奇襲の成功以来、山本大将は国民的英雄となっていただけに、戦死が発表されたときの衝撃と怒りは想像以上に大きかった。

ラバウル　現在パプア・ニューギニアのニューブリテン島ラバウルは、太平洋戦争の初期に日本軍が占領し、航空基地をつくった。

さまざまな航空部隊が入れ替わり立ち替わりこの基地に集結し、ソロモン諸島や東部ニューギア方面のアメリカ陸海軍航空部隊と戦った。

これらの航空部隊は基地の名前をとって俗に「ラバウル航空隊」と呼ばれた。

東部ニューギニア　東経一四一度から東を指し、オーストラリア領（国際連盟委任統治領）だった。現在はパプア・ニューギニア。

西部ニューギニアは当時は蘭《らん》印《いん》（オランダ領東インド）で、現在はインドネシア領。西部ニューギニアは蘭印軍が降伏したので日本占領地になっていた。

アッツ、タラワ、マキン、クェゼリンの全滅戦

援軍来たらず、救出されず、投降も禁じられた日本軍は死ぬまで戦った

「捕虜になるのは恥」と厳しく教育された日本軍

アッツはアメリカ領アリューシャン列島のほぼ西端、タラワ、マキンはギルバート諸島、クェゼリンはマーシャル諸島の孤島。それぞれ数千人単位の日本軍が守備についていたが、アメリカ軍が来襲して玉砕《ぎょくさい》した。

最も早く玉砕したのがアッツである（一九四三年五月二十九日）。

守備隊は山崎保代《やすよ》大佐以下の約二六〇〇人、上陸アメリカ軍は約一万一〇〇〇人。日本軍は増援部隊約五〇〇〇人を待機させ海軍の護衛を頼んだが、海軍は燃料不足を理由に断った。

アッツ守備隊は見捨てられた。

仕方なく上級司令部から「潔《いさぎよ》く玉砕せよ」との電報が飛んだ。山崎守備隊長は、「生きて虜囚《りょしゅう》（捕虜になること）の辱《はずかし》めを受けぬよう覚悟」させたとし、軽傷者は自決させ、重傷者は軍医に処分させた、と返電した。

アッツ守備隊はこういう始末をすませてから、生き残っていた約三〇〇人が最後の突撃を行なって玉砕した。それでも死にきれずに二七人が捕虜になった。

戦闘としては日本軍の完全な敗北で、ふつうなら国民に向けては発表しない。しかし、「このように死ぬまで立派に戦った」ことを称賛するために、軍部は大々的に「玉砕」という言葉を初めて使って発表した。

クェゼリン環礁に艦隊泊地を求めた米海軍

日本軍は赤道以北の南洋群島のうち約三〇の島々に部隊を配置していた。タラワ、マキン、クェゼリンもそのなかに入る。

ギルバート諸島のタラワ環礁《かんしょう》には日本海軍の約四八〇〇人（うち労務者として朝鮮人が二〇〇〇人）、マキン環礁にはやはり日本海軍の約七〇〇人（うち半数以上が朝鮮人労務者）がいた。

空母六隻を含む大艦隊とともに約一万七〇〇〇人の米軍が上陸したタラワ、約七〇〇〇人が上陸したマキンだったが、タラワでは四六九〇人が、マキンでは六九三人が戦死した（一九四三年十一月二十二日）。最期《さいご》の事情は無線機器が破壊されてよくわからず、戦後になって判明した。

この両島を足がかりにアメリカ軍はマーシャル諸島クェゼリン環礁に上陸した。クェゼリンの日本軍は海軍が約四〇〇〇人強、陸軍が約一〇〇〇人、ルオット・ナムル島（陸橋で結ばれていた）の海軍約三〇〇〇人は、三日から五日間激しく抵抗して玉砕した。生存者は約六八〇人だった。

すでに絶対国防圏の圏外にあったこれら諸島には、救援部隊は送られなかった。アメリカ軍は広大なクェゼリン環礁泊地《はくち》を獲得し、ここに空母機動部隊を集結させた。サイパンなどマリアナ諸島を攻略するためである。

アリューシャン列島の占領　日本軍はアリューシャン列島のうちアッツ島とキスカ島を占領した。アッツ島の守備隊は玉砕したが、キスカ島の守備軍は撤収に成功した。

マーシャル諸島の玉砕　クェゼリンのほか、マーシャル諸島ではブラウン環礁の守備隊も玉砕した（約三二〇〇人）。日本国内ではタラワ、マキン、クェゼリンの玉砕は報道したが、ブラウンの玉砕は公表しなかった。玉砕という形の敗北が相次いだので、国民の士気に関わると考えたのである。

キスカ島、アッツ島位置関係図

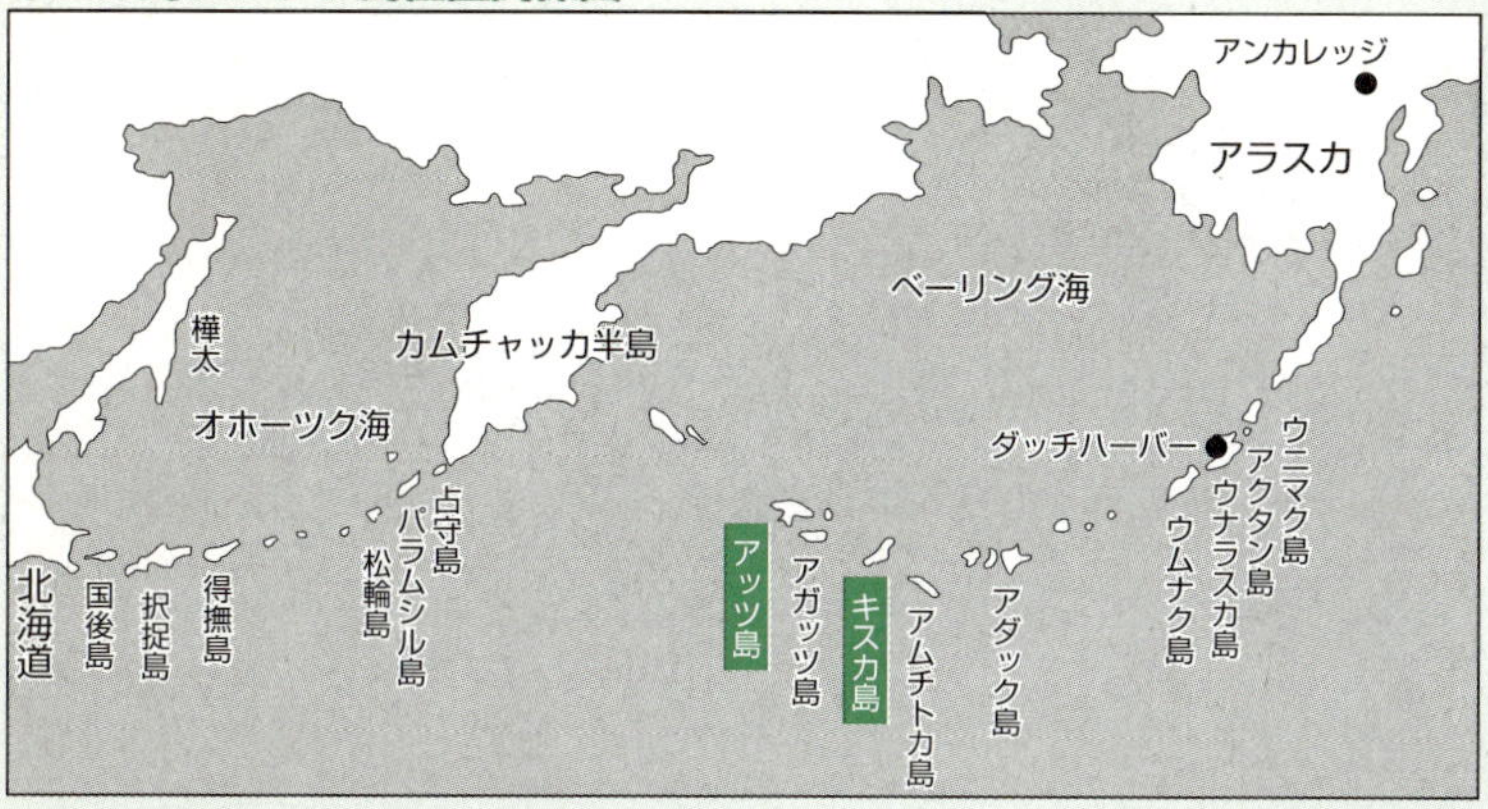

クェゼリン環礁のルオット島がアメリカ軍の激しい空襲を受けている（1944年1月23日）

クェゼリン環礁のナムル島で最後まで抵抗していた日本兵がコンクリート製の地下壕から救出された

タラワ環礁、マキン環礁の攻略に向かうアメリカ軍。手前が戦艦「ワシントン」、向こう側が空母「レキシントン」、飛行機はSBDドーントレス艦上爆撃機（1943年11月12日）

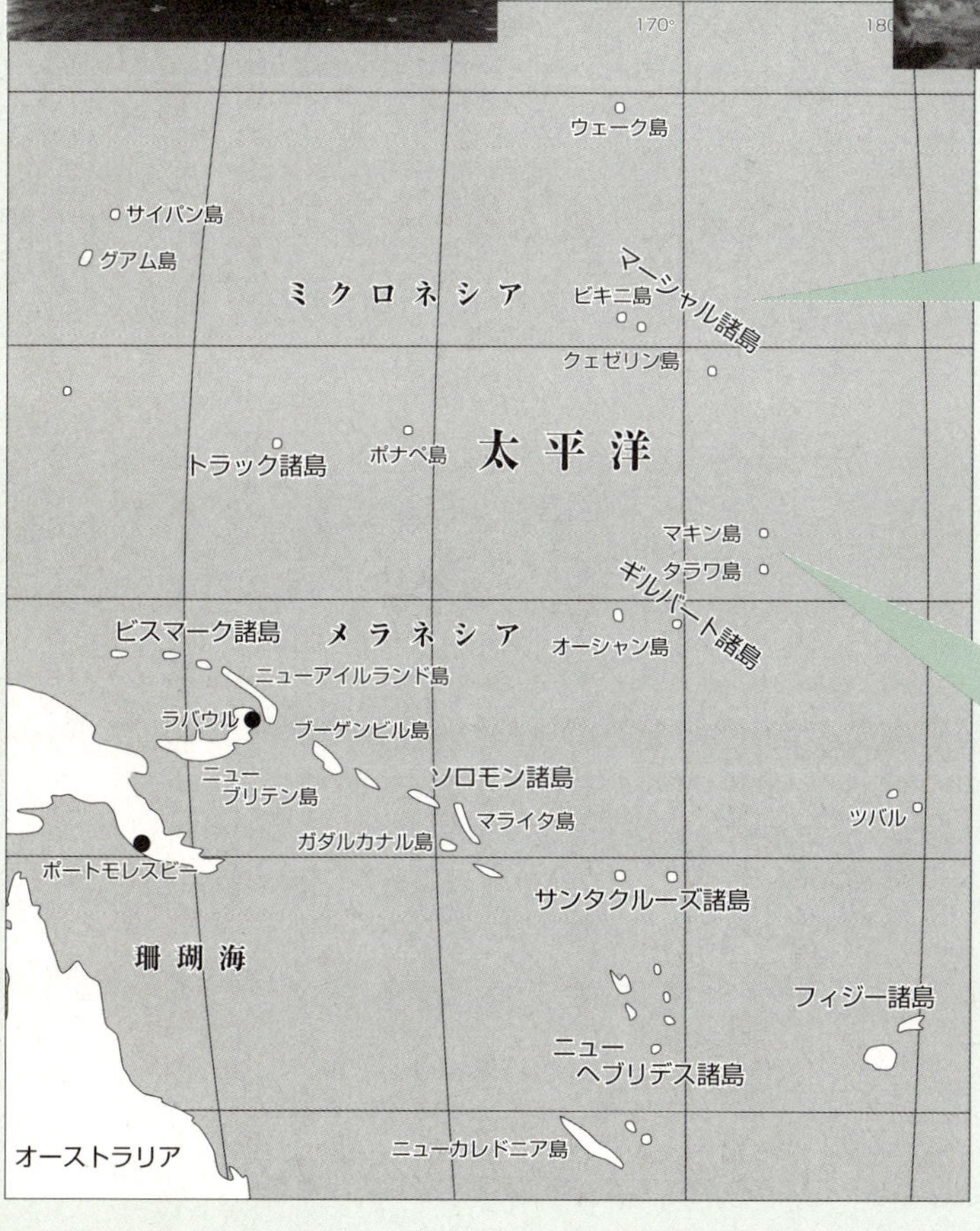

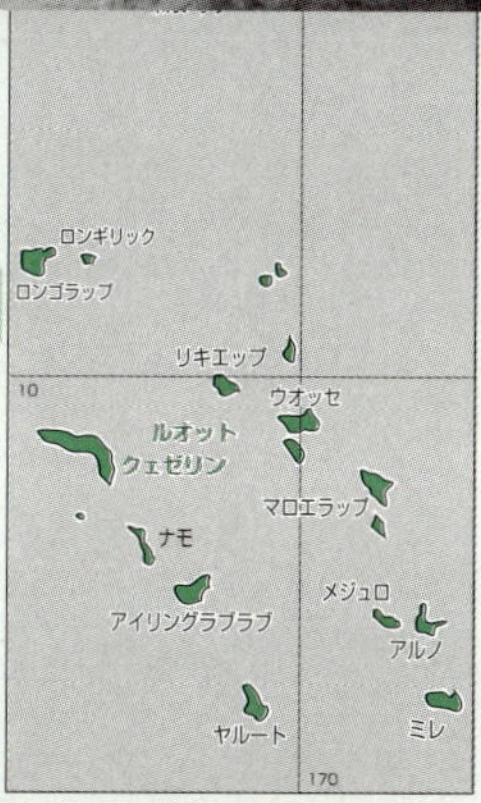

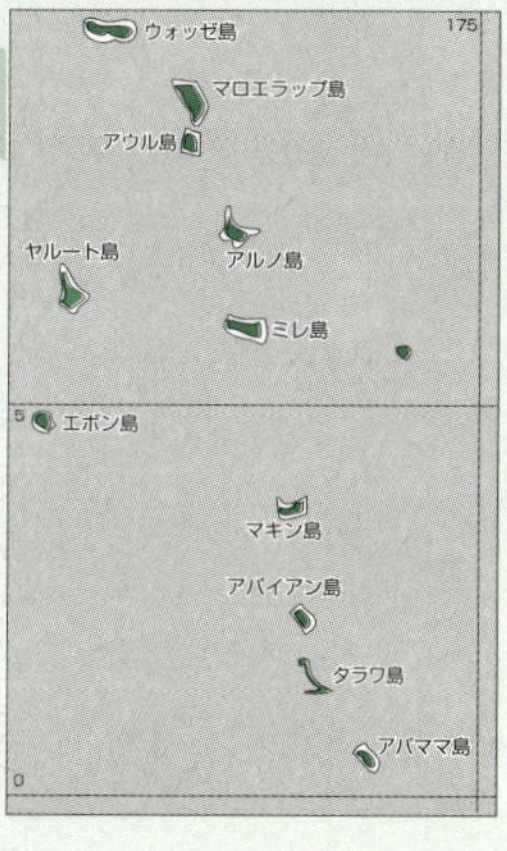

「七面鳥撃ち」で封じられたアウトレンジ戦法

兵器、戦法などあらゆる面で日本海軍に優っていたアメリカ軍

日本軍の過信とアメリカ軍の自信

一九四四年（昭和十九）六月十五日、アメリカ軍はマリアナ諸島のサイパンに上陸を始めた。上陸部隊を支援するのは空母一五隻をもつアメリカ第五艦隊だった。

フィリピン付近にいた日本の空母機動部隊はこの米第五艦隊に戦いを挑んだ。どうせならサイパン上陸が始まる前に挑戦すべきだったが、サイパン上陸直前まで日本軍は確かな情報をつかめなかったのだ。

小沢治三郎《じさぶろう》中将の空母機動部隊は空母九隻で四三九機、レイモンド・A・スプルーアンス大将の空母一五隻は九〇二機を積んでいた。

航空機の数ではアメリカ軍が圧倒的に多いが、小沢長官には勝算があった。アメリカの飛行機では攻撃できない遠い距離から航空部隊を出撃させるアウトレンジ戦法を採用したからである。日本軍機はアメリカ軍機よりも軽く、その分、航続距離が長かったからだ。

スプルーアンス大将はあえてサイパン付近を動かず、日本航空部隊を迎撃する守りの姿勢に徹した。スプルーアンスなりに、それで充分日本の攻撃をかわすことができると考えたからである。

六月十九日早朝、アメリカ第五艦隊から約七〇〇キロ西の海上から、日本の攻撃隊は次つぎと出撃した。

日本の艦上機隊は待ち伏せ攻撃で全滅

日本の艦上攻撃隊は五群に分かれてそれぞれの空母を発進した。合計三二四機である。

ところがこのうち一三二機は、航法を間違えてアメリカ空母を発見できなかった。空母にも戻れなかったので、途中で撃墜されるかグアム島の日本軍飛行場に着陸した。

残り一九二機はアメリカ空母の方向に向かって飛行したが、アメリカ空母の約一〇〇キロ手前でアメリカ軍戦闘機隊に待ち伏せされ、半数が撃墜された。

グラマンF6Fヘルキャットは日本軍機より高い位置で待ち伏せし、逃げまどう日本軍機を後ろから撃墜していった。

その様子が、捕まえようとして追いかけると、よたよたと逃げまどう七面鳥に似ていたので、米兵たちはその空中戦を「マリアナの七面鳥撃ち」と呼んだ。

アウトレンジ戦法の概念

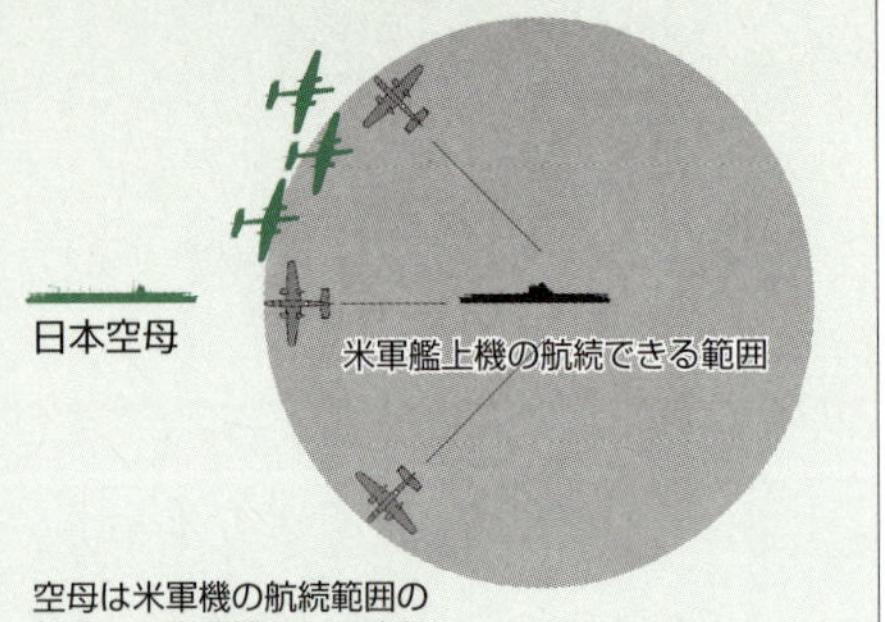

空母は米軍機の航続範囲の外にいて米軍機からの攻撃を逃れ、航続距離の長い日本機は敵空母を攻撃する

護衛空母「キトカンベイ」を攻撃しようとした中型爆撃機「銀河」が撃墜された。マリアナ沖海戦前日（1944年6月18日）の、第1航空艦隊所属の攻撃である

グラマンＦ６Ｆヘルキャット。強力なエンジンを搭載し、防御を強化した米戦闘機。緒戦では無敵だった零戦も、圧倒されていった

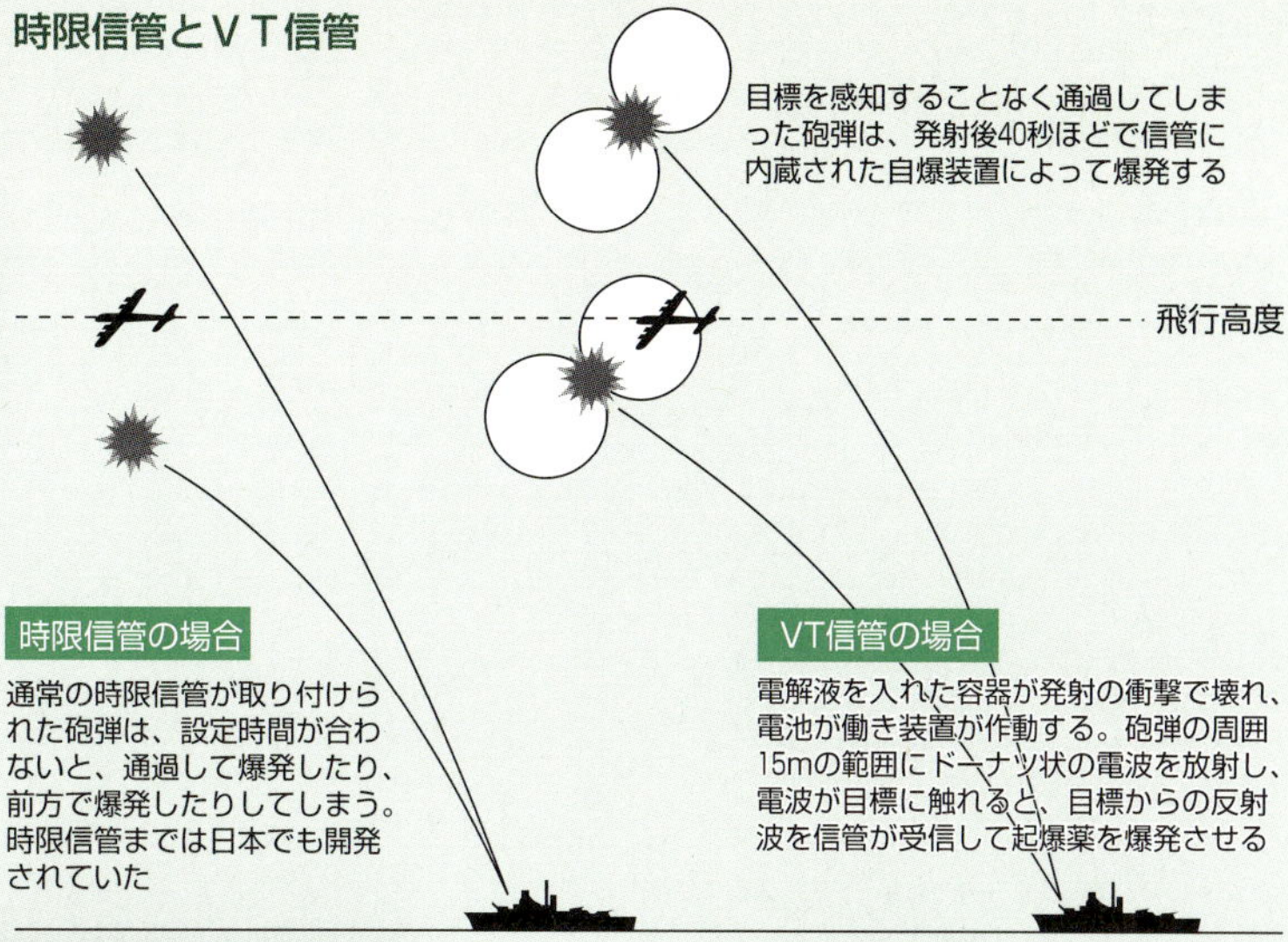
時限信管とＶＴ信管
目標を感知することなく通過してしまった砲弾は、発射後40秒ほどで信管に内蔵された自爆装置によって爆発する
飛行高度
時限信管の場合
通常の時限信管が取り付けられた砲弾は、設定時間が合わないと、通過して爆発したり、前方で爆発したりしてしまう。時限信管までは日本でも開発されていた
VT信管の場合
電解液を入れた容器が発射の衝撃で壊れ、電池が働き装置が作動する。砲弾の周囲15mの範囲にドーナツ状の電波を放射し、電波が目標に触れると、目標からの反射波を信管が受信して起爆薬を爆発させる

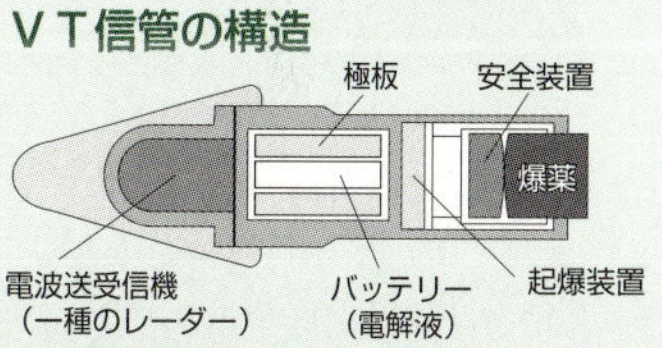
ＶＴ信管の構造
極板
安全装置
爆薬
電波送受信機
（一種のレーダー）
バッテリー
（電解液）
起爆装置

日本の機動艦隊を攻撃するため発進するSB2ヘルダイバー艦上爆撃機（1944年6月20日）

アメリカ空母機に攻撃される日本の機動艦隊（1944年6月20日）

戦闘機の攻撃を辛うじて振り切った日本軍機は、アメリカ空母をめざしたが、その直前で戦艦群の対空砲火を受け、ことごとく撃ち落とされた。空母の上空に達した日本軍機は数機だけだった。

アメリカの戦闘機が待ち伏せできたのは、優秀なレーダーを備えていたからだ。速度、高度、方向、位置を計算できるそのレーダーのデータを、戦闘機部隊ははっきりと通話できる電話で受け取り、待ち伏せしたのである。

また、戦艦群の対空砲火にやられたのは、弾丸にＶＴ信管が付いていたので、命中しなくても三〇～五〇メートル近くまで近づくと熱を感じて爆発し、その破片が日本軍機を直撃したからである。

アウトレンジしたはずの日本の空母群は潜水艦の魚雷を受け、空母「大鳳《たいほう》」「翔鶴《しょうかく》」が沈没した。翌二十日、アメリカ空母機が日本艦隊を襲い、空母「隼鷹《じゅんよう》」が沈んだ。

何もかも日本はアメリカにかなわなくなっていた。

アメリカ第五艦隊　アメリカ海軍の第五艦隊はスプルーアンスが指揮をとったときの名称で、ウィリアム・Ｆ・ハルゼー大将が指揮をとったときは第三艦隊と呼んだ。

空母「大鳳」　二万九三〇〇トン、搭載機数は七四機（五三機との説も）。五〇〇キロ爆弾が艦の甲板を直撃しても破壊されない装甲を誇っていたが、竣工（一九四四年三月七日）後、わずか三ヵ月で沈没した。

敵手に渡った連合艦隊の作戦計画

アメリカ海軍は日本の連合艦隊の手の内をすべて知っていた

行方不明になった古賀連合艦隊司令長官

連合艦隊の旗艦（戦艦「長門《ながと》」次いで「大和《やまと》」、「武蔵《むさし》」）は戦争が始まったころは瀬戸内海の柱島《はしらじま》泊地にいた。そしてガダルカナル島の争奪戦が始まった頃、トラック環礁《かんしょう》に移動した。ところがそのトラックがアメリカ空母機動部隊に攻撃されそうになり、パラオ諸島の主島コロール島に移動した。

その移動直後の一九四四年（昭和十九）二月十七日、トラックは大空襲を受けて艦隊泊地や航空隊基地の機能を失った。パラオに移動したときの旗艦は「武蔵」だった。

ところがパラオも三月三十日にアメリカ空母機の大空襲を受けた。連合艦隊司令部は急いで移動することになった。行き先はフィリピン・ミンダナオ島のダバオで、大型の飛行艇二機で移動した。

一機には古賀峯一《こがみねいち》長官ら八人、もう一機には福留繁《ふくとめしげる》参謀長など九人が乗り込んだ。天候は低気圧が接近していて荒れ模様だった。そして古賀長官機は行方不明になってしまった。これが「海軍乙《おつ》事件」である。

不時着しゲリラに捕まり、重要な作戦書類をカバンごと奪われた連合艦隊参謀長福留繁中将

米軍の空襲を受けるパラオ泊地の日本艦船

福留機は積乱雲に突入し、機は木の葉のようにあおられ、海上に不時着した。フィリピン・セブ島のナガ町沖合である。

全員が岸をめざして泳ぎだしたが、ほとんどが六時間たっても泳ぎ着けなかった。そこへ現れたのが漁師のカヌーに乗ったフィリピン人で、福留らは救助された。カヌーに乗っていた者たちは占領日本軍と戦っているゲリラだった。

福留参謀長が捨てたカバンには連合艦隊の機密書類が入っていた

救出グループがゲリラと悟った福留参謀長は、作戦書類の入ったカバンをそっと海中に投げ捨てた。しかし、めざとく見つけたゲリラがカバンを拾い上げた。

実はそのとき、ゲリラたちは日本陸軍の討《とう》伐《ばつ》隊に包囲されていた。そこでゲリラは取り引きにでた。その結果、福留らは日本陸軍が一時的に包囲を解くという条件で釈放された。福留は東京で事情聴取を受けたとき、捨てたカバンは漁民の手に渡ったが、彼らは関心をもたなかったようだと証言した。

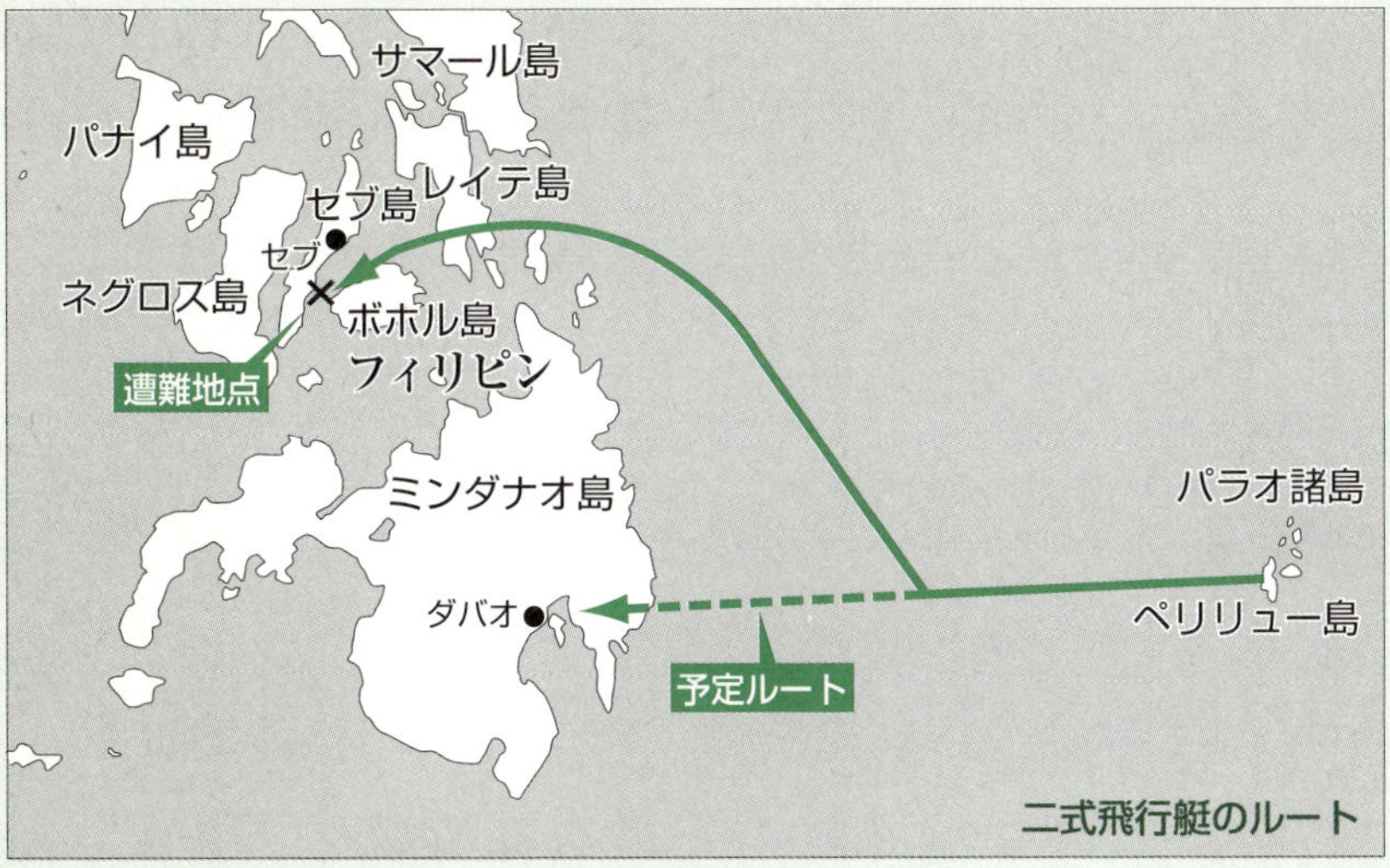

二式飛行艇のルート

殉職した連合艦隊司令長官
古賀峯一大将

フィリピン・レイテ島のゲリラ部隊。日本が占領した直後からフィリピンではアメリカ軍の支援を受けた組織的なゲリラ活動が続いた

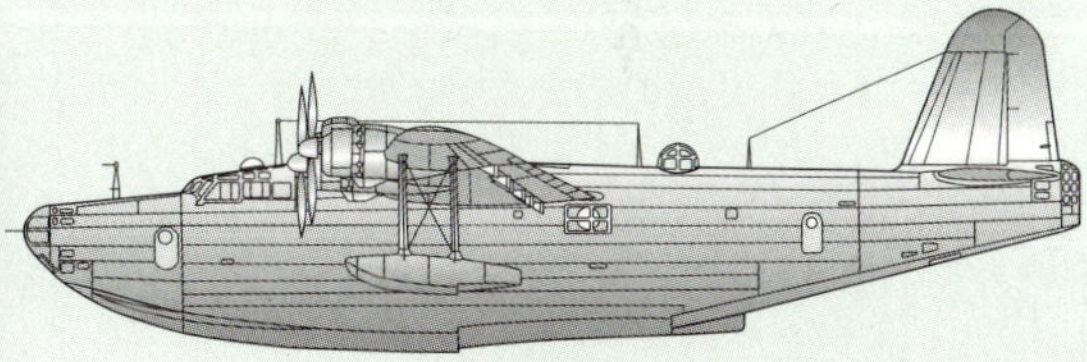

二式飛行艇要目
全幅37.98m　全長28.12m
最高速度：454ｋｍ/ｈ　航続距離：7,153ｋｍ
武装：7.7mm機銃×1　20mm機銃×5
爆弾・魚雷：1,600ｋｇ　乗員：10名

ところがカバンは次つぎとリレーされ、オーストラリアの連合軍司令部情報部で翻訳され、二二部が印刷された。そのうちの二部がハワイのアメリカ太平洋艦隊司令部に届けられた。

　マリアナ沖海戦を戦ったスプルーアンス大将は、その翻訳された日本の作戦計画書（通常Z作戦といわれる）を手渡されていた。アメリカ軍はサイパン上陸作戦を実施するまで、その作戦書に盛られた日本軍の航空基地や航空部隊の配置図などに従って、スプルーアンスの空母機動部隊が一つひとつ潰していった。

　マリアナ沖海戦では、日本の連合艦隊は空母機動部隊の航空隊とともに、サイパン、グアム、テニアンなどの基地航空隊も協同してアメリカ空母を攻撃することになっていたが、こういう事情で事前に撃滅されていた。

福留繁海軍中将　作戦の神様ともいわれ、太平洋戦争開戦時には軍令部作戦部長（海軍全般の作戦をたてるポスト）だった。開戦当初は典型的な大艦巨砲主義者で、航空機では戦艦を撃沈できず、戦艦の巨砲に頼るしかないと考えていた。この事件のあと第二航空艦隊司令長官として台湾沖航空戦やフィリピンにおける神風特攻を指揮した。

フィリピンのゲリラ活動　フィリピンを占領した日本軍に対して最初から活動し、マッカーサー指揮のアメリカ軍と連絡のあった「正規軍ゲリラ部隊」はユサッフェ（USSRAFFE、アメリカ極東軍の略称）と称した。ゲリラ部隊は潜水艦による武器弾薬等の援助を受けていた。

二万人の邦人を巻き込んだ「バンザイ・クリフ」の悲劇

捕虜にならずに死んでこそ、「忠義の証明」の教えに従った人々

集団で「バンザイ突撃」日本軍がとった全滅戦

アメリカ軍がサイパンに上陸したのは一九四四年（昭和十九）六月十五日。上陸部隊は最終的には約七万人、迎え撃つ日本軍は約四万三〇〇〇人だった。日本軍は海岸一帯に陣を敷いて上陸を阻もうとしたが、圧倒的な大砲や戦車、さらには航空攻撃の威力に粉砕されて後退を重ねた。

日本軍は最後には北端のマッピ岬付近まで後退した。しかし降伏はせず、生き残り約三〇〇〇人が最後のバンザイ突撃を行なって玉砕《ぎょくさい》した。天皇陛下バンザイ、大日本帝国バンザイを唱和したあと、喚声《かんせい》をあげながら、身をさらしつつ猛烈な勢いで突進した。

誰もアメリカ軍に撃たれるのを避けるようなことはせず、むしろ撃たれて死ぬのが本望というような突撃だった。その光景は「かつて映画で見た牛の大群の殺到」のようだったと、アメリカ軍の戦記は書いている。

このとき日本軍の最高指揮官はすでに自決していたが、自決の前にこの最後の玉砕突撃を命令していた。命令書のなかには、もう止まるも死、進むも死だから、最後に米軍に一撃を加えて「太平洋の防波堤」になれといい、さらに「戦陣訓《せんじんくん》に曰《いわ》く『生きて虜囚《りょしゅう》の辱《はずかし》めを受けず』。勇躍《ゆうやく》全力を尽くして従容《しょうよう》として悠久《ゆうきゅう》の大義《たいぎ》に生きるべし」という言葉が連ねてあった。現在ではわかりにくいかもしれないが、こういう考え方が当時の日本軍の常識だったのだ。

多くの日本民間人が身投げした崖、いわゆるバンザイ・クリフ

サイパンの北から見た戦場。市街が炎上している

民間人も軍人同様に玉砕の道を選んだ

サイパンには約四万人の島民と約三万人の邦人（民間日本人）がいた。アメリカ軍が上陸する前に、邦人の内地への引き揚げが始まったが、それが終わらないうちにアメリカ軍の上陸となった。残された邦人は約二万人。

アメリカ軍上陸地点の邦人は逃げるいとまもなく捕虜となり、保護された。そうでない邦人は日本軍とともに北へ北へと逃げていった。そして最後はマッピ岬に追いつめられた。そこここにある洞窟に身をひそめる者も少なくなかったが、そこにはたいてい日本軍人が隠れていた。

赤ちゃんをつれた家族が洞窟に入ってくると、その泣き声でアメリカ軍に見つかるとし

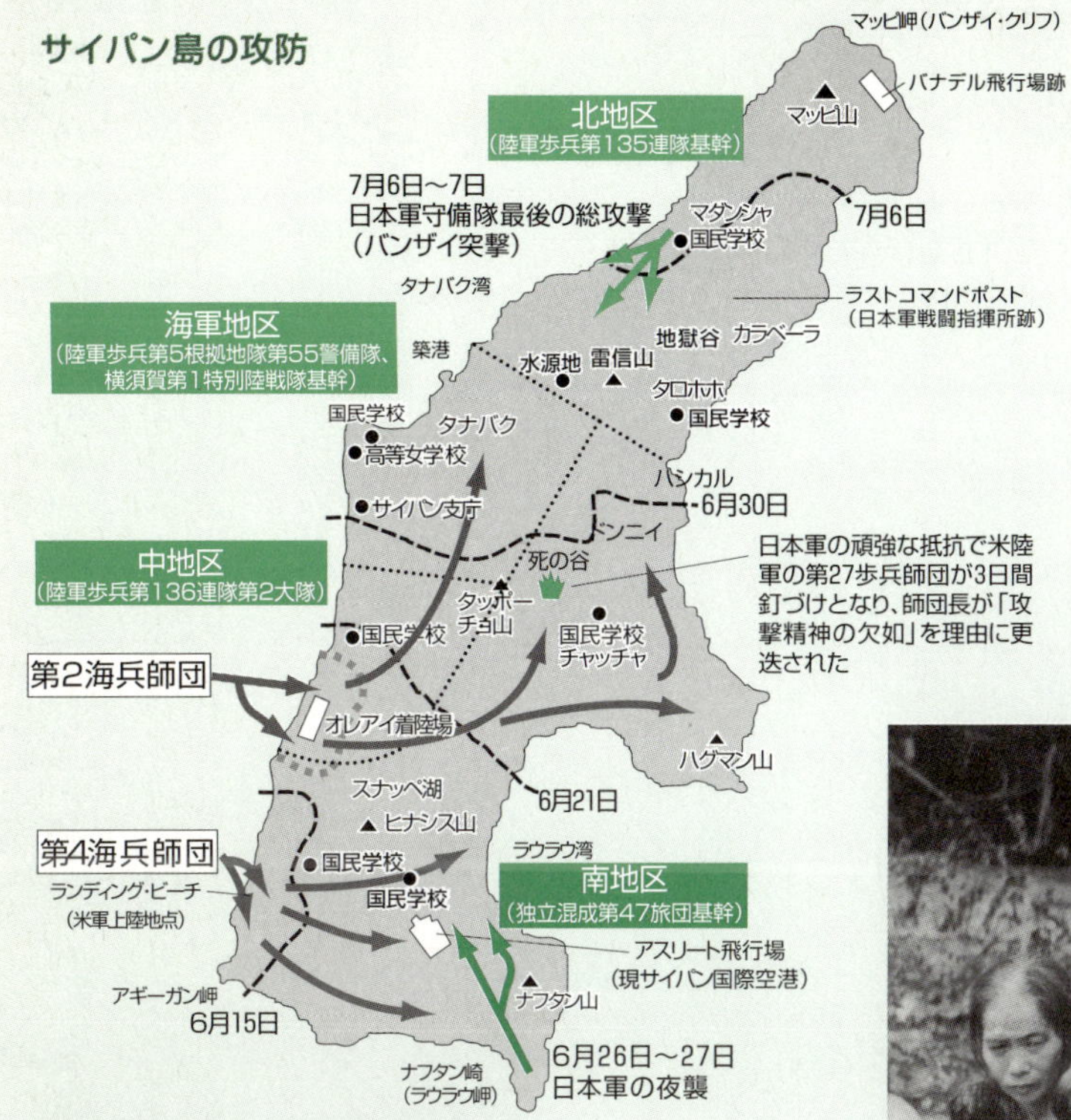

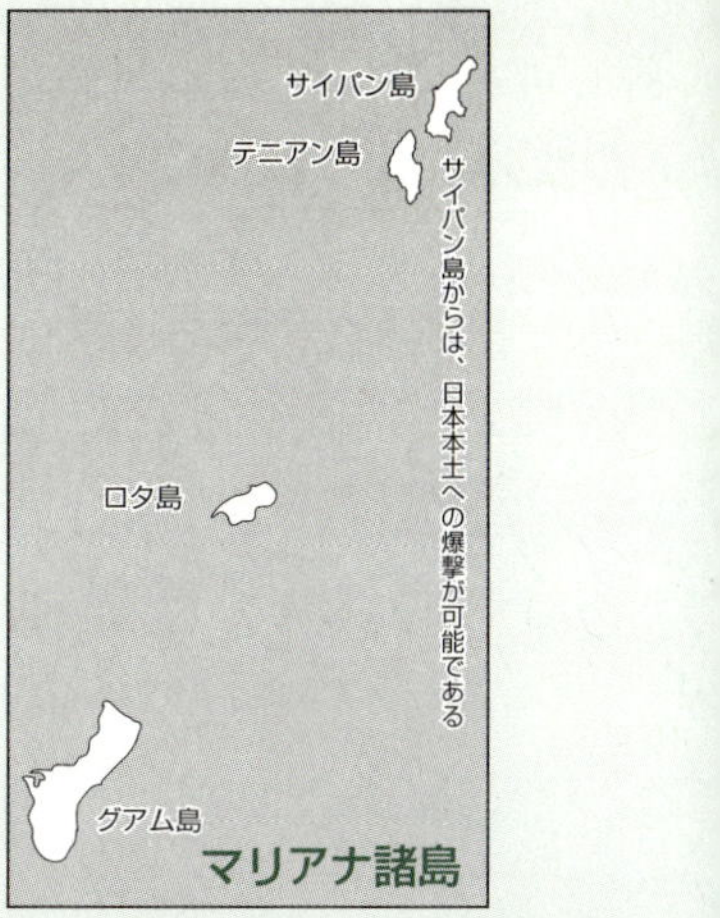

チャランカノに建立されていた南興神社の鳥居の向こうには日米両軍が激闘を演じているタッポーチョ山が見える

アメリカ軍が上陸してすぐ保護された日本民間人。逃げ遅れたのか老人と子どもがほとんどだった。上陸地のチャランカノア付近で

て、追い出したり、軍人が赤ちゃんを殺したりするケースもあった。家族はそういう仕打ちにあっても何も抗議できなかった。

アメリカ軍は一つひとつ洞窟を捜索したが、洞窟を出た邦人はやがてマッピ岬から飛び降り自殺をするようになった。アメリカ軍の捕虜にならないためである。捕虜になることは軍人だけではなく、民間人でも禁じられていた。法律ではなく、日本人の道徳として捕虜になることは最も恥多きこととして、教えられていた。邦人はその教えに従おうとしたのである。

アメリカ軍は近くに拡声器をすえて、自殺をやめて保護を受けるように呼びかけ、すでに保護を受けている日本人も、アメリカ人は決して手荒なことはしないと訴えた。

それでも投身自殺する邦人は絶えなかった。最終的には八〇〇〇人から一万二〇〇〇人が身投げして保護されるのを拒否したという。

戦陣訓　一九四一年(昭和十六)一月八日、東条英機陸軍大臣により示達(文書で出された命令)された日本軍人の心得。日本陸海軍軍人の最高規範は「軍人勅諭《ちょくゆ》」に示されていたが、長引く日中戦争で軍紀がゆるんできたので、あらためて戦いの拠り所を示した。

最も有名な一節が、「生きて虜囚の辱めを受けず、死して罪禍《ざいか》の汚名を残すこと勿《なか》れ」である。作成には島崎藤村《とうそん》や土井晩翠《ばんすい》なども参加した。

悠久の大義に生きる　肉体は死んでも、魂は永遠に生き続けて、天皇が統治する日本（皇国）を護り続けるというような観念を、当時はこのように表現した。

重臣たちが画策した「東条内閣の瓦解」

戦争を止めようとしない東条首相に危機感を抱いた倒閣運動

元首相・岡田啓介海軍大将　東条に退陣を迫る憂慮と勇気

サイパンは日本軍が玉砕《ぎょくさい》してアメリカ軍の手に渡った。それから一一日目の一九四四年（昭和十九）七月十八日、東条英機《とうじょうひでき》内閣が総辞職した。自ら責任をとって辞めたのではない。周囲の圧力で辞めざるを得なくなったのである。

追いつめたのは重臣《じゅうしん》グループだった。重臣とは首相経験者などのことをいう。東条内閣倒閣の中心となって動いたのが、その重臣のひとり岡田啓介《けいすけ》海軍大将だった。

岡田大将は二・二六事件（陸軍の反乱事件。一九三六年二月二十六日）のときの首相で、反乱軍が首相官邸を襲撃して殺されかけた。

もともと米英との戦争は負けるに決まっているとして心では反対だったが、あまり強く主張して開戦を阻止すると、陸軍は天皇を辞めさせてでも開戦するのではないかという危《き》惧《ぐ》を抱き、口をつぐんだといわれている。

しかし、戦争が始まってガダルカナル島の攻防戦に日本が敗れた頃から、東条内閣を倒して、早期講和をめざす内閣を成立させる必要を改めて痛感、ひそかに動きはじめた。

天皇の意向を確かめつつ　重臣たちが直言した

岡田大将の画策で東条首相に「和平への糸口をつくるべきだ」と、初めて直言したのは一九四四年二月という。東条は、「そういう手立てはない」と断った。

タラワやクェゼリンでは日本軍は玉砕していたが、インパール作戦はまだ始まっていなかった。

そこで岡田大将は次の手として、嶋田繁太《しげた》郎《ろう》海軍大臣を辞めさせる画策を始めた。嶋田を辞めさせて、後任の海軍大臣を送らなければ内閣は総辞職するしかない。当時はそういうシステムだったのだ。

この考えは、当時の海軍の実力者伏見宮博《ふしみのみやひろ》恭王《やすおう》大将からひそかに天皇にも伝えられ、天皇も基本的に了承したらしい。

こういう下地ができたところでサイパンが陥落した。

そこで天皇の側近・木戸幸一《きどこういち》内大臣は、天皇の意向として嶋田海相の辞任と重臣入閣の必要性を伝えた。東条は仕方なく海相の辞任を認め、他の大臣を重臣に入れ替えることにした。辞めさせる大臣の一人が岸信介《のぶすけ》商工大臣だった。

それを知って岡田は岸に対して、「辞めるな」と説得した。岸も同調し、重臣入閣候補の米内光政《よないみつまさ》海軍大将も入閣を拒否したので、東条内閣はやむをえず総辞職した。岸は彼特有の勘で東条に見切りをつけたといわれる。

こういう裏舞台の倒閣運動は、今日では当時の政治システムがある程度わかっていないと理解しにくいが、最大のポイントは、内閣総理大臣は天皇によって任命されるシステムだったということである。

二・二六事件　一九三六年（昭和十一）二月二十六日に起こった陸軍の反乱事件。斎藤実《まこと》内大臣など三人を殺害。昭和天皇が強く反発したので、陸軍は内部の同情論を押さえて鎮圧、のち首謀者たちは死刑となった。

内大臣　天皇の最も身近に仕える側近。いわゆる内閣の大臣ではない。首相候補者を天皇に推薦したり、天皇の思《おぼ》し召《め》しを各大臣や軍人に伝えた。天皇に会わせたくない人物は、内大臣が拒否した。木戸幸一は最後の内大臣。

東条英機陸軍大臣　当時は首相・陸軍大臣・参謀総長の3役を兼ね、絶大な権力をふるっていた

嶋田繁太郎海軍大臣　海軍大臣と海軍軍令部総長を担っていたが、「東条の副官」などといわれた

重臣で退役海軍大将の岡田啓介　東条内閣の倒閣運動の中心となった

岸信介　東条内閣の商工大臣で、東条の辞職勧告を拒否、倒閣の直接の引き金になった。写真は戦後のもので、このの5首相になった

朝日新聞

小磯、米内両大将 組閣の大命を拝す

協力内閣を組織

東條内閣總辭職す 十八日 閣議で辭表取纏め

人心の一新を期す

總力戰を推進 近來稀の長命内閣

重臣參内 陸海軍首腦の協力を求む 直に組閣工作に入る

陸海軍、隙なき緊密 戰爭指導の原動力更に强靭

一億國民の戰力結集 要望される 果斷・強力なる政治

協力内閣を擔ふ兩大將 實行の勇氣と包容力

大命二人に降下

小磯内閣の成立を伝える新聞。東条内閣の総辞職も同時に報道されている。(1944年7月21日　朝日新聞)

日本軍の「頑強」さを初めて見せた徹底抗戦

洞窟に潜み、ゲリラ戦に徹した戦法で三ヵ月戦い続けた将兵たち

アメリカ軍の上陸先遣隊を撃退　いまも残る「オレンジ・ビーチ」の名

ペリリュー島はパラオ諸島に属し、現在はパラオ共和国である。当時は日本の統治領（国際連盟委任統治領）だった。日本軍はここに当時としては東洋一ともいえる飛行場を建設していた。

サイパンやグアムを占領したアメリカ軍はその飛行場を利用するため、一九四四年（昭和十九）九月十五日、この島に上陸した。日本が占領していたフィリピンを爆撃する飛行場確保のためである。

ペリリュー島をめざすアメリカ軍。空襲と艦砲射撃による黒煙が激しく上がっている

米軍の上陸兵力は約四万人。守備する日本軍は約一万人だった。米軍司令官は「こんな島は三日で占領できる」と豪語したが、初日の先遣《せんけん》部隊は日本軍に撃退された。

西浜と呼ばれたその海岸は米兵の血でオレンジ色に染まり、いまでも「オレンジ・ビーチ」と呼ばれている。

その後の日本軍は徹底したゲリラ戦を展開した。日本軍は自然のサンゴ礁洞窟を利用した陣地を数多く用意し、小部隊ずつ出撃してはアメリカ軍に抵抗した。サイパンにおける日本軍の戦いとはまったく違う戦法だった。

アメリカ軍が飛行場を占領すると、やはり小部隊で突撃した。本格的な戦車はなかったが、豆タンクに十数人が乗ってアメリカ軍陣地をめざした。アメリカ軍はそれを対戦車砲やバズーカ砲などで攻撃した。豆タンクは破壊され、兵隊たちは放り投げだされたが、それでもひるまず歩いて、あるいは這って突撃し、手榴弾《しゅりゅうだん》や銃剣で血みどろの戦いを挑んだ。

米軍のM1ライフルで再武装し、洞窟に潜んでいた日本兵

国民にも刻々と伝えられた　ペリリュー島の戦況

ペリリュー島のこうした激しい戦いぶりは、珍しいことに日本国内で詳しく報じられた。守備隊の上級司令部はパラオ諸島コロールに司令部を置いていたが、ペリリューからは毎日戦況報告が無線で伝えられたので、それが東京の大本営を通じて発表されたのである。

ついには天皇も、「今日のペリリューはどうかな」と気にかけるようになった。戦況が報告されるたびに、「よくやった」というような言葉が天皇の口からもらされる。その一言一言がペリリューの守備隊に伝えられた。天皇の御嘉尚《ごかしょう》（おほめのお言葉）は一一回も伝えられた。パラオの司令部は、一億の国民

ペリリュー島守備隊が玉砕して2年半後の昭和22年4月、ジャングルの洞窟から出てきた34人の日本兵たち

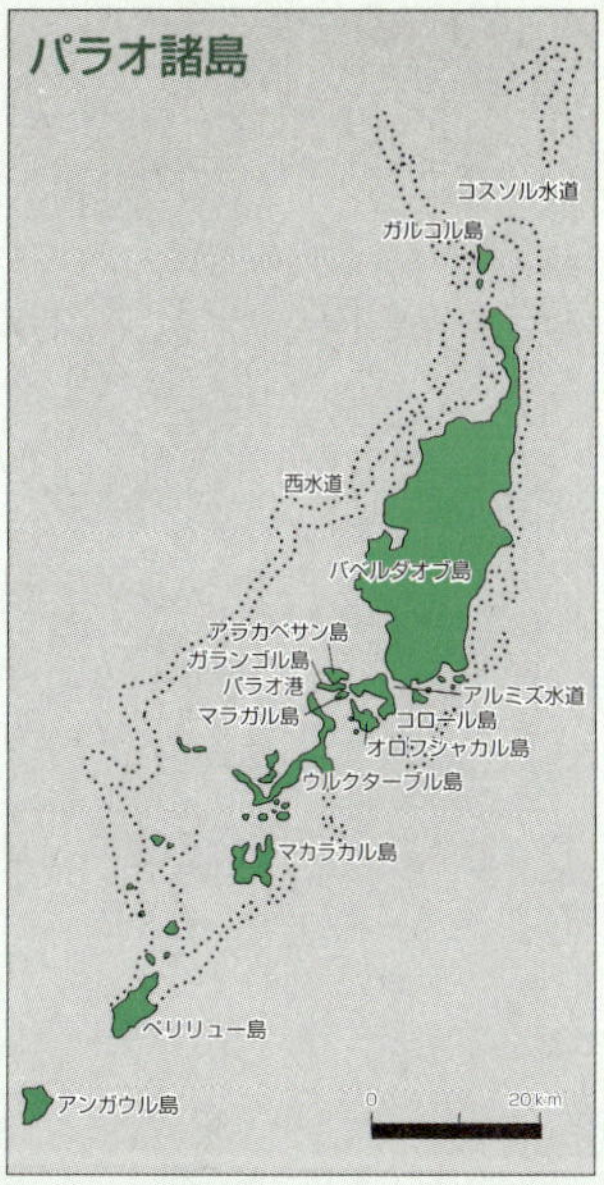

日本軍が陣地にした洞窟の一つ。島中にこのような洞窟陣地が多くあった

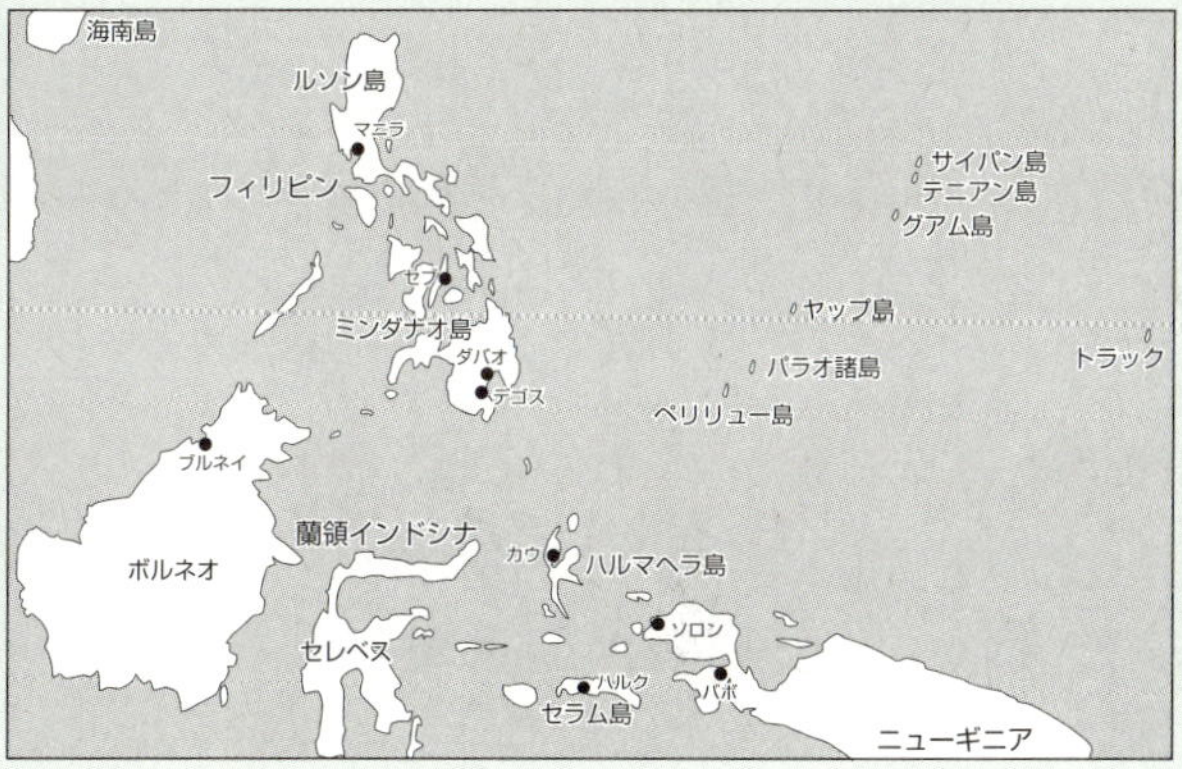

が注目しているのだから、早めに玉砕などせず、できるだけ長く戦ってくれ、と激励した。

しかし、ペリリュー守備隊には水もなかなか手に入りにくくなっていたし、米も粉ミソもわずかな量を食い延ばしながら辛うじて戦っていた。

激闘二ヵ月余、ついに守備隊長中川州男《くにお》大佐はコロールのパラオ集団司令部に訣別《けつべつ》電報を打ち自決したが、玉砕するとはいわなかった。残存兵力（健在者約五〇人、重傷者約七〇人）でさらに「米奴撃滅《べいどげきめつ》に邁進《まいしん》」させると報告した。

実際、残された兵隊たちはその後も延々とゲリラ戦を戦い続け、最後に生き残った三四人が投降したのは、日本降伏から二年近くたった一九四七年（昭和二十二）四月だった。

すぐ隣りのアンガウル島でもアメリカ軍が上陸し、一二〇〇人中一一五〇人が戦死した。

ペリリュー島守備隊　第一四師団の歩兵第二連隊（茨城県水戸の郷土部隊）を中心に陸軍約六六〇〇人、海軍約三六〇〇人（航空部隊の飛行場設営隊や警備部隊。飛行機はなかった）のペリリュー地区隊。隊長は歩兵第二連隊長の中川州男大佐。パラオに第一四師団司令部があった。

豆タンク　九四式軽装甲車のこと。九四とは採用された年・皇紀二五九四年の下二桁をとったもので、西暦一九三九年、昭和九年にあたる。皇紀は初代天皇神武《じんむ》天皇が即位したと考えられる年を元年としたもの。豆タンクは全長三・〇八メートル、全幅一・六二メートル、全高一・六二メートル、重量三・四五トン。戦場の連絡用や敵の機関銃陣地などを攻撃するのがおもな使用法だった。八四三両生産。

COLUMN 5

フィリピンでカミカゼ特攻を初めて命令

大西瀧治郎［おおにし・たきじろう］

1891年生まれ。海軍中将、開戦時は第11航空艦隊参謀長、終戦時は軍令部次長、1945年8月14日自決

大西瀧治郎は戦闘機のパイロットだったが、のちには艦隊の司令長官や軍令部次長をつとめた。

山本五十六《いそろく》連合艦隊司令長官が真珠湾奇襲作戦を思いついたとき、具体的に研究をゆだねたのがこの大西だった（当時は第11航空艦隊参謀長）。大西はそれをさらに源田《げんだ》実《みのる》中佐（当時第1航空戦隊参謀）に検討を命じた。

大西は当初、真珠湾奇襲に賛成していたが、途中で反対を唱えるようになった。危険が大きすぎると考えたのである。

のちになると、アメリカがすぐに挙国一致して日本に反攻するようになったのは、アメリカの領土であるハワイをいきなり攻撃したからだと思うようになった。

大西は太平洋戦争の大半を国内にあって陸海軍航空部隊に機材などをいかに配分するかという、どちらかというと地味なポスト（航空本部総務部長、軍需省航空兵器総局総務局長など）をつとめた。

豪放磊落《ごうほうらいらく》の反面、相手をたてながら協調していく性格に一目置かれたという。

フィリピン戦線が危急を告げる頃、第1航空艦隊司令長官となってマニラに赴任した。航空機の絶対的不足のなかで、大西はゼロ戦に爆弾を積んだままアメリカ空母に体当たりする、いわゆる神風《しんぷう》特別攻撃隊の編成を命じ、出撃させた。これが特攻の始まりである。

大西は海軍中央部とも十分に打ち合わせたうえで、特攻作戦を採用したとされる。神風特攻隊という名称も、大西がマニラに赴任する前に決定していたようだ。

大西は、もはや日本は戦えない状況だが、それを天皇に進言する者は右翼の暗殺などを恐れて、誰もいない。飛行機で体当たりしてパイロットがどんどん死んでいけば、慈悲深い天皇は必ずや和平を決断なさるに違いないと確信して、あえて“統率の外道《げどう》”（大西自身の表現）である特攻を命令したといわれる（この説は角田和男著『修羅の翼　零戦特攻隊員の真情』による）。

特攻機を見送るたびに、「お前たちだけを死なせはしない」と誓っていた大西は、軍令部次長の立場からポツダム宣言の受諾にも反対して、豊田副武《とよたそえむ》軍令部総長とともに天皇に継戦を直訴したり、2000万人も死ぬ覚悟で本土決戦（予想される上陸アメリカ軍との戦闘）をやれば、勝てないまでも負けないと要路に説き続けた。

いよいよ、天皇による日本降伏の放送が予定される前日（8月14日）、特攻隊員はよく戦ったと謝辞を連ねた遺書を書き、自らは割腹した。

出血多量で長く苦しみながらの死出《しで》の旅だったという。

第6章

敗北への道

幻の大戦果がもたらした比島決戦の誤判断

日本軍に「壊滅された」はずの米空母部隊は堂々と航進していた！

米空母部隊「撃滅」を狙った陸上基地からの航空攻撃

一九四四年（昭和十九）七月～八月にマリアナ諸島を次々に占領した米軍は、次の進攻作戦をフィリピンと定めていた。

それに先立つ同年六月のマリアナ沖海戦で、日本海軍の空母機動部隊は壊滅状態に陥ってしまった。そのため、米軍のハルゼー大将率いる空母一七隻の大艦隊は我がもの顔で活動した。同年八月末から九月に小笠原、パラオ諸島、フィリピンの各地をハルゼーの艦上機が空襲で荒らし回った。

空母の使えない日本軍は、陸上基地から発進する航空部隊で「起死回生」の反撃を狙った。鹿児島の鹿屋《かのや》基地などに虎の子の航空兵力を結集させたのである。

十月十日、ハルゼー空母部隊は沖縄に猛烈な空襲を行ない、那覇《なは》市は焼け野原となった。そして十二日から台湾への空襲を始める。マッカーサー軍がフィリピンのレイテ島に上陸する予定日が迫っていた。上陸前に沖縄、台湾からの反撃を封じようとしたのだ。

米機動部隊は西南諸島、台湾方面を空襲した

大戦果を発表する大本営

この米機動部隊に対し、日本軍は鹿児島などの基地から航空攻撃を開始した。こうして、「台湾沖航空戦」の火蓋《ひぶた》が切られた。十月十二日から十六日までの五日間に、フィリピンや台湾の部隊も合わせ、計八〇〇機が出撃した。その〝戦果〟は驚くべきものだった。

米空母の「一一隻を撃沈し、八隻を撃破した」ほか、多数の戦艦、巡洋艦を撃沈、撃破したと日本軍の大本営は発表したのだ。

ところが、これはまったくの誤報だったのである。実際は米艦隊は巡洋艦二隻が大破しただけで、米空母はほぼ無傷であり、沈没艦は一隻もなかった。

この当時、日本軍の航空隊はベテラン搭乗員が極度に消耗《しょうもう》しており、訓練不足の者がほとんどだった。しかも、夜間・薄暮《はくぼ》の攻撃では、戦果の確認は難しい。だが、帰投した搭乗員の報告を鵜呑《うの》みにして、そのうえに希望的な推定が加えられ、このような幻の大戦果が生まれてしまった。

八〇〇機を出撃させ、その三〇〇機以上を喪失し、生還したうちの三〇〇機は損傷で使

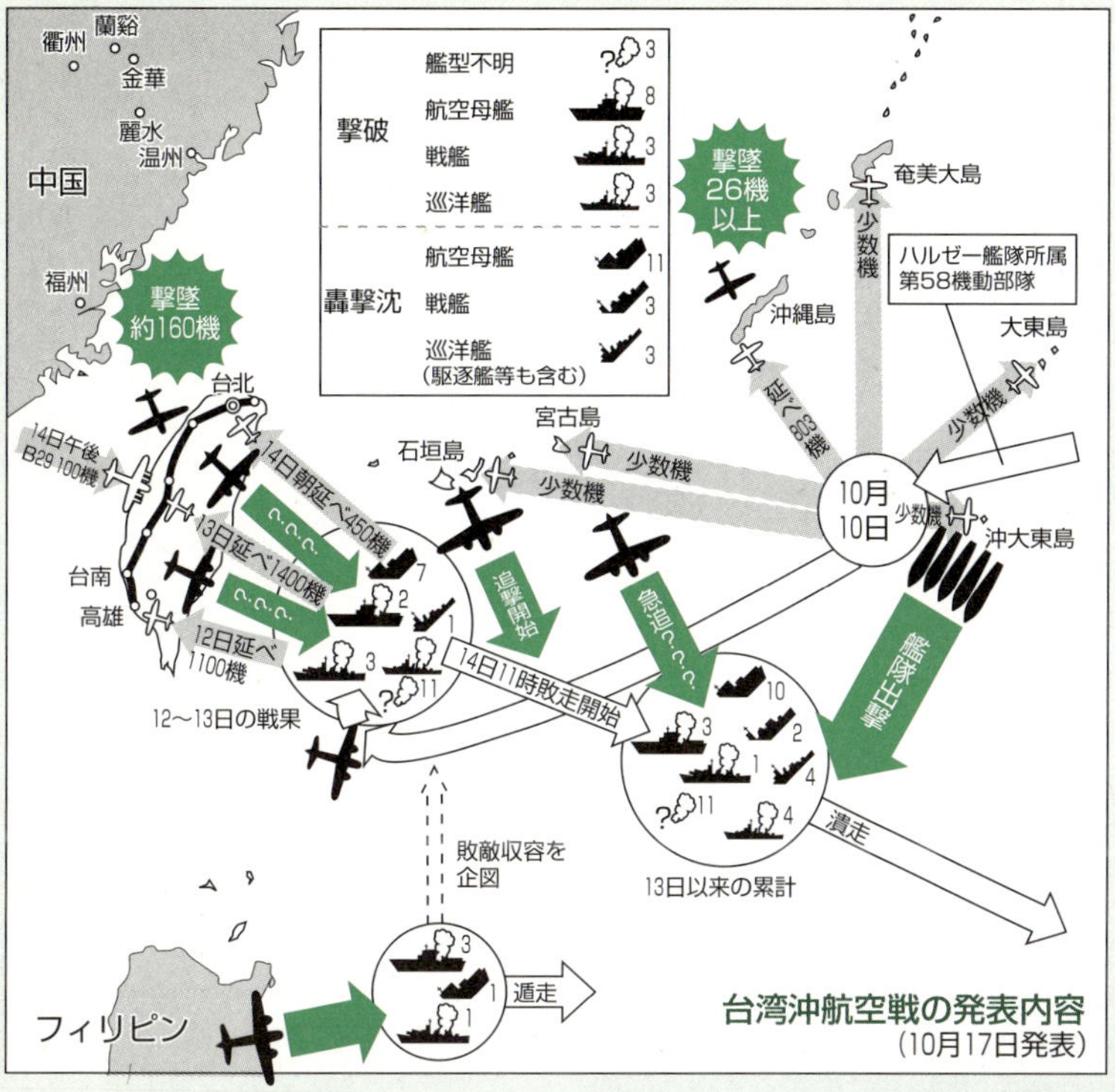

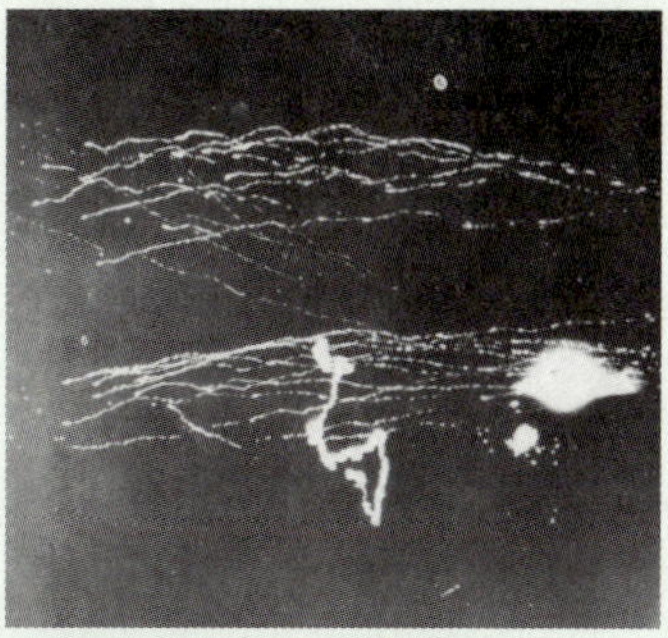
夜戦であったので、味方機の炎上する火柱を、爆弾命中と見間違ったのでは……とされている

攻撃に向かう航空隊員たち

魚雷を抱いて特攻に向かう日本海軍機

攻撃に向かう海軍陸上攻撃機

用不能となった。台湾沖航空戦の真相は日本軍の惨憺たる敗北だった。

公表した「大戦果」の誤りを日本海軍は隠し通した

「米機動部隊はほぼ壊滅した」と信じきった大本営の発表に、日本国内は戦勝ムードの提《ちょう》灯《ちん》行列で沸き返った。天皇から連合艦隊に「嘉《か》賞《しょう》の勅《ちょく》語《ご》」（お褒めの言葉）も出された。

しかし、十月十六日に鹿屋基地から飛んだ索敵機が、堂々たる米空母部隊を発見した。衝撃的な事実であった。この報告を受けて、日本海軍の上層部で急遽《きゅうきょ》、戦果の判定をやり直したところ、「沈没した米空母は一隻もないだろう」との結論に達した。

にもかかわらず、日本海軍は先の戦果が大間違いであったことを国民に伏せたのはもちろん、陸軍にさえ通報しなかったのである。そのため、数日後にレイテ島へ上陸した米軍を、「ボロボロになって逃げ込んだ残敵にすぎない」と日本陸軍は判断し、無謀なレイテ決戦を強行することになる。

海軍航空隊　海軍の航空隊は、大別すると空母部隊と基地部隊の二部隊に分かれていた。しかし一九四四年（昭和十九）六月のマリアナ沖海戦での惨敗で、空母部隊は実質的に壊滅状態に追い込まれていたから、フィリピンの攻防では陸上基地の航空部隊に頼らざるを得なくなっていた。台湾沖航空戦は、この基地部隊によって戦われた航空戦である。

急《きゅう》遽《きょ》決定された準備なきレイテ決戦

米軍の航空攻撃でレイテへの輸送はことごとく失敗

海軍の「大戦果」に負けじと陸軍はレイテ決戦を強行

マリアナ諸島が陥落したのち、日本軍はフィリピン防衛の「捷《しょう》一号作戦」を立案した（捷は「勝つ」意味）。なお、捷二号は台湾・沖縄などの南西諸島、捷三号は本土、捷四号は北海道・千島・樺太《カラフト》（サハリン）に米軍が進攻した場合を想定したものだった。

一九四四年（昭和十九）十月二十日、マッカーサー大将率いる米地上軍の約一〇万名（最終的には二〇万）がフィリピンのレイテ島に上陸をはじめた。ただちに日本軍は、捷一号作戦の発動を全軍に命令する。

日本陸軍は首都マニラのあるルソン島で決戦すると定め、準備を進めていた。ところが、直前の台湾沖航空戦で「米機動部隊は全滅した」という大誤報が作戦を狂わせた。「レイテに上陸したのは敗残兵」と日本陸軍は考え、この際レイテ島で一挙に敵を叩くと方針を急変させたのだ。

フィリピン防衛の最高指揮官山下奉文《やましたともゆき》大将はこれに反対した。いまさらレイテに大兵力を輸送するのは困難である。そもそも台湾沖の大戦果を山下は信じていなかった。

陸軍の情報将校堀栄三少佐も疑問を感じ、鹿屋《かのや》基地でパイロットたちに事情を聴取した結果、「台湾沖の戦果は間違いである」と大本営陸軍部に報告を送った。しかし、この重大な情報は握りつぶされたという。

南方軍総司令官寺内寿一《てらうちひさいち》元帥《げんすい》は「驕敵《きょうてき》撃滅の神機《しんき》到来せり」と、山下の主張に耳を貸さず、レイテでの決戦を命令したのである。

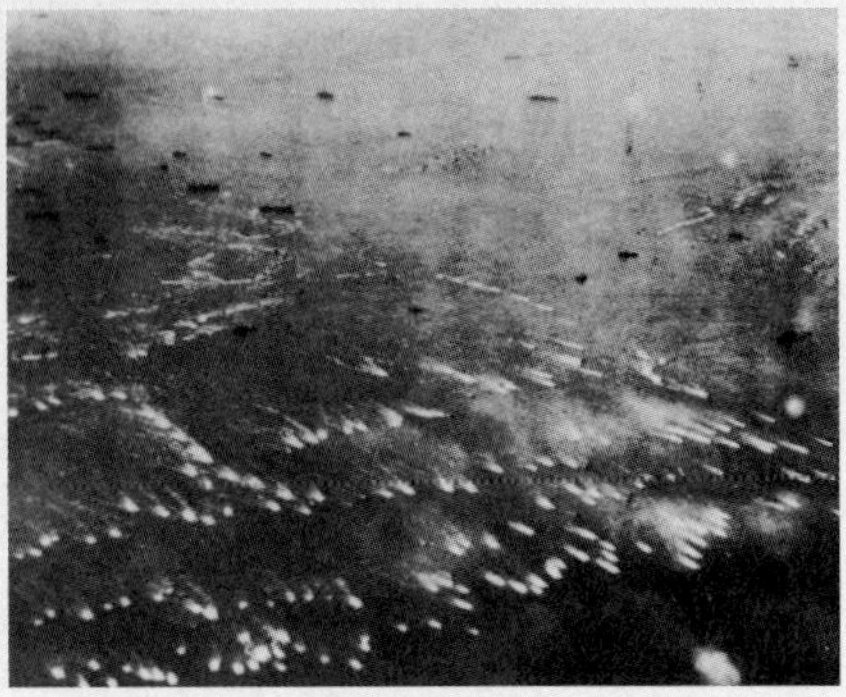

レイテに上陸する米軍

レイテに向かう日本軍の輸送船と護衛艦

米軍の空襲で補給の軍需物資は大半が失われた

レイテ島の日本軍守備隊は、米軍が上陸したタクロバン付近に一個師団程度がいるだけだった。山下大将は南方軍の命令に従い、レイテに三、四個師団を派遣する手配をした。

この輸送は、米軍の攻撃を受け、さんざんな目にあった。十一月一日に初の増援として第一師団がオルモックに上陸。このときは四隻中一隻が爆撃され沈没しただけで、兵員・物資ともほぼ無傷で揚陸《ようりく》されたが、奇跡に近かった。同五日に到着した第二六師団主力は物資のすべてが輸送船とともに沈められ、第六八旅団も同じような結果となった。ほかにもフィリピンの各島から順次増援され、兵員

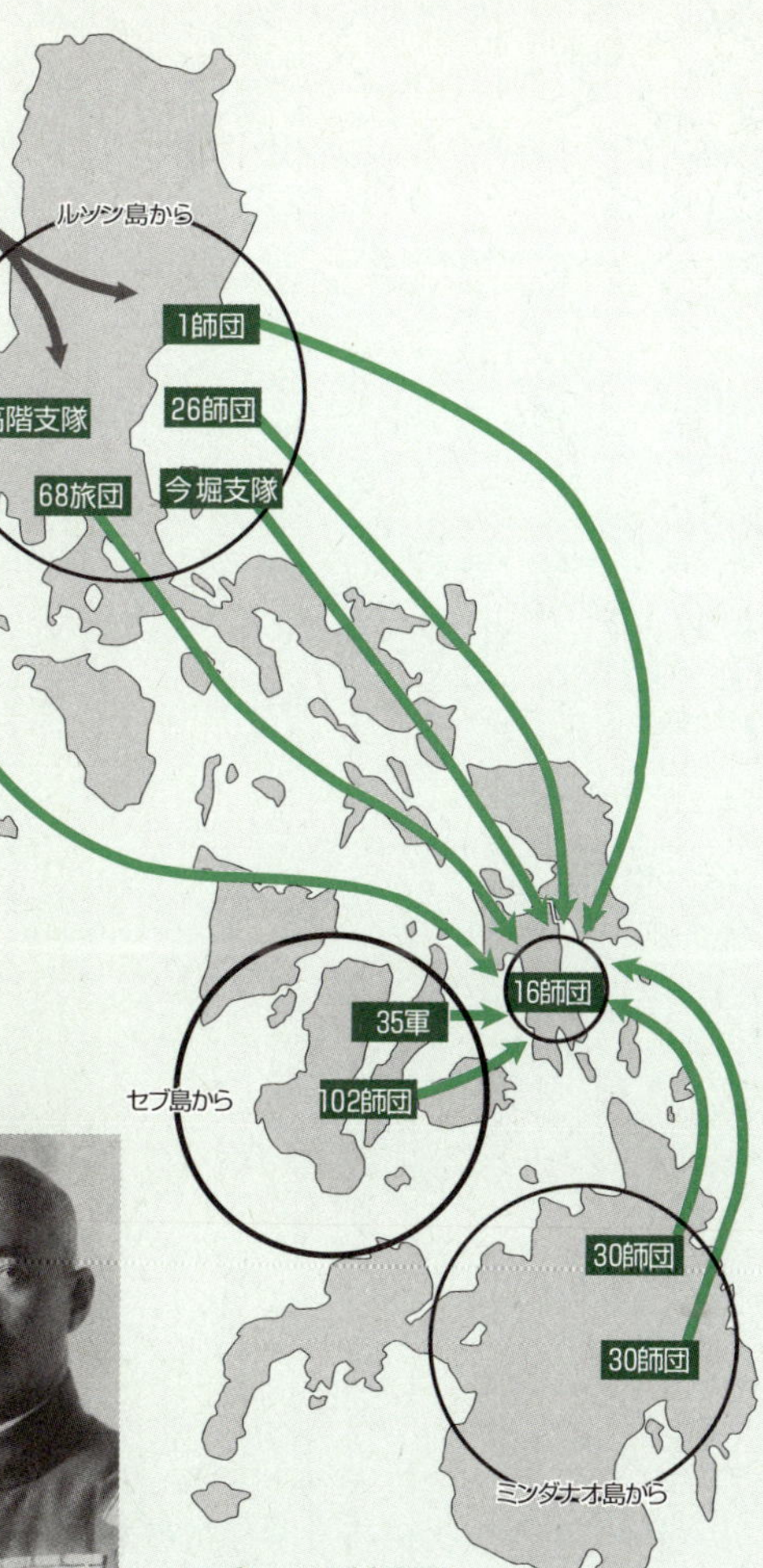

レイテ島への兵力投入

寺内寿一元帥

レイテに上陸するマッカーサーと幕僚たち

レイテに上陸した米軍

は七万五〇〇〇名に達したが、武器弾薬・食糧はその八割までが米軍に沈められた。

レイテ決戦の主力とされた第一師団はカリガラ峠に向かう途中、リモン峠で米軍に遭遇し、激戦となった。以後、リモン峠の攻防は五〇日間も続けられた。しかし、米軍の大砲などの装備は圧倒的で、しかも洋上輸送の妨害により物資の補給が絶たれた第一師団は、十二月中頃に全滅した（残存八〇〇名という）。

日本軍は、輸送船への爆撃を封じるため、レイテの主要飛行場に空挺《くうてい》部隊を降下させ、飛行場の奪回をはかった。この作戦も、米軍に猛烈な銃砲火を浴びせられ、失敗した。

レイテ島の日本軍の拠点であるオルモックは、十二月十二日に米軍に制圧された。そして、レイテ放棄を意味する「自活自戦、永久抗戦」の命令を山下大将が下したのは十二月十九日であった。レイテ決戦における日本軍の戦死者は輸送途中で海没した将兵を含めると一〇万名にのぼる。

私は帰ってきた！　一九四四年十月二十日、米軍司令官マッカーサー元帥はレイテ島パロの町に近い浜辺から上陸した。ズボンを濡らしながら上陸するマッカーサー一行の写真は、彼をカリスマにする象徴的なものとなる。

「コレヒドール島を追われて二年半ぶりにフィリピンへ戻ったマッカーサーは、濡れたズボン姿で移動ラジオ放送機の前に立ち、有名になる演説を始めた。

「こちらは自由の声《ボイス・オブ・フリーダム》放送であります。私はマッカーサー将軍であります。…私はついに帰っ《アイ・ハブ・リターン》てきました。全知全能の神のお恵みにより、わが軍はいまフィリピンの土を踏んでいるのであります……」

巨艦「武蔵」も沈んだレイテ海戦

空母を囮にした戦艦部隊の「殴り込み」も、謎のUターンで空振りに

囮の空母よりも先に捕捉された戦艦の栗田艦隊

レイテに上陸した米軍に対して、すでに空母戦力を失っていた日本海軍は、やむをえず艦隊による「殴り込み」を捷《しょう》一号作戦の骨子とした。栗田健男《くりたたけお》中将率いる戦艦、重巡洋艦などの部隊が一九四四年（昭和十九）十月二十二日にボルネオ島のブルネイから出撃する。この栗田艦隊がフィリピンのレイテ湾に向かい、米軍輸送船団や大艦隊を、あわよくば米地上軍をも艦砲射撃で「撃滅」させるという作戦だった。

栗田艦隊には護衛の空母が一隻もなかったから、航空機の傘を持たない丸裸状態である。

レイテ沖海戦で、関大尉指揮する特攻機の体当たりで炎上する米護衛空母「セント・ロー」

普通に考えれば、レイテ湾までたどり着けるはずがない。そこで日本海軍は、敵を引きつける囮《おとり》の艦隊を出すという奇策をとった。小澤治三郎《おざわじさぶろう》中将率いる小規模な空母部隊に囮の任務が与えられ、十月二十日に日本本土から出港した。

栗田艦隊は途中のパラワン水道で米潜水艦の魚雷攻撃を受け、早くも重巡洋艦三隻を失った。そして十月二十四日、米軍機の攻撃圏内であるシブヤン海に入った。この時点ではまだ米軍は囮の日本空母部隊を発見していない。ハルゼーの大機動部隊は、全力で栗田艦隊に攻撃をかける。

米空母群の艦上機は五波にわたって来襲し、栗田艦隊の各艦に被害が続出した。なかでも損傷で速力の落ちた戦艦「武蔵《むさし》」が狙われ、爆弾一八発、魚雷二〇本が命中した。六万トンの巨艦「武蔵」はあえなくシブヤン海に沈没した。

日本の特攻攻撃を受けた米護衛空母

レイテを目前に「謎の反転」そして体当たり特攻

この十月二十四日の夕刻、ハルゼー空母部隊は囮の小澤艦隊を発見した。ハルゼーは日本軍の作戦に引っかかり、指揮下にある全艦隊を率いてフィリピン北方に突進した。そのため最大の難所とみられたサンベルナルジノ海峡はがら空きとなり、栗田艦隊は何の妨害も受けず、同海峡を通過した。

しかし、支隊とされた西村祥二《しょうじ》中将の戦艦部隊はスリガオ海峡からレイテ湾に迫り、二十五日未明に米軍の水上砲撃部隊の猛攻を受け、ほぼ壊滅した。

一方、栗田艦隊は二十五日早朝にサマール島の沖合で、タンカー改造の米護衛空母部隊と遭遇し、戦闘を交えた。戦艦「大和《やまと》」「長門《ながと》」の主砲が敵艦に発射されたのはこれが初めてだった。しかし米護衛空母部隊の艦上機

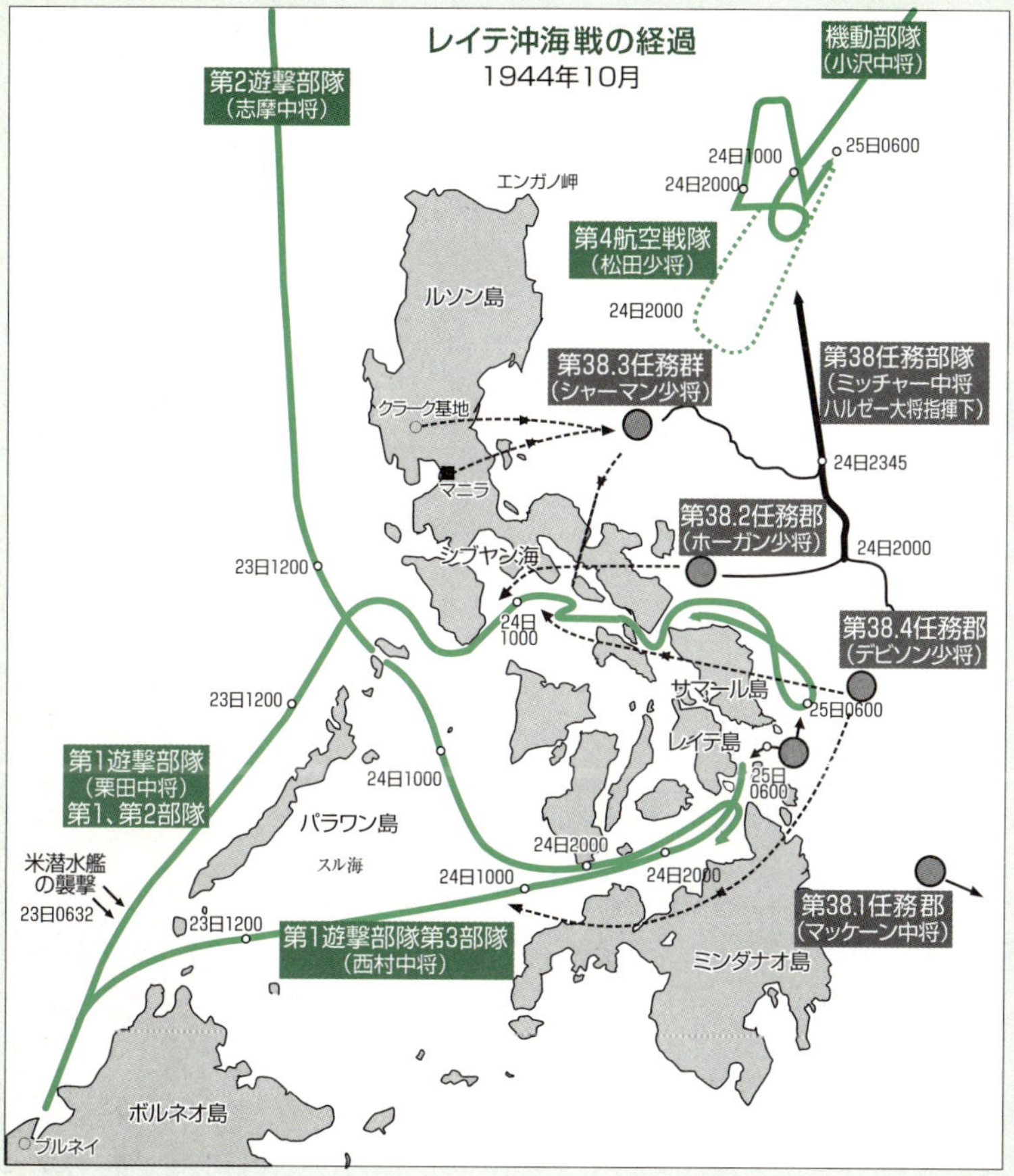

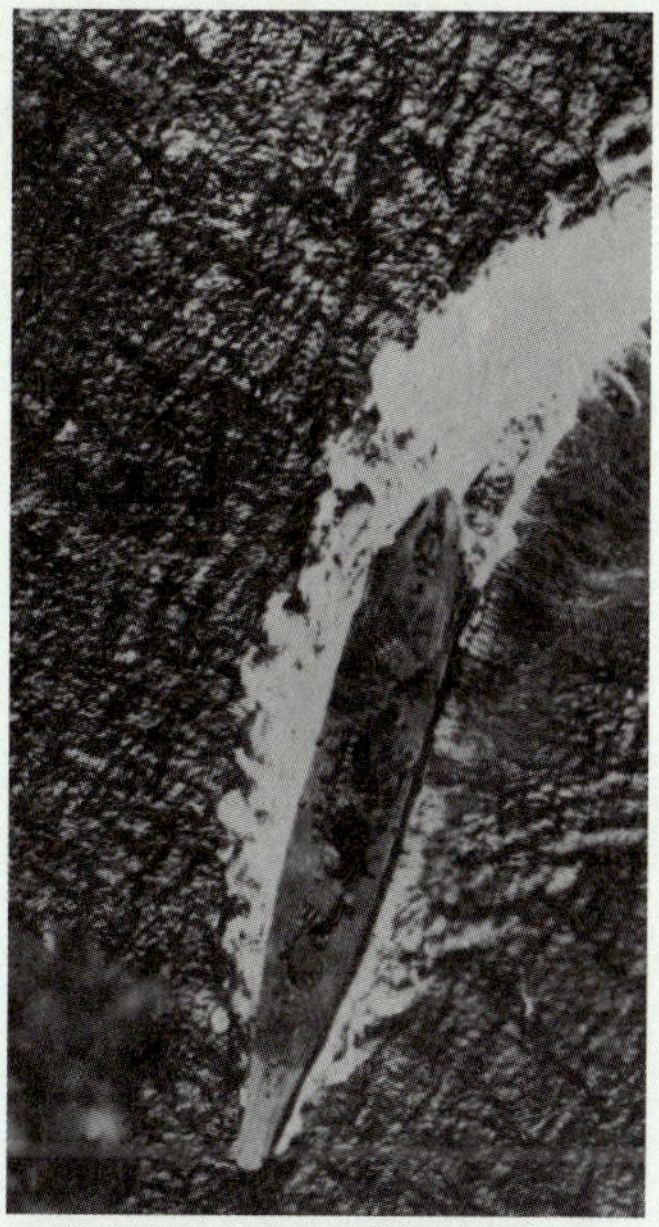
シブヤン海で米機の攻撃を受ける戦艦「武蔵」

特攻「敷島隊」の関大尉

の反撃により、日本側は重巡洋艦三隻が沈められた。

栗田艦隊は再びレイテ湾に針路を向けた。ところが湾の八〇キロ近くまで到達したとき、栗田中将は突然「反転北上せよ」と命令し、レイテ湾突入を取りやめてしまった。真相は謎である。

「北方に米空母部隊がある」と無線が入り、その攻撃を選択したというが、その無電は虚報にすぎず、発信者はいまだに不明である。こうして日本海軍の捷一号作戦はレイテ突入を果たせず、決定的に挫折した。

この二十五日、ルソン島のクラーク基地から神風《しんぷう》特別攻撃隊「敷島《しきしま》隊」が発進し、体当たりで米護衛空母を撃沈するなどの戦果をあげた。特攻の始まりである。

航空部隊がフィリピンを撤退するまでに、海軍、陸軍を合わせ約八〇〇機が特攻機となった。日本軍が通常の戦闘能力を失ったことを意味していた。

レイテ海戦の損害　米軍が「レイテ湾海戦」と呼んでいるこの海戦は、不眠不休で六日間も戦ったその規模と複雑さから、世界の海戦史上最大の海戦ではなかったかともいわれている。

この空前の海戦で、日本海軍は三〇万六〇〇〇トンという戦闘艦艇（戦艦三、空母四、巡洋艦一〇、駆逐艦九隻）を失った。対する米軍の損害は三万七〇〇〇トン（軽空母一、護衛空母二、駆逐艦二、護衛駆逐艦一隻）と、日本の一〇分の一だった。

そして数字が示すように、海戦は米軍のワンサイド・ゲームだった。

マニラの市民を巻き込んだルソン決戦

もろくも崩れ去ったフィリピン最後の防波堤

兵員の数は多くても 武器・装備に雲泥の差

フィリピン防衛戦はレイテ島からルソン島に決戦場が移された。

一九四五年（昭和二十）一月六日、ルソン島のリンガエン湾に姿を現した米第七艦隊は、猛烈な艦砲射撃を開始した。

日本側は陸海軍の特攻隊が体当たり攻撃で応戦したが、大勢に影響はなく、同九日に米第六軍の約一九万名が上陸した。

日本軍の防衛部隊は山下奉文《やましたともゆき》大将を総指揮官として、「尚武《しょうぶ》集団」「振武《しんぶ》集団」「建武《けんぶ》集団」の三つに分かれ、それぞれルソン島北部、中南部、クラーク西方を拠点に米上陸軍と戦った。

これら日本軍防衛部隊は計二八万七〇〇〇名にのぼり、数のうえでは米軍を上回っていた。しかし、武器・装備においては悲しいほどの開きがあった。

米軍は、空からは新兵器のナパーム弾を落とし、さらに陸上では優秀な戦車、迫撃砲、火焔放射器、機関銃など、物量にものをいわせた火器の大攻勢により、日本軍を圧倒していった。

そうした米軍の猛攻に、武器の貧弱な日本軍が真っ向から対抗できるはずはなく、手《しゅ》榴弾《りゅうだん》や斬り込みで夜襲をかけるぐらいしか手がなかった。

米軍に降伏した直後の山下大将

セブ島の第1師団は天皇の投降命令で降伏

マニラに残った防衛部隊が勝ち目のない市街戦を

マッカーサー大将にせっつかれた米上陸部隊は競うようにマニラへと進撃を続け、二月四日から次々とマニラに進攻していった。

山下大将は、マニラから大部分の部隊を撤収させていた。マニラ解放の「非武装都市宣言」を出す権限は大本営にあったため、山下にはこれが精一杯の手段であった。

しかし、「多くの特攻隊を出したマニラであるから」と主張する海軍と陸軍の航空隊など、マニラを離れない将兵も多かった。

そして、結局は海軍を主体とするマニラ防衛部隊（約二万名）が玉砕《ぎょくさい》覚悟でマニラを戦場にしてしまった。

マニラでは壮絶な市街戦が二〇日間におよび、一般市民を巻き込んだ戦闘が随所で繰り

米軍の空爆を受けるマニラ市

バルコニーから星条旗が下げられ、喜ぶレイテ島のフィリピン人たち

マニラの市街戦では日米がもっとも激しく戦闘を行なったフィリピン総合病院の争奪戦。米軍は戦車と砲撃による猛攻ののち、病院内に突入した（1945年2月）

広げられた。

米軍は日本軍がたてこもるビルを見つけると、無差別に砲撃を浴びせた。マニラの市街戦で約九万名の市民が死亡したといわれる。大半は米軍の砲撃による被害だった。米軍の協力者という理由で、日本軍による市民の虐殺も行なわれた。

山下軍司令部はバギオに置かれ、その手前のサンタフェ、バレテ峠、バンバン一帯で最後の決戦が展開された。強烈な火力で押しまくる米軍の攻撃は、三月下旬になるとさらに激しくなり、四月下旬にバギオは陥落にいたる。

日本軍は、北部山地の奥深くに追いつめられていった。

そして、プログ山を中心とする標高二五〇〇メートルの山岳地帯に日本軍はたてこもり、飢餓《きが》とマラリアなどの病気に苦しみながら、三ヵ月半にわたる抵抗を続けた。

七月八日にはプログ山の一角から、最後の砲弾一発が放たれた。

終戦の八月十五日を迎えたとき、日本軍にはまともな戦力など残されていなかったのである。

フィリピン防衛戦に参加した日本軍の総兵力は約六三万一〇〇〇名という。各島の掃討《そうとう》戦も含めると、そのうちの四九万八六〇〇名が戦死、餓死、病死した。

軍司令官の犠牲にされた悲劇の戦場

補給を無視した山岳の悲惨な「英印軍撃滅作戦」

師団長たちも反対した無謀な作戦だった

たった一人の指揮官の愚かさのために、五万から六万人もの兵士の命を奪ったのがインパール作戦である。

日本軍が援蔣《えんしょう》ルートを遮断するために、ビルマ全土を占領したのは一九四二年（昭和十七）五月のことだった。以来、ビルマ国内の情勢は比較的安定していたが、翌年二月、チンディットと呼ばれる約三〇〇〇名の英印軍がビルマに進入した。この部隊はイギリス軍の基地があるインド領インパールを根拠地にしている部隊だった。その進入部隊は撃退したのだが、再び進入できないように、この際インパールそのものを攻略してしまおうというのが作戦の発端である。

作戦を強引に押し進めたのは第一五軍司令官の牟田口廉也《むたぐちれんや》中将であった。しかし、インパールへ進出することの困難さは初めからわかっていた。乾期でも三〇〇メートルも幅があるチンドウィン河を渡り、標高二〇〇〇から三〇〇〇メートルもあるアラカン山脈を踏破するのには、補給が続かないことは明白だったからである。

実際に作戦にあたる部下の師団長や参謀長は当然、猛烈に反対した。しかし、一五軍の上級司令部のビルマ方面軍司令官たちは牟田口の熱意に押されたという形で、この無謀な作戦にゴーサインを出してしまった。

出撃前の点呼。手前にノコギリを持った兵隊もいる

ビルマに進攻したチンディット隊員

兵士の退却路は白骨街道と化した

作戦は一九四四年（昭和十九）三月八日に開始された。三個師団四万八九〇〇名と、それを支える軍直轄部隊（補給品輸送など）三万六〇〇〇名が進撃を開始した。

そしてこの進撃には、万を超える牛が引き連れられていた。牟田口は、かねてからの懸案であった補給に関する解決策を牛に求めたのである。牛の背に米や弾薬といった物資を乗せて運ばせ、最終的にはその牛を食料にしてしまうというのである。

進撃から二週間もすると案の定、食料がなくなった。しかし肝心の牛はチンドウィン河でほとんどが溺れ死に、残った牛もアラカン山脈を越えることはできなかったのである。

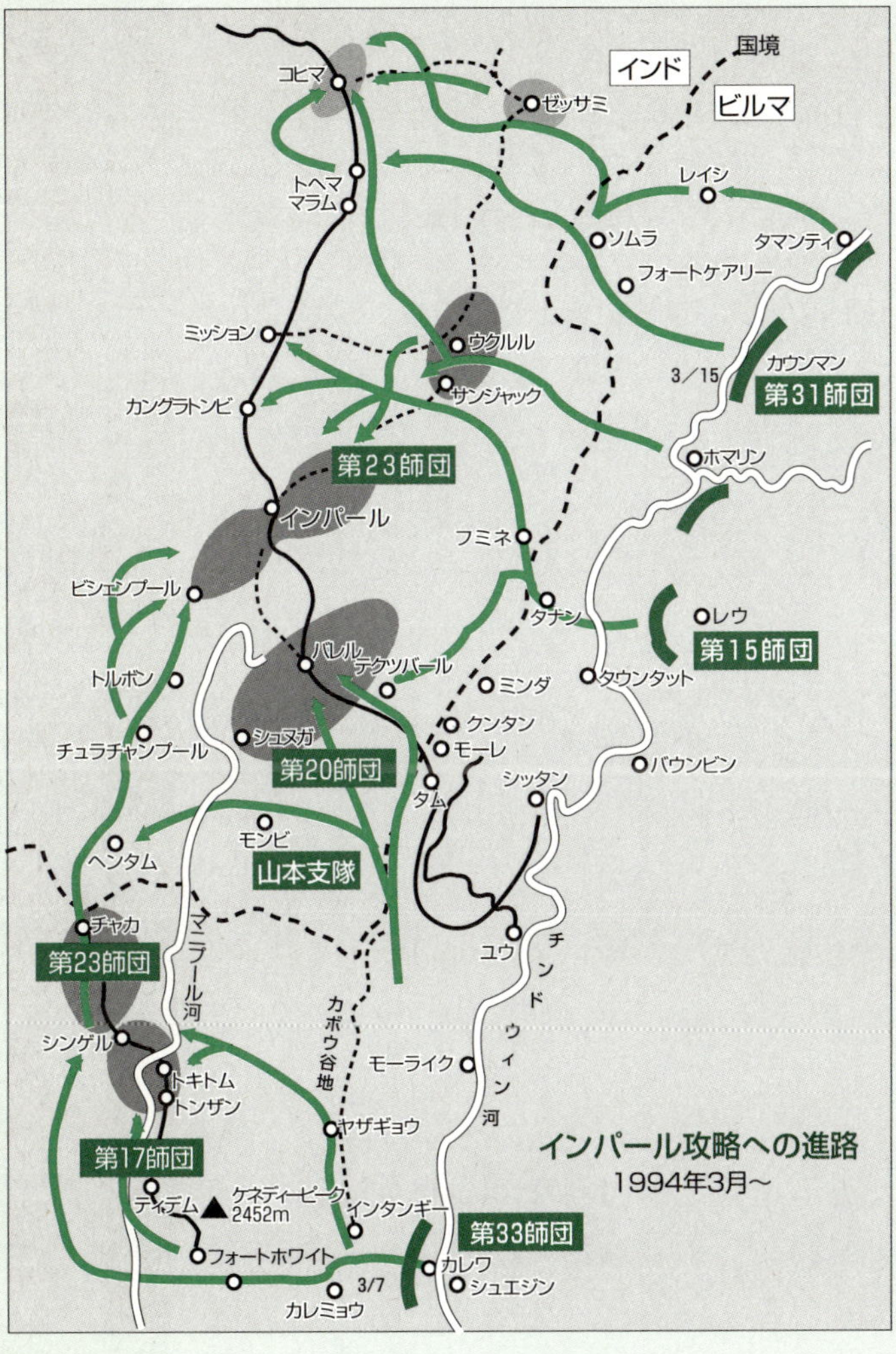

牟田口廉也中将。牟田口は日中戦争のきっかけとなる蘆溝橋事件を拡大させ、インパール作戦で戦争の締めくくりとしていた

それでも約一ヵ月後には、部隊の一部がインパールを包囲する位置まで進出した。さらにインパール街道の遮断にも成功したので、作戦は順調に進んでいるかのように見えた。

しかし、これは英軍の作戦だった。戦っては後退を繰り返し、日本軍の補給線が伸び切ったところで反撃する作戦だったのである。

悪いことにそのインパールは雨期に突入した。飢えた将兵は次々に赤痢《せきり》に罹《かか》り、倒れていく。はるか後方の別荘地にいる牟田口は、それでも前進だけを命令し、撤退・作戦中止を進言する三人の師団長をすべて解任した。

やっと撤退命令が出たときは七月になっており、すでにほとんどの将兵は食料を持っていなかった。

その日本兵を英軍が追撃する。途中の道には力尽きた兵士たちが倒れ、それは白骨街道と表現するしかなかった。この作戦では五万から六万人が死亡したといわれ、この数字は作戦参加者数の八割にあたる。

そして指揮官の牟田口は更迭《こうてつ》されたが、白骨街道を退却している兵士たちを救出することもなく、一人東京に逃げ帰ってしまった。

チンディット部隊　ウィンゲート少将が指揮する挺身部隊。この部隊はインドからアラカン山脈、チンドウィン河を踏破してビルマまでやってきた。補給はウィンゲート空挺部隊が空中から投下し受け取った。インパール作戦時、同じように空中補給しようにも日本軍には肝心の飛行機がなかった。

灼熱の孤島に散った二万一〇〇〇名の全滅戦

本土防衛の盾になるため、徹底抗戦を命ぜられた守備隊

島内縦横に地下道を掘り巡らし島を要塞化した硫黄島守備隊

一九四五年（昭和二十）二月十九日、米軍は小笠原諸島の硫黄島《いおうじま》に上陸した。前年六月から、米軍は間断なく空爆したうえでの上陸作戦であった。

当時、すでに米軍はサイパンやグアムなどから超空の要塞《ようさい》（スーパー・フォートレス）といわれた重爆撃機Ｂ29を飛ばし、日本本土への空襲を行なっていた。しかし日本本土を往復できる戦闘機はなく、Ｂ29は護衛機を持たずに空襲を行なっていた。

硫黄島はちょうどサイパンと東京の中間に位置するため、護衛機の往復も可能だった。米軍は硫黄島を占領することで日本空襲の中継基地を獲得しようとしたのである。

当然、日本軍も米軍の思惑《おもわく》を察知しており、この小さな島に陸海軍合わせて約二万名の守備隊を送り込んでいた。

しかし連合艦隊はマリアナ沖海戦で事実上壊滅したため、硫黄島守備隊は援軍がまったく期待できなかった。そのため全島に交通壕《ごう》を掘り巡らし、地下陣地を築いて硫黄島を要塞化したのだった。

硫黄島守備隊を指揮する栗林忠道《くりばやしただみち》中将は、昭和十九年六月に硫黄島に赴任するとき東《とう》条英機《じょうひでき》首相から「どうかアッツのように戦ってくれ」と言われたという。増援はできないから玉砕（全滅）するまで奮戦せよという意味である。

つまり硫黄島守備隊に求められたのは、一日でも長く米軍に抵抗し、本土への攻撃を遅らせることだったのだ。

栗林中将は兵士に「一人十殺」を誓わせ、「最後の一人となってもゲリラとなって戦わん」など敢闘の精神を斉唱させて士気を高めていた。

日本軍のゲリラ戦に苦しめられた米軍

米軍は硫黄島を五日間で占領する予定で上陸を始めたが、上陸初日から二三〇〇名を超える死傷者を出した。この数はタラワ島やノルマンディー上陸のときよりも多かった。

日本兵は洞窟内に潜んでいるため、米兵にはその姿が見えない。そこへ不意に洞窟の入り口から米兵を狙撃する。こうしたゲリラ戦法を米軍は予想していなかったのである。

しかし、米軍はナパーム弾や火焔放射器を使って地下に潜む日本兵を焼き殺す戦法をとり、日本軍は追いつめられていった。

三月十七日、栗林中将は大本営に宛てて訣別の無電を打ち、送信機を破壊、関係書類も焼却した。そして米軍が上陸してから三四日目の三月二十五日夜半から二十六日早朝にかけて、最後の総攻撃を行ない、玉砕した。

栗林中将も攻撃に参加し、重傷を負ったため拳銃で自決。しかし残った兵士たちは地下に潜り、終戦後までゲリラ戦を展開した。

日本軍の戦死者は約二万名で捕虜は一〇〇〇名。一方の米軍の死傷者は二万八六〇〇名（うち戦死六八〇〇）だった。

硫黄島　硫黄島は太平洋にポツンと孤立した島である。硫黄島という名前のとおり、島のそこここを掘れば硫黄ガスが吹き出してくる。地熱は高く、摂氏六〇度に達する場所もあった。守備隊は防毒面をかぶって地下壕を建設したが、それでも五分もツルハシを振るうとガスのためにフラフラになったという。

硫黄島最期の戦い

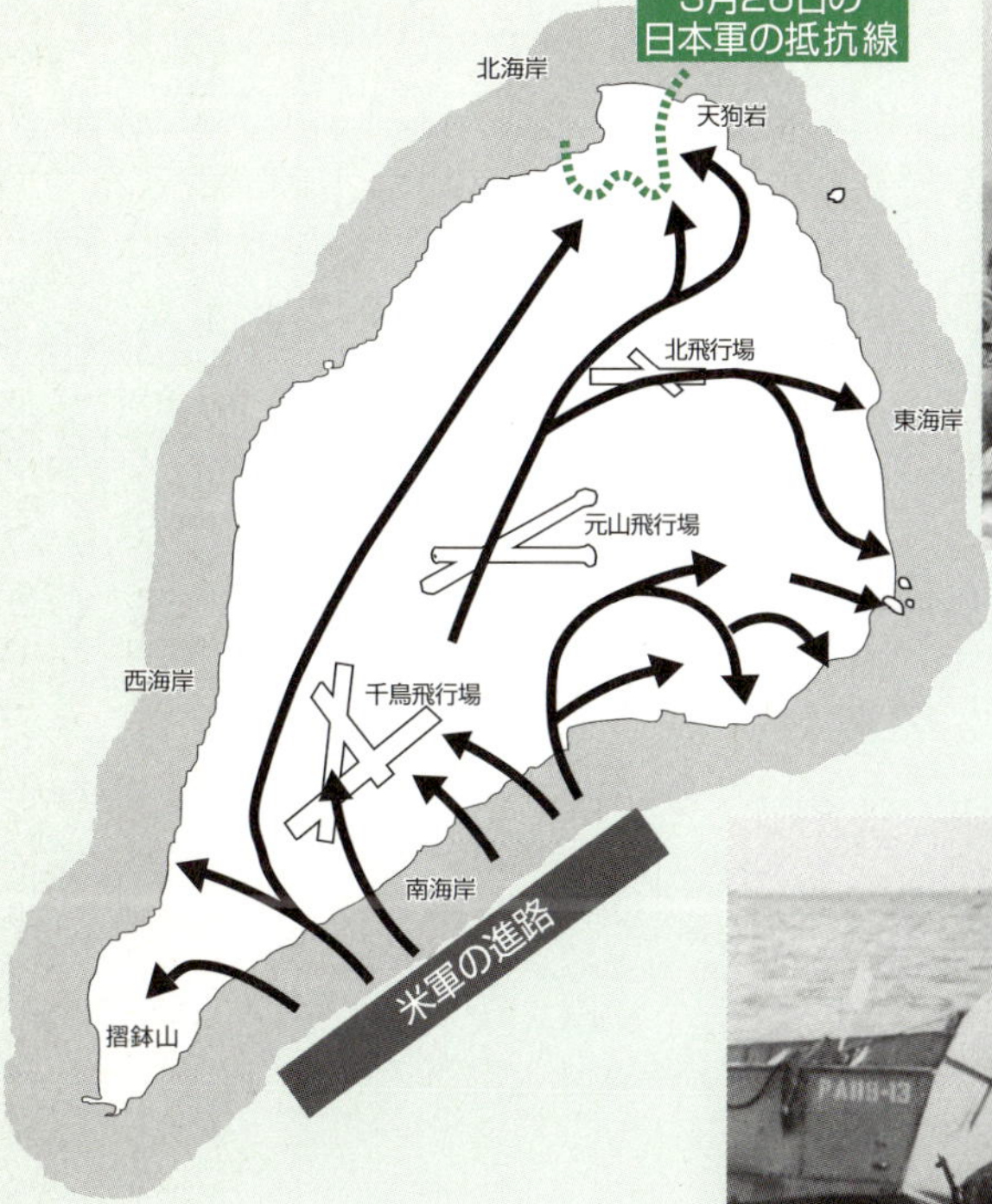

硫黄島の戦闘で亡くなった仲間に祈りを捧げる米軍兵士

日本軍が激しく抵抗するなか、上陸用舟艇から浜へ、足場の悪い砂浜を荷車を引っ張る米第五海兵師団の兵士

摺鉢山に星条旗を掲げる米海兵隊員

鉄の暴風にさらされた沖縄県民

「大日本帝国」の終末を象徴した軍民混在の敗走戦線

米軍の本土上陸を遅らせる持久に徹した死の抵抗戦

一九四五年（昭和二十）に入り、米軍の沖縄上陸が確実となったとき、沖縄防衛の第三二軍司令部（司令官・牛島満中将）は、島内に残っている老幼婦女子をなかば強制的に北部山岳地帯に疎開させた。人々はわずかな食糧と身のまわりの品を持って避難していったが、それでも激戦地になるであろう中南部には数十万の住民が踏みとどまっていた。

沖縄の主要な都市は前年の十月十日の「那《な》覇《は》空襲」で大半が灰燼《かいじん》に帰していたが、三月になると米艦上機の編隊が連日飛来しては爆撃を行なった。

三月二十三日、沖縄本島西側の沖合にR・A・スプルーアンス大将率いる空母をはじめとする大小艦艇一三〇〇隻が現れた。米艦隊は二十五日から艦砲射撃を開始したが、その火力の凄まじさは「鉄の暴風」などと呼ばれた。そして四月一日、いよいよ米軍は沖縄本島に上陸を開始する。

対する日本軍守備隊は、米軍に対抗できる戦力はもっていなかった。しかし、米軍の本土上陸を一日でも遅らせるために、必死で粘る必要があった。爆薬を抱えたまま戦車に体当たりするなどのゲリラ的攻撃で持久戦に徹したのである。

島中の掃討作戦を行なう米戦車。火焔放射器で日本兵が潜む洞窟を攻撃中

上陸前に渡嘉敷島をロケット砲攻撃する米軍

住民を巻き込んだ日本軍最後の抵抗

戦力に勝る米軍の進撃は早く、五月二十日過ぎには日本軍は首里《しゅり》城の司令部を出て島尻《しまじり》地区まで後退。摩文仁《まぶに》の丘の洞窟に司令部を移した。しかし、この撤退の最中《さなか》にも米軍の砲撃は続けられた。同時に数万の県民も日本軍と行動をともにした。

その群れを米軍が追撃した。各地で避難する自然壕《ごう》の奪い合いが始まった。県民と部隊が同じ壕の中に身を潜めるということも珍しくなかったが、最後は住民を追い出して壕を占拠するケースが多かった。

赤ん坊の泣き声を制されて、母親自ら嬰児《えいじ》の口と鼻を押さえ、窒息死させたという悲劇もあった。

自然壕に入れなかったり追い出された県民は、摩文仁の丘の断崖や喜屋武《きゃん》岬に押し込まれ、断崖から投身する者や岬から入水《じゅすい》する者が続出した。

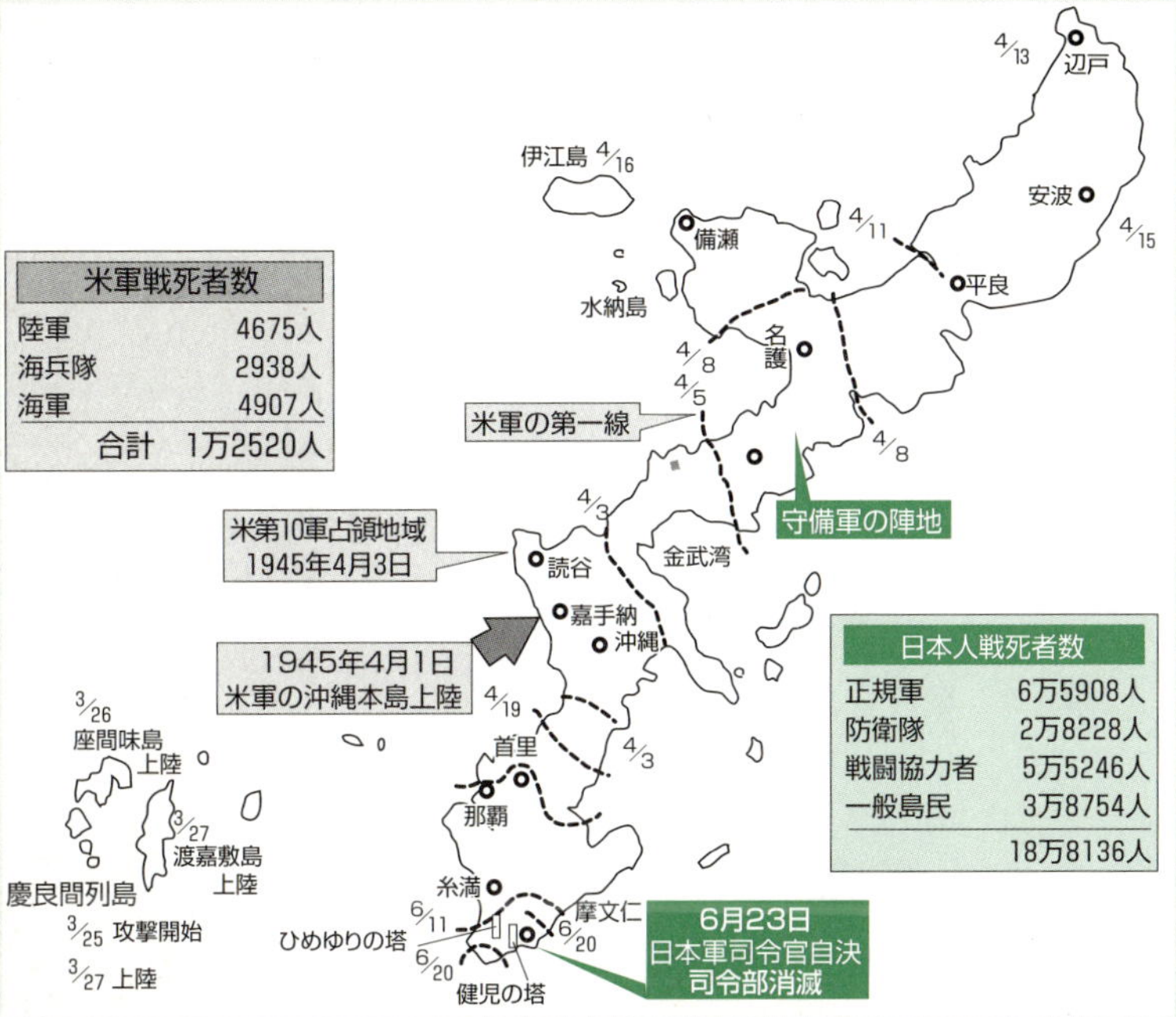

米軍戦死者数	
陸軍	4675人
海兵隊	2938人
海軍	4907人
合計	1万2520人

日本人戦死者数	
正規軍	6万5908人
防衛隊	2万8228人
戦闘協力者	5万5246人
一般島民	3万8754人
	18万8136人

少女にレーション（携帯食料）を与える米兵

牛島満中将

沖縄本島沖に碇泊して、上陸作戦を支援する米戦艦

長勇参謀長

六月十二日、米軍は全戦線で攻撃を開始した。その後の戦いは、米軍にとっては一種の掃討《そうとう》戦だった。

日本軍も各地で驚異的な粘りを見せたが、まもなくすべての前線が突破された。

六月十八日、牛島軍司令官は大本営の河辺《かわべ》虎四郎《とらしろう》参謀次長と上級の安藤利吉《あんどうりきち》第一〇方面軍司令官に対して訣別電報を送り、翌十九日、指揮下の全部隊に対して、軍司令官としての指揮権放棄を宣言した。

六月二十日、摩文仁の洞窟周辺は激しい攻撃を受け、二十一日には軍司令部洞窟の頂上から直接攻撃を受ける事態となった。

軍の組織的抵抗は二十三日、牛島司令官と長勇《ちょういさむ》参謀長がともに自決して終了した。

沖縄戦を通じた戦没者は一八万八一三六名で、県民の死者は約一二万二〇〇〇名といわれている。このうち軍人軍属の二万八〇〇〇名を除くと住民は九万四〇〇〇名にのぼる。

日本軍の死者は沖縄出身の軍人軍属を含めて九万四〇〇〇名で、沖縄住民とほぼ等しい。米軍の戦死者は一万二五二〇名だった。

日本軍と共に戦った沖縄県民　沖縄戦は県民が普段暮らしているその場所で戦闘が行なわれた。日本軍の各部隊には県民男子約二万五〇〇〇名が防衛隊あるいは義勇隊の名目で配属された。そのなかには鉄血勤皇《きんのう》隊（一六八五名）という中学上級生、師範《しはん》学校生徒を中心とした部隊も含まれていた。高女生の「ひめゆり部隊」（従軍看護婦五四三名）も前線に配置された。そして、彼らのうち約二万名が戦場に倒れた。

日本海軍の終焉を象徴した戦艦「大和」の最期

何らの戦果も期待できない、戦略・戦術なき用兵

「一億総特攻」という美名で沖縄へ死出の出撃

「菊水《きくすい》」とは楠《くすの》木《き》家の家紋である。昭和の軍人は、天皇を守るため負けるとわかっていながら、足利尊氏《あしかがたかうじ》の軍勢を湊川《みなとがわ》で迎え撃ち、敗れた楠《くすの》木《き》正成《まさしげ》の「楠公《なんこう》精神」を最大のよりどころにして戦っていたのだ。

その菊水の名前がついたこの作戦は、日本海軍航空隊の特攻作戦の名称である（第一次四月六・七日〜第一〇次六月二十二日）。

一九四五年（昭和二十）四月一日、米軍はほとんど抵抗を受けることなく沖縄に上陸した。それから六日目の四月六日、戦艦「大和《やまと》」と護衛艦艇九隻が沖縄へ向けて徳山湾を出港した。

これは、まぎれもない海上特攻だった。そのため燃料も片道分しか積んでいなかった。米軍上陸地点の海岸に乗り上げて、米軍とその艦艇を撃ちまくるためだというが、実際には技術的にそんなことは不可能であった。「大和」特攻は、沖縄では水上部隊はどうするのかという天皇の「御下問」に示唆され、唐突に決まったが、一機の航空支援もない艦隊が沖縄にたどり着けるわけがない。艦隊を率いる司令長官・伊藤整一《いとうせいいち》中将は、この命令を伝えられて強く反対した。

しかし、連合艦隊参謀長の草鹿《くさか》龍之介《りゅうのすけ》中将が「どうか一億特攻のさきがけになってほしいのです」と頭を下げると、一転「わかった」と了承したという。

「大和」参謀や、随伴する軽巡洋艦「矢矧《やはぎ》」、駆逐艦の幹部たちからも無謀な作戦に反対意見が続出した。しかし、伊藤長官が「われわれは死に場所を与えられたのだ」と言うと、満座が静まり返った。

三七〇〇名の乗員とともに恨みを飲んで沈んだ巨艦

四月七日朝、「大和」艦隊は鹿児島県薩摩半島南端沖に達した。

午前八時一五分、米索敵機が「大和」艦隊を発見し、午前一〇時、第一次攻撃機約二〇〇機を発進させた。

「大和」が米軍機に捕まったのは午後一二時三〇分過ぎだった。巨大戦艦に雷撃・爆撃機の群れが襲いかかった。

「大和」は回避運動を行ない、約一五〇門の高角砲・機銃で迎え撃った。しかし、米攻撃機はこれをものともせずに爆弾二発、魚雷一本を命中させた。

午後一時三〇分頃、第二波、約一三〇機がやってきた。「大和」は第一波で雷撃された左舷を狙われ、五本の魚雷をぶち込まれた。その後も徹底的な雷撃・爆撃を食らい、午後二時一五分、一〇発目の魚雷が左舷中部に当たった。これが致命傷となった。

燃え上がる「大和」は左舷に傾いて、大爆発を起こした。そして午後二時二三分、その巨体は海に沈んでいった。軽巡「矢矧《やはぎ》」、駆逐艦四隻も沈没し、「大和」乗組員を含め約三七〇〇名が戦死した。

戦艦「大和」 一九四一年（昭和十六）十二月十六日竣工。基準排水量六四、〇〇〇トン、全長・全幅：二六三×三八・九メートル、速力二七ノット。主要兵装四五口径四六センチ主砲九門、一五・五センチ副砲六門、一二・七センチ高角砲二四門、二五ミリ機銃一五〇挺、一三ミリ機銃四挺、水偵七機、射出機二基。

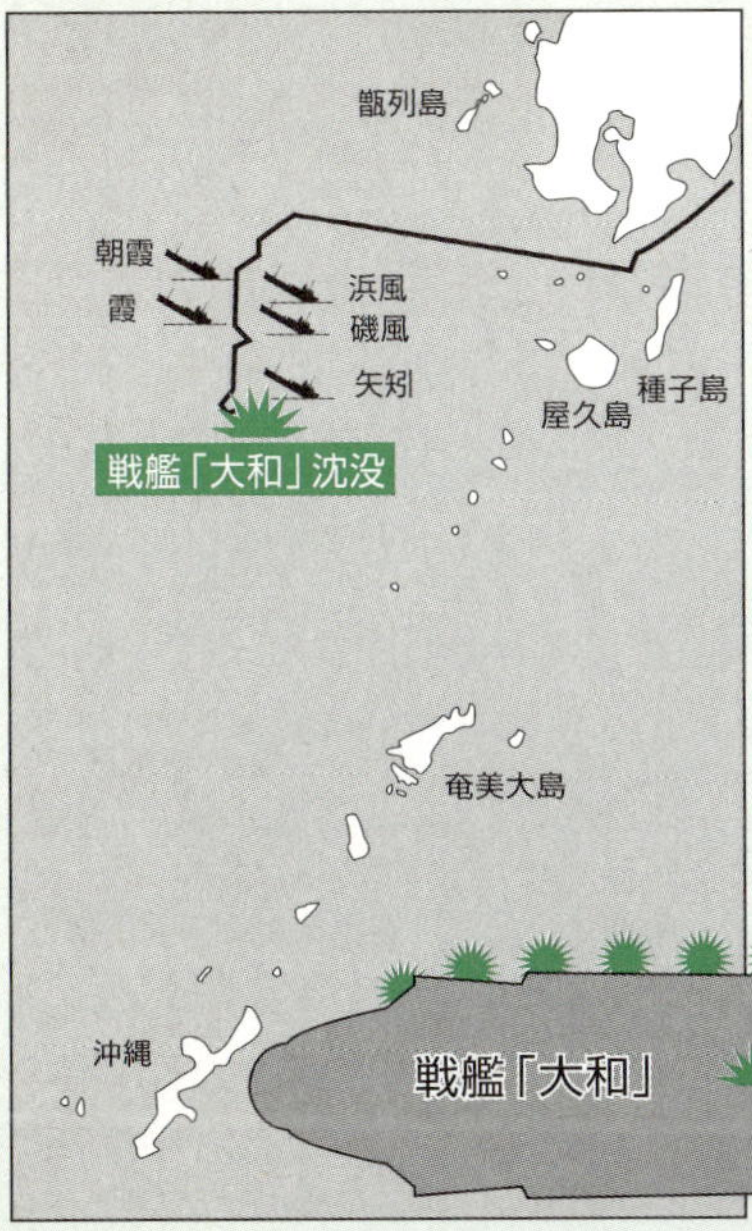

戦艦「大和」には航空魚雷が約200発、大型爆弾約100発、小型爆弾200発が投下された。そのうち魚雷が10発、爆弾5発が命中した。

戦艦「大和」艦長·伊藤整一中将

「大和」出撃を提案した連合艦隊作戦参謀·神重徳大佐

完成直後の公試運転中の戦艦「大和」

米軍機の猛攻を受け、回避運動中の戦艦「大和」。手前は対空射撃をする日本駆逐艦

弾薬庫に誘爆し、大爆発を起こした戦艦「大和」

COLUMN 6

戦争末期、早期講和を密かに推進

井上成美［いのうえ・しげよし］

1889年生まれ。海軍大将、開戦時は第4艦隊司令長官、戦争末期の海軍次官

井上はさまざまな顔をもつ提督だった。

「優れた軍政家としての井上、ずばぬけた教育者としての井上、未来戦を的確に洞察していた戦略家としての井上、第4艦隊司令長官としての井上」を列挙して、さらに「ラディカル・リベラリストとしての井上」を指摘したのは、『海軍と日本』（中公新書）の著書もある池田清・元青山学院大学教授である。池田氏は井上が海軍兵学校長のとき（1942年7月～44年8月）の卒業生だ。

井上が兵学校長をつとめた約２年余のあいだ、戦局は決定的に敗勢となった。井上自身は開戦時第4艦隊司令長官としてポートモレスビー攻略作戦の責任者として、そのとき生起した珊瑚海《さんごかい》海戦（1942年5月7日、8日）を指揮した。ポートモレスビーは現在のパプア・ニューギニアの首都であり、そこに敵前上陸しようとした。

珊瑚海海戦は世界で最初の空母対空母の海戦として有名だが、海戦直後、空母２隻撃沈（実際には１隻）の戦果があがったにもかかわらず、ポートモレスビー攻略の中止を決定した。味方の空母２隻も被害が大きかったからである。

しかしこの中止決定は評判が悪かった。井上は長官を更迭《こうてつ》され、兵学校長となった。以後、東条内閣が倒され、小磯国昭《こいそくにあき》内閣で海軍大臣となった米内光《よないみつ》政《まさ》が海軍次官として引き抜くまでの２年間、兵学校長だった。

兵学校長としての井上は、当時は敵性語学として疎《うと》んじられていた英語教育を強化し、東郷平八郎の大きな画像を取り外させた。日本海海戦の指揮官・東郷元帥《げんすい》はすでに神格化されていたが、人間を神様にしてはいけない、批判できなくなるという理由からである。

海軍次官となった井上は、米内大臣の許しを得て、高木惣吉《そうきち》少将に命じて密かに終戦工作を画策した。海軍省の記者会見でも、もはや和平しかないと断言した（1945年はじめ）。

開戦の11ヵ月前、井上は海軍首脳に示された「第5次軍備補充計画」の時代錯誤的内容に憤慨して、「新軍備計画論」を書き上げ及川古志郎《おいかわこしろう》海軍大臣に提出した。ひと言でいえば、これからの戦争は艦隊決戦は起こらず、航空決戦に終始するだろうこと、日本が恐れるべきは敵潜水艦で列島が封鎖されることなどであった。

井上が海軍次官に就任したときは、まさにそれが現実に実証されつつあった。

井上は、米内が鈴木首相と歩調を合わせるようにゆったりとし、和平を急がないのを見て、「大臣、手ぬるい、手ぬるい」と批判したという。大将昇進を機に次官を辞め、その後は軍政とは関わらなかった。1975年没。

第7章

無条件降伏

一億総玉砕！ 用意された一五〇万の本土決戦部隊

日米双方の作戦立案者が予定した、日本本土攻防戦の米軍上陸地点

アメリカ軍の日本本土攻略は九州のオリンピック作戦から

アメリカの統合参謀本部にある統合戦争計画委員会が、日本本土上陸作戦を検討し始めたのは、サイパン占領直後の一九四四年（昭和十九）七月である。

そして統合参謀本部会議の正式決定を経て、トルーマン大統領が承認したのが翌年六月十八日、ポツダム会談に出発する前日だった。

日本本土攻略は二つの作戦から成っていた。「オリンピック作戦」と名づけた九州南部上陸作戦と、「コロネット作戦」と名づけた関東上陸作戦である。トルーマンが承認したのはこのうちのオリンピック作戦で、攻撃予定日は一九四五年十一月一日とされた。

作戦を担当するのはルソン奪還を担当した第六軍の四個軍団（一三個師団）で、これに第二〇航空軍や太平洋艦隊の主力である第三、第五艦隊が支援にあたる。上陸する兵力は約七六万六〇〇〇名。参加艦船数は三〇〇〇隻を超え、航空機は六〇〇〇機から七〇〇〇機が参加するものと思われた。

まず十一月一日に鹿児島の志布志《しぶし》湾から第一一軍団と第一軍団が上陸し、同時に薩摩半島の吹上《ふきあげ》浜海岸に海兵隊の第五水陸両用軍団が上陸する。そして四日後に第九軍団主力が薩摩半島南端に上陸し、三方から部隊を進めて鹿児島の川内《せんだい》と宮崎の都農《つの》を結ぶ線を確保する。ここに航空と海軍基地を造り、東京に向かうというものだった。

その首都・東京を狙うコロネット作戦は、翌年の三月一日に上陸が予定されていた。場所は千葉県の九十九里《くじゅうくり》浜から第一軍が、相模《さがみ》湾からは第八軍が上陸して東京をめざすことになっていた。

農民も竹槍訓練を受ける

学生も戦場にとられ、少年までも予科練に、少年戦車隊にと故郷を後にし1日入隊して軍事教練を受ける

老幼婦女子も義勇隊員に動員され「鬼畜米英」に竹ヤリで突撃！

日本軍が本土防衛計画を検討し始めたのは一九四四年（昭和十九）の十月頃からだった。そして翌年の四月八日に、本土決戦の基本方針となる「決号作戦準備要綱」をまとめた。「決号」は本土決戦の作戦名である。

当時、内地にあった兵力は留守師団も含めて二二個師団と若干の旅団だけだった。大本営の計画では、本土防衛戦には最低でも五〇個師団は必要と考えていた。

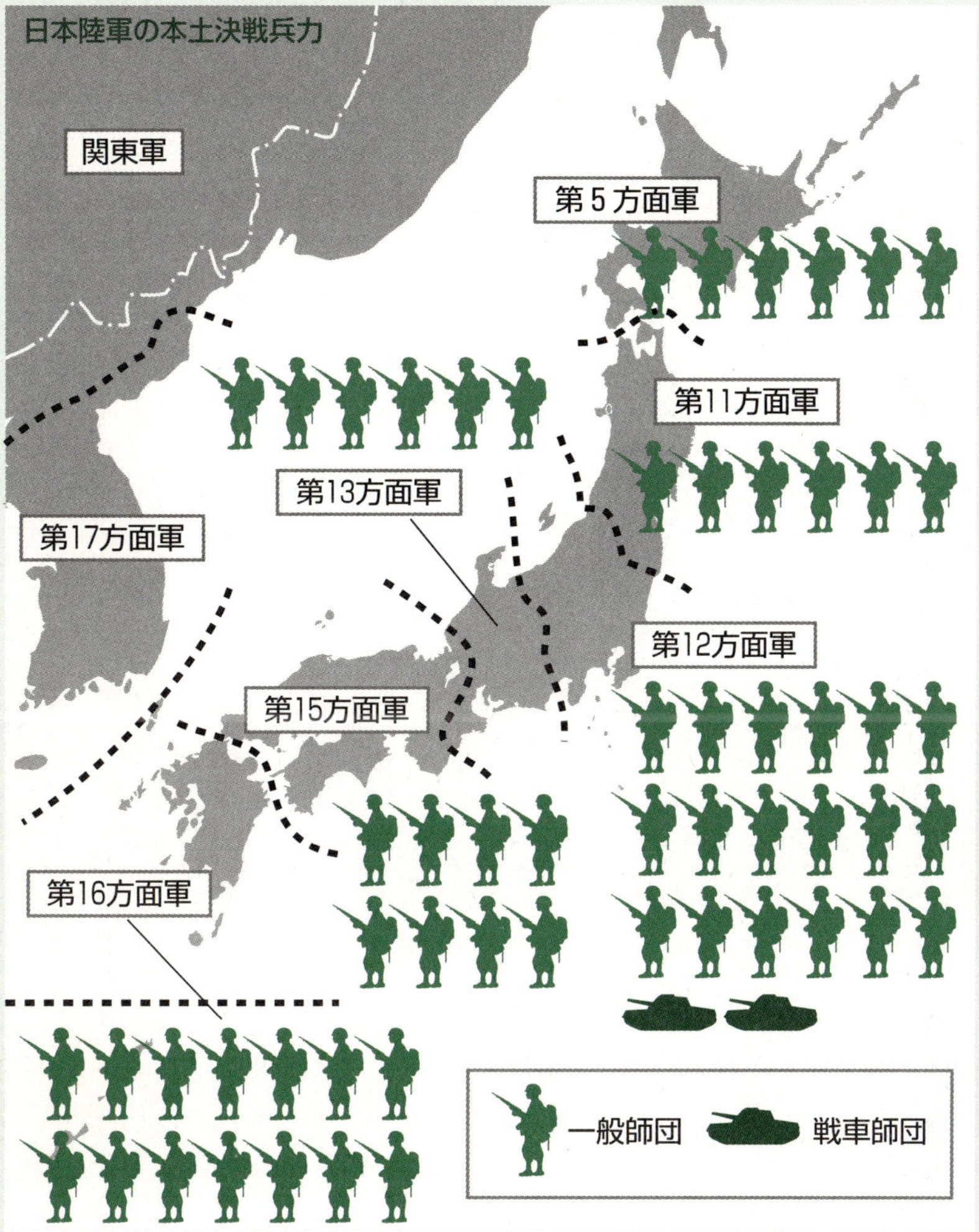

本土決戦に備え、整備を受ける日本軍戦車

本土決戦準備の砲撃練習

そこで開始されたのが文字どおりの根こそぎ動員で、七月までに師団を四四個、旅団を一六個、戦車旅団を六個新設した。朝鮮と満州からも師団を呼び戻し、総兵力二〇〇万、戦闘員一五〇万の本土防衛軍を編成した。

さらに国民義勇隊法をつくり、国民学校初等科修了（現在の小学校六年）以上の男女で、男は六五歳以下、女は四五歳以下の者はすべて地域や職場で編成される義勇隊に入ることとされた。任務は対空や沿岸の監視、物資輸送、食糧増産といった後方要員だったが、敵が上陸してきた場合には、軍隊とともに迎撃戦を展開することになっていた。そのための竹ヤリ訓練も実施していた。

大本営は敵の上陸地点として二方面を予想していた。一つは九州南部で、米軍の上陸予定地点とまったく同じだった。そして関東地方では、太平洋岸の鹿島灘《かしまなだ》と九十九里浜一帯と相模湾で、こちらも米軍の計画とまったく一致していた。

竹ヤリ部隊　本土決戦部隊として新たに編成された連隊のなかには、全隊員に小銃が渡らなかった部隊もある。なかには博物館に飾ってあるような先込め式の古式銃を渡された兵隊もいたという。ましてや義勇隊員に小銃など渡せるはずもなく、武器はもっとも安価な竹ヤリとなった。

竹ヤリは物干し竿ほどの太さの真竹を一間（約一・八メートル）くらいの長さに切り、先の部分を鋭く削り、火にあぶって硬度を強め、重油などを塗って滑りをよくすれば完成である。

大日本婦人会が、各支部で竹ヤリ訓練を始めたのは一九四三年（昭和十八）二月からで、在郷軍人が銃剣術の要領で攻撃法を教えた。

ソ連の仲介を本気で考えていた日本政府

永年の仮想敵・ソ連に軽くいなされた日本政府の終戦工作

樺太・満州の権益譲渡を土産にソ連にすがる連合国との和平

一九四五年（昭和二十）に入り、日本の敗色はますます濃くなった。三月十七日には硫《い》黄島《おうじま》守備隊が激闘一ヵ月、ついに全滅した。四月一日に米軍が上陸した沖縄戦も一ヵ月がすぎ、日本軍守備隊は南部の島尻地区に追いつめられつつあった。日本の政府と軍部が初めて和平＝終戦問題を討議したのは、こうした状況のときだった。

五月十一日から三日間、最高戦争指導会議構成員会議というのが行なわれた。この会議は四月七日に登場した鈴木貫太郎《すずきかんたろう》内閣の〝六巨頭会談〟で、いってみれば国の最高意志決定機関である。

メンバーは鈴木首相、東郷茂徳《とうごうしげのり》外相、米内《よない》光政《みつまさ》海相、阿南惟幾《あなみこれちか》陸相、梅津美治郎《うめづよしじろう》参謀総長、及川古志郎《おいかわこしろう》軍令部総長だった。

ここで決定されたのは、①ソ連の対日参戦を防止する、②ソ連の好意的態度を引き出す、③わが国に有利な戦争終結の仲介を依頼する、という三点だった。

なぜソ連なのか？　そのときはまだ日ソ中立条約が有効だったからというのが理由だったが、明治維新《いしん》以来、日本はつねにソ連を仮想敵国にしてきたし、ソ連が終戦の仲介を引き受ける可能性はきわめて低かった。東郷外相自身も、すでに手遅れで、ソ連は十中八九は引き受けないだろうと思っていた。しかし他に手だてのない日本は、代償＝お土産を用意して交渉を開始することにした。

お土産は、①南樺太《カラフト》の返還、②津軽海峡の開放、③満州北部の鉄道の譲渡、④内モンゴルにおけるソ連の勢力範囲の承認、⑤旅順・大連のソ連による租借《そしゃく》、といったものだった。さらに、場合によっては北千島の譲渡も考えるが、朝鮮は日本に保留し、南満州は中立地帯にすべきであるとした。

むなしく消え去ったソ連仲介の和平工作

ソ連との交渉役は元首相の広田弘毅《ひろたこうき》に委《い》嘱《しょく》された。広田はマリク駐日ソ連大使と接触を始めたが、すでにこのとき、ドイツの崩壊を受けてソ連は対日参戦を決めていたから、マリクはぬらりくらりと逃げを打つだけだった。そしてついには、マリクは病気と称して会おうとしなくなった。

六月に入り、沖縄の日本軍は壊滅し、戦況はますます厳しさを増してきた。ソ連軍の極東増強も伝えられ、さらに「七月中旬にベルリン郊外のポツダムで米英ソ三国巨頭会談が

閣僚名簿奉呈に参内する
鈴木貫太郎

ヤルタ会談（左からチャーチル、ルーズベルト、スターリン）

最高戦争指導会議構成員会議

行なわれる」というニュースも入ってきた。日本の政府首脳はあせった。

七月十日夜、最高戦争指導会議構成員会議が開かれ、ソ連に特使を派遣することが決められた。特使には元首相の近衛文麿《このえふみまろ》が選ばれ、天皇から直接ご下命された。近衛は天皇に、ソ連でスターリン首相に会ったなら、そこでの決定事項は直接陛下宛に電報し、ご裁可を仰いで調印したいと申し出た。そして近衛の手記によれば「特に御嘉納《かのう》を得た」という。

近衛特使のソ連派遣と日ソ会談の要望は、七月十三日の夕方、佐藤尚武駐ソ大使からソ連側に申し入れられた。

しかし翌七月十四日、スターリン首相やモロトフ外相らは十七日からのポツダム会談に出席するためモスクワを発ってしまった。こうして日本の特使派遣は実現せず、はかない夢と消え去ったのである。

ソ連の対日参戦　ソ連の対日参戦の最終的な取り決めは、一九四五年（昭和二十）二月十一日に調印されたルーズベルト、チャーチル、スターリンによるヤルタ協定で決定された。ソ連は次の条件が認められれば、ドイツ降伏二〜三ヵ月以内に参戦することを約束した。

①外モンゴルの現状維持

②日露戦争によってロシアが失った領土・権益の回復

A南樺太のソ連への返還

B大連におけるソ連の優先権擁護と旅順の租借

C東支鉄道、満鉄の中ソ共同経営とソ連の優先的利益の保護

③千島列島のソ連への譲渡

米英は日本固有の領土である千島までソ連に分割すると約束したのである。

米英ソ三国首脳の対日戦争終結会談

軍部の強硬意見に押され、鈴木首相が発した不用意発言の罪

日本に無条件降伏を迫る「ポツダム宣言」発せられる

ベルリン郊外のポツダムで行なわれた米英ソ三国首脳による会談は、一九四五年（昭和二十）七月十七日にシチリエンホーフ宮殿で第一回会談が開かれた。

このポツダムにおける対日軍事戦略会議は、米英の軍事専門家委員会で討議された。ソ連は日本に対してはまだ中立の立場にあったし、参戦もしていなかったからである。

そしてトルーマン米大統領とチャーチル英首相が承認を与えた軍事委員会の対日最終戦略は、封鎖と空襲で海軍力と空軍力を破壊したうえで日本本土に上陸し、要衝《ようしょう》を占領する。作戦はアメリカ統合参謀長会議が掌握し、ソ連の参戦とイギリス空軍の参加を得て、一九四六年十一月十五日までに日本の組織的抵抗を終わらせる、というものであった。

次は日本に降伏を要求する最後通告文の作成である。トルーマンはその案文を用意してきていた。この七月二日にスチムソン陸軍長官が提出した対日通告案を、トルーマンとバーンズ国務長官が修正したものである。

1945年7月17日、ポツダム会談が開始され、7月26日にポツダム宣言が発せられた

ソ連の対日参戦と日本の領土割譲などを決めたヤルタ会談、左からチャーチル英首相、ルーズベルト米大統領、スターリンソ連首相

トルーマンの対日通告案はチャーチルが多少の修正をし、蔣介石《しょうかいせき》、スターリンの承認を得て七月二十六日に公表された。いわゆる日本に無条件降伏を迫る「ポツダム宣言」（米英華三国宣言）である。

宣言文には原爆の存在を示唆する文言も含まれていた。日本では七月二十七日の朝六時、海外放送受信局がサンフランシスコ放送を傍受して宣言の内容をとらえた。

原爆投下とソ連参戦を招いた鈴木首相の「黙殺」発言

外務省の首脳を中心に「ポツダム宣言」の内容が検討された。その結果、宣言のいう「無条件降伏」は言葉のアヤで、講和となれば必ず一種の交渉を要するのだから、軍隊の戦闘で使われる無条件降伏という言葉にとらわれる必要はない。日本としてはこの際黙っているのが賢明で、国内の新聞にはコメントなしで、ニュースの一つとして発表しようということになった。

宣言の要旨は七月二十八日の各紙に掲載された。ところがこの日、宮中で開かれた情報

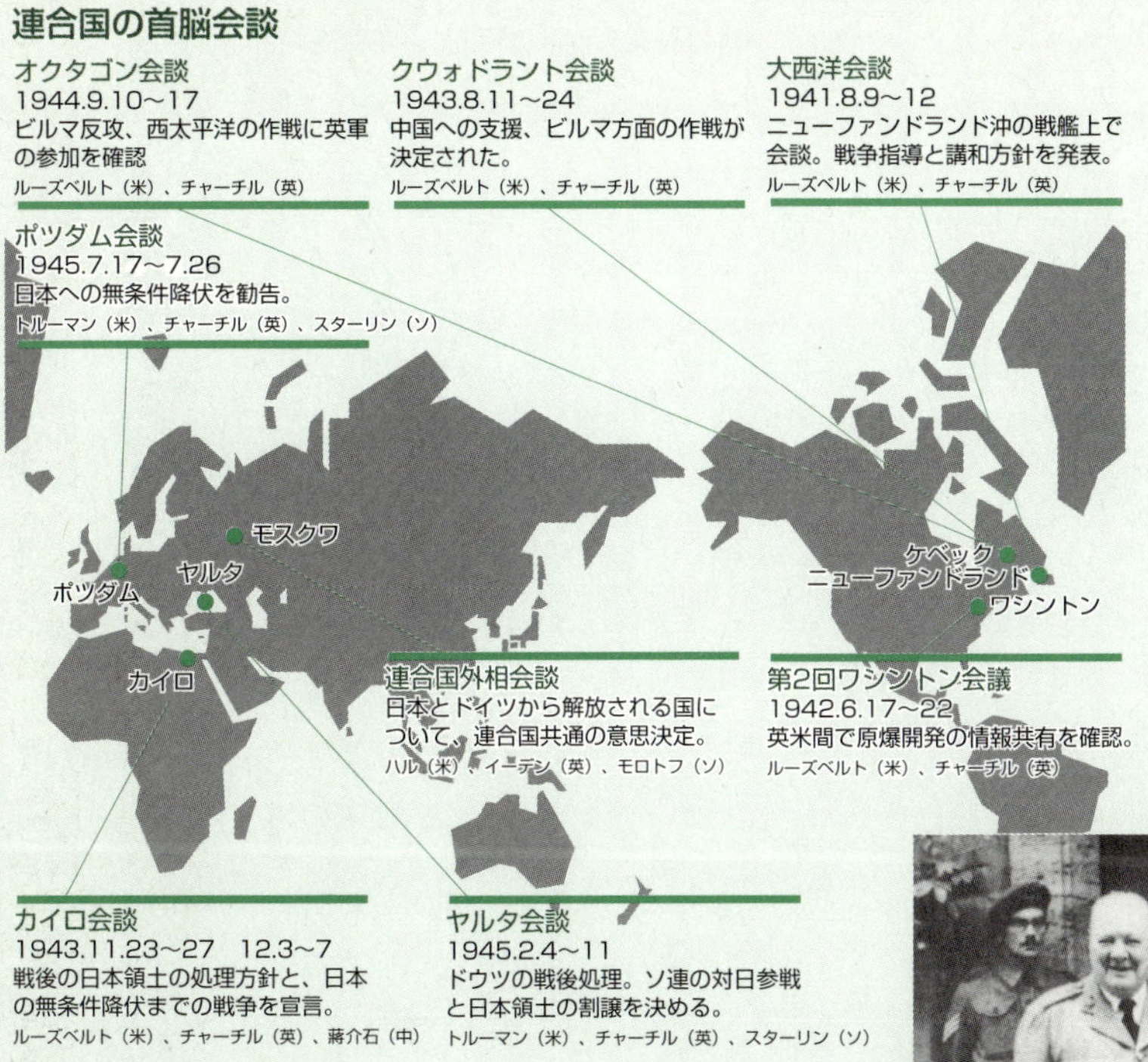

ポツダム会談を終え、談笑する米英ソの3三国首脳

交換会議の席上、軍の統帥部《とうすい》から「この宣言をそのままにしておくことは、軍の士気に大きな影響を与える。したがって政府はこれを無視する旨を正式に発表してもらいたい」と、鈴木貫太郎《かんたろう》首相に強硬な申し入れをした。

軍部の申し入れに、東郷茂徳《とうごうしげのり》外相は「そのような意思表示をすることは、終戦に関して重大な禍根《かこん》を残す」と絶対反対の姿勢を見せた。しかし鈴木首相は、この日の記者会見で、「この宣言はカイロ宣言の焼き直しで、政府としては重大視していない。ただ黙殺するのみである。われわれは戦争完遂《かんすい》に邁進《まいしん》する」とコメントした。

首相声明は七月三十日の新聞で報じられ、記事は「日本首相、ポツダム宣言を黙殺（サイレント・キルド）」と海外にも流された。この鈴木首相の「黙殺」発言がアメリカの原爆投下を招き、ソ連の対日参戦の口実とされた。

それを知った東郷外相は「だからいわぬことではない」と口惜しがり、鈴木はのちに、「この一言は後々に至る迄《まで》、余の誠に遺憾《いかん》と思う点であり…」と後悔しきりだった。

七月三十日付新聞記事

問　二十七日の三国共同宣言に対する首相の所信如何《いかん》

答　私はあの共同声明はカイロ会談の焼直しであると考えている。政府としては何ら重大な価値あるとは考えていない、ただ黙殺するだけである、我々は戦争完遂に飽く迄も邁進するのみである。

一瞬に消えたヒロシマとナガサキ

なんのためらいもなく原爆投下命令に署名したトルーマン大統領

ポツダムから下された日本への原爆投下命令

アメリカのトルーマン大統領が、日本本土上陸作戦のうちオリンピック作戦だけを承認し、コロネット作戦は留保したままポツダム会談に出発したのは、原子爆弾の開発状況をにらんでいたからだといわれる。

その待望の原爆実験が、ニューメキシコ州アラモゴードの砂漠で成功したのは一九四五年（昭和二十）七月十六日だった。朗報はただちにポツダムにいるトルーマンに伝えられた。大統領は大変なご機嫌だった。

七月二十三日、原爆開発計画（暗号名「マンハッタン計画」）の責任者グローブス少将は、ポツダムの大統領に原爆投下作戦命令の原案を送った。二日後の七月二十五日（七月二十四日付）、原案どおりの原爆投下命令が、トルーマンから米戦略空軍司令官スパーツ大将に下された。

「第二〇航空軍第五〇九混成部隊は、一九四五年八月三日以降、天候が目視爆撃を許すかぎり、すみやかに最初の特殊爆弾を次の目標の一つに投下せよ。目標・広島、小倉、新潟および長崎」

のちにトルーマンは回顧録に「私はこの爆弾を軍事兵器と見なし、それを使うことに疑念をもたなかった」と書いている。

広島と長崎を襲った「チビ公」と「ふとっちょ」

原爆をどこに落とすかは、マンハッタン計画の目標選定委員会が検討を重ね、一九四五年五月二十八日に次の四都市に絞った。①小倉、②広島、③新潟、④京都である。いずれも日本の軍需産業を支える工業都市である。ところが、京都に対してはスチムソン陸軍長官が強固に反対したため、代わりに長崎が選ばれた。

一九四五年八月六日午前一時三七分、マリアナ諸島テニアン島の飛行場から三機の超重爆撃機B29が離陸した。いずれも気象偵察用で、それぞれ広島、小倉、長崎に向かった。そして一時間後の午前二時四五分、さらに三機のB29が離陸した。

第五〇九混成部隊指揮官ポール・ティベッツ大佐の乗る一番機エノラ・ゲイ号には、チビ公（「リトルボーイ」）と呼ばれたウラニウム爆弾が積まれていた。

午前七時二五分、広島上空に向かった先発の気象偵察機から、「広島の上空はほぼ快晴」という通信が入った。広島の運命はこの瞬間に決まった。

午前八時一五分一七秒、市の中心地を流れる元安川と本川の分岐点に架かる相生橋《あいおい》の上

長崎に投下された原爆によるキノコ雲

原子爆弾の構造

広島型原子爆弾（リトルボーイ）

2箇所に配置されたウラン235を火薬で衝突させ、核分裂を起こす。

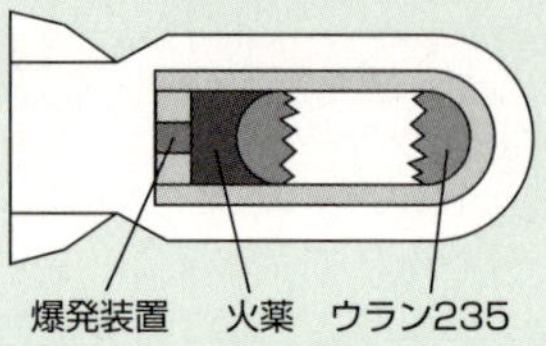

長崎型原子爆弾（ファットマン）

プルトニウム239をケースに入れ、周囲の火薬の爆発力で核分裂を起こす。

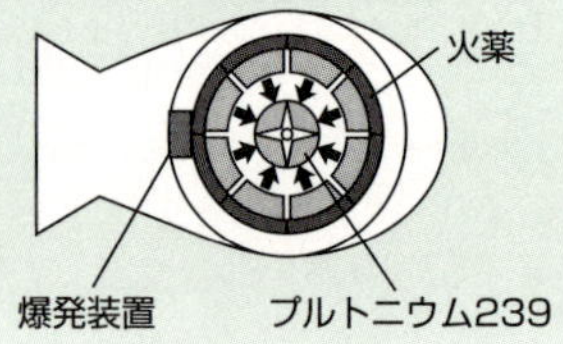

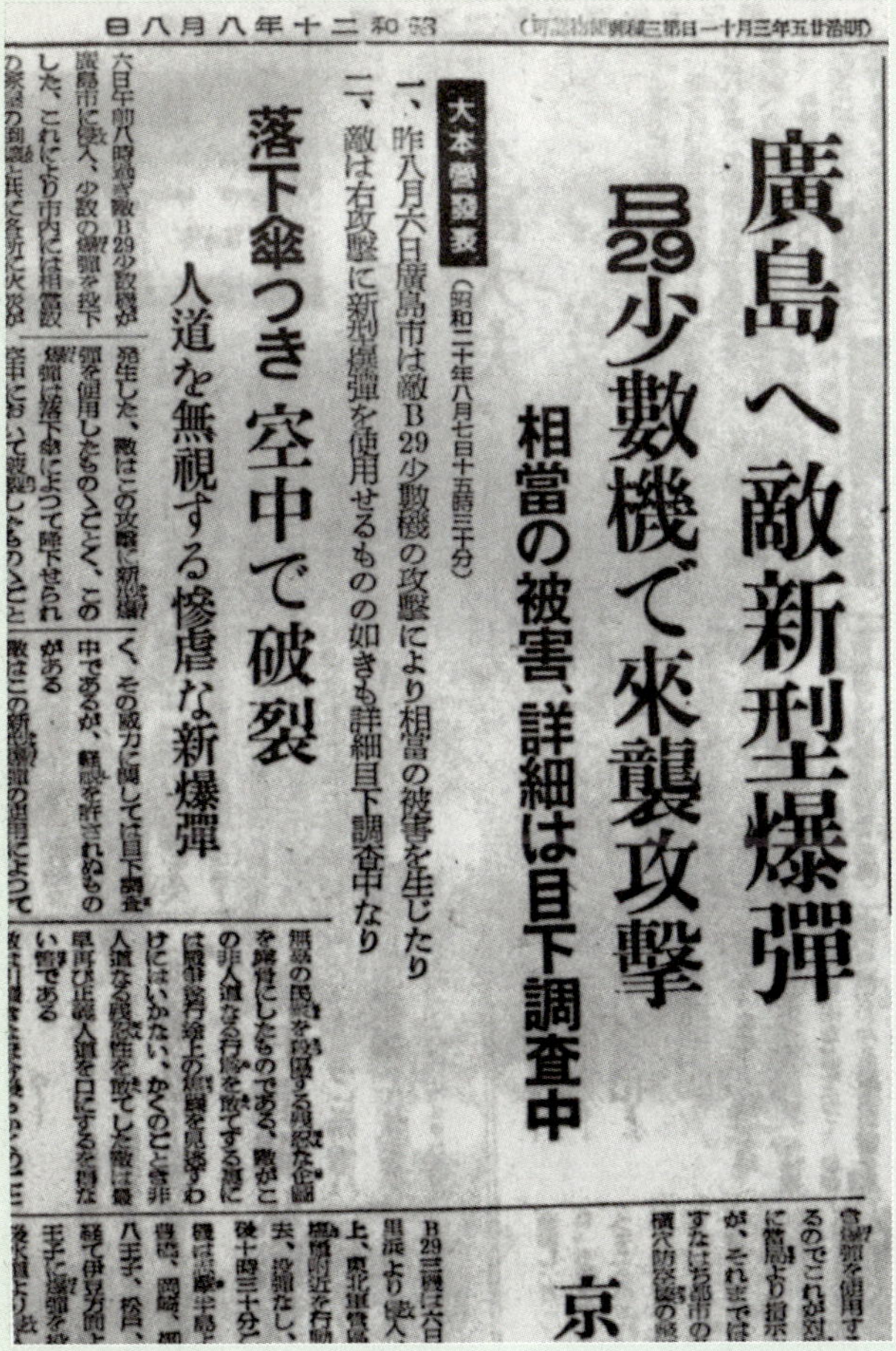

(明治廿五年三月十一日第三種郵便物認可)　昭和二十年八月八日

廣島へ敵新型爆彈
B29少數機で來襲攻撃
相當の被害、詳細は目下調査中

大本營發表（昭和二十年八月七日十五時三十分）

一、昨八月六日廣島市は敵B29少數機の攻撃により相當の被害を生じたり
二、敵は右攻撃に新型爆彈を使用せるものの如きも詳細目下調査中なり

落下傘つき空中で破裂
人道を無視する慘虐な新爆彈

京

広島の被害地域

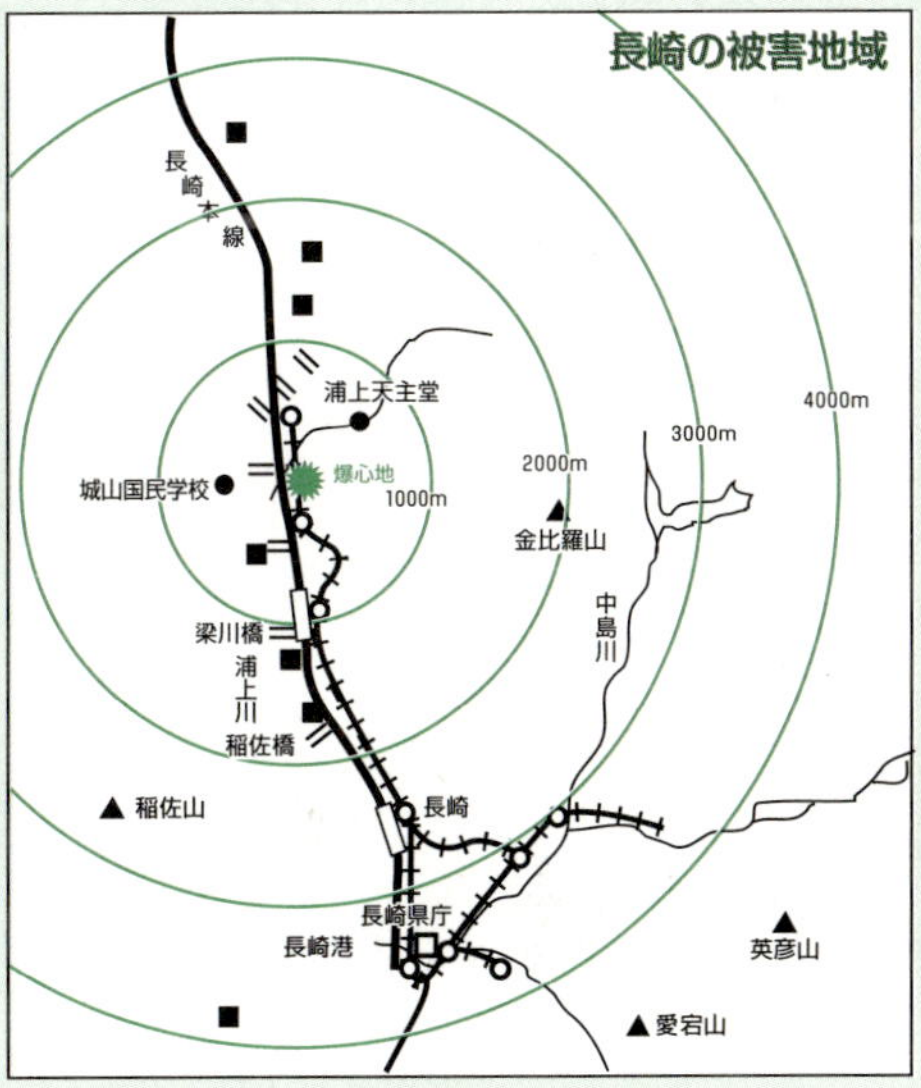

長崎の被害地域

空一万一〇〇〇メートルで、エノラ・ゲイは爆弾投下のスイッチを入れた。そして四三秒後の午前八時一六分ちょうどに、チビ公は激しい閃光《せんこう》を放って爆発した。そして街も人も、一瞬にして消えていた。

三日後の八月九日午前一一時二分、今度は「ボックス・カー」と愛称されるチャールズ・スウィニー少佐操縦のB29が、長崎市松山町の上空からプルトニウム爆弾「ファットマン」（ふとっちょ）を投下した。

地上からおよそ五〇〇メートルの上空で爆発、激しい閃光が走り、強烈な爆風と熱が街を襲った。そして広島と同じく、街も人も一瞬のうちに焼き尽くされていた。

原爆の犠牲者数　原爆による広島と長崎の正確な死傷者数は現在もわかっていない。

広島の場合、死者は二〇万名前後とみられている。このなかには二万名前後の日本兵、強制連行されてきた朝鮮人、米軍捕虜、東南アジアからの留学生も含まれている。

長崎の死傷者数は、現在判明しているだけでも一二万二〇〇〇名を超えている。

原爆に狙われた京都　マンハッタン計画の責任者グローブス少将は、「京都は原爆から生ずる損害が街全体にいきわたる程度の手頃な大きさを持っており、これによってわれわれは原爆の破壊威力のあますところのない実証を得る確信がある」（回顧録）と、原爆投下目標に推していた。

しかしスチムソン陸軍長官の強力な反対で長崎に変えられた。彼はフィリピン総督時代に京都を訪れたことがあり、その歴史的価値を知っていたのだ。また「日本人にとっては宗教的な重要性を持った心の故郷である」というのが反対の理由だったという。

「聖断」で決まったポツダム宣言受諾

青天の霹靂、ソ連の対日参戦で大揺れの日本中枢

ポツダム宣言受諾か否か 対立する終戦派と抗戦派

広島に続いて長崎にも原子爆弾が投下された一九四五年（昭和二十）八月九日、日本は早朝からもう一つの激震に襲われていた。

終戦の仲介を頼もうとしていたソ連から、なんと宣戦を布告されたのである。そして一三〇万のソ連軍が、満州と朝鮮の国境を突破してなだれ込んできたのだ。

ソ連参戦を知った鈴木首相や東郷《とうごう》外相ら政府首脳は、ポツダム宣言をそのまま受諾する腹を固めた。私邸に駆けつけた迫水久常《さこみずひさつね》書記官長に、鈴木首相は落ち着いて言った。

「来るものが来ましたね」

宮中でも木戸幸一《きどこういち》内大臣からソ連参戦を伝えられた昭和天皇が、戦局収拾について鈴木首相と話し合うよう意志を伝えていた。

午前一一時少し前から最高戦争指導会議構成員会議が開かれた。長崎市上空で二発目の原爆が炸裂したのは、この直後だった。

構成員会議は紛糾《ふんきゅう》した。ポツダム宣言をそのまま受け入れるべきだという鈴木首相、東郷外相、米内光政《よないみつまさ》海相に対し、阿南惟幾《あなみこれちか》陸相、梅津美治郎《うめづよしじろう》参謀総長、豊田副武《とよだそえむ》軍令部総長の三人は、受諾について四つの条件を出してきた。

①国体の護持、②保障占領（日本本土は占領しないこと。もし本土占領が行なわれるとしても、その地域はできるだけ少なくすること）、③武装解除は日本の手で行なうこと、④戦争犯罪は日本側で処分すること、の四つだった。

会議は途中で中断したり休憩したりして、夜に入っていった。

深夜の御前会議で 終戦への「聖断」下る

ソ連参戦に続く長崎への原爆投下と、激しく動く戦局に、皇族の高松宮や近衛文麿《このえふみまろ》、重光葵《しげみつまもる》元外相といった人たちも終戦工作に動きだした。彼らは、天皇の「聖断」によって一挙に終戦に持ち込もうと、木戸内大臣に働きかけを強めた。

この夜（八月九日）の午後一一時五〇分、最高戦争指導会議構成員による御前会議が開かれた。この会議には六名のメンバーの他に平沼騏一郎《ひらぬまきいちろう》枢密院《すうみついん》議長が密かに呼ばれていた。ポツダム宣言の受諾は条約行為のため、枢密院の承認が必要になるからである。

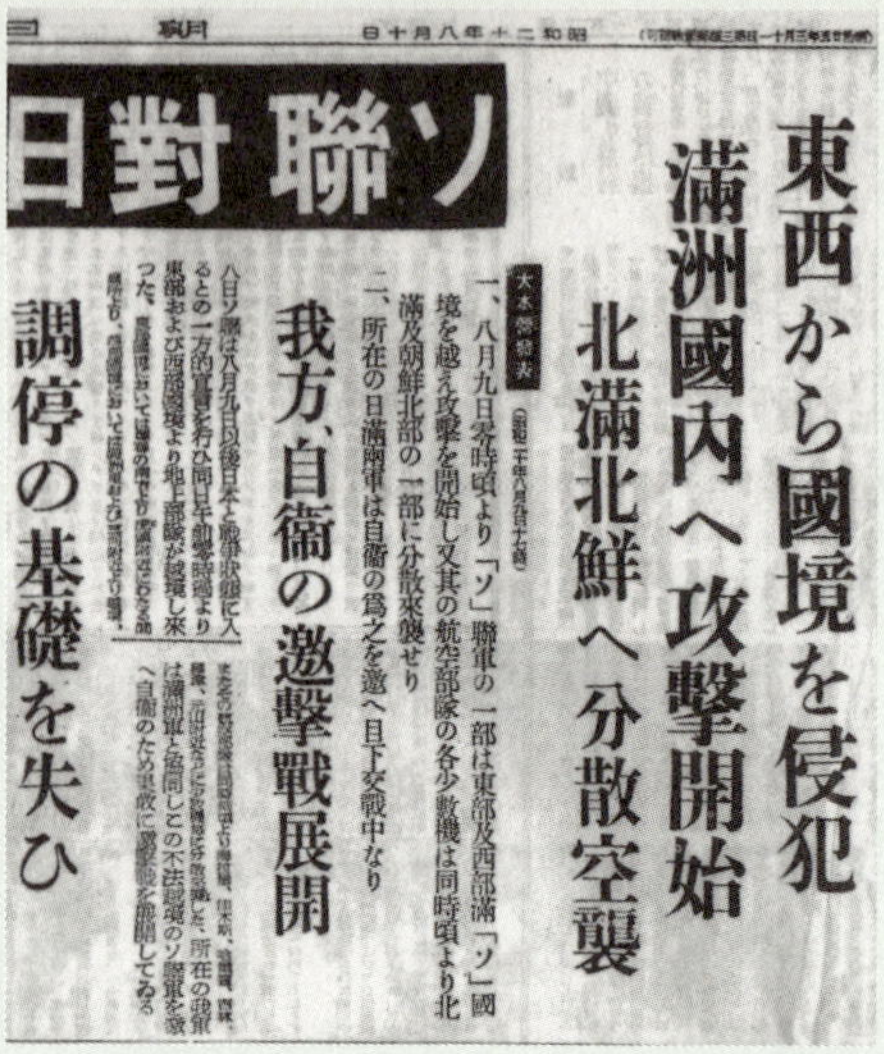
ソ聯對日

東西から國境を侵犯

滿洲國内へ攻撃開始

北滿北鮮へ分散空襲

大本營發表

一、八月九日零時頃より「ソ」聯軍の一部は東部及西部滿「ソ」國境を越え攻撃を開始し又其の航空部隊の各少數機は同時頃より北滿及朝鮮北部の一部に分散來襲せり

二、所在の日滿兩軍は自衛の爲之を邀へ目下交戰中なり

我方、自衛の邀撃戰展開

調停の基礎を失ひ

鈴木貫太郎首相

東郷茂徳外相

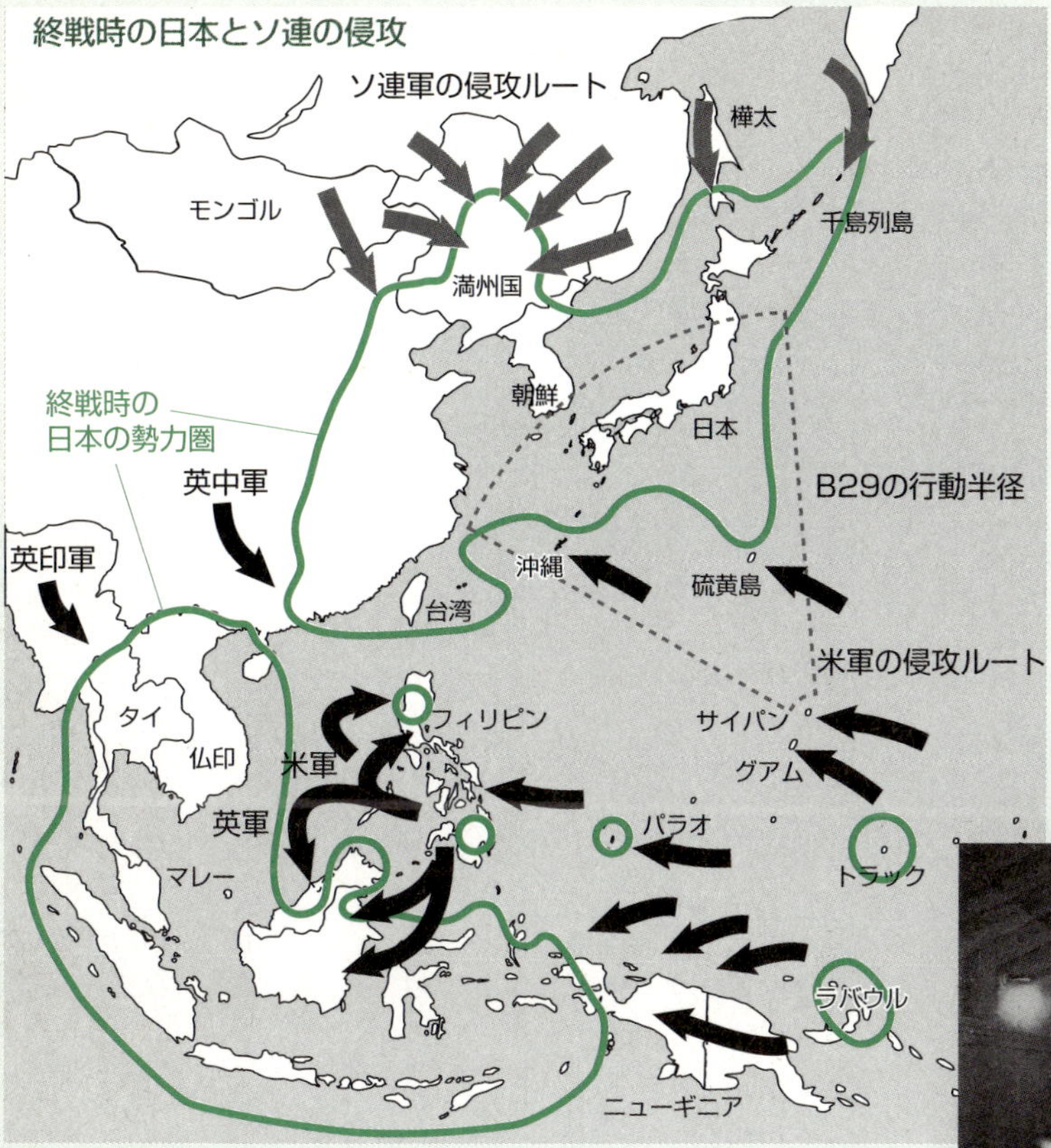

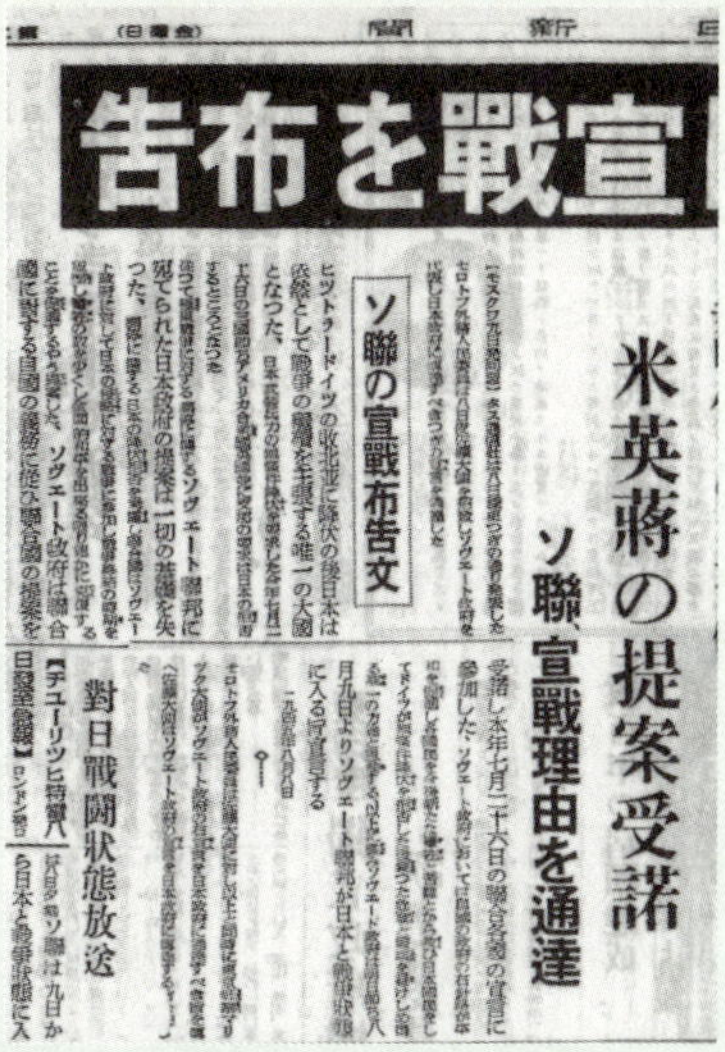
宣戰を布告
米英蔣の提案受諾
ソ聯、宣戰理由を通達
ソ聯の宣戰布告文
ヒツトラードイツの敗北並に降伏の後日本は依然として戰爭の繼續を主張する唯一の大國となつた

昭和20年8月9日、ポツダム宣言受諾の御前会議（絵）

会議は昼間と同じく東郷、米内、それに平沼の「終戦やむなし」派と、阿南、梅津、豊田の「本土決戦」派が対立したままだった。

日付が変わった午前二時、鈴木首相は天皇の前に進み出て判断を仰いだ。

「それならば、私が意見を言おう」

と身を乗り出し、まず東郷外相の意見を指示する旨を述べ、こう言った。

「この際、忍びがたいことも忍ばねばならぬ。私は三国干渉のときの明治天皇をしのぶ。私はそれを思って戦争を終結することを決心したのである」

聖断は下された。八月十日午前二時三〇分だった。ポツダム宣言受諾の電報は、ただちにスイスとスウェーデンの日本公使館を通じて連合国側に伝えられた。

そして八月十二日午前三時、アメリカのバーンズ国務長官起草の連合国側の対日回答案を同盟通信社が受信した。日本の回答を認めるというものである。

三国干渉　日本と清国が戦った日清戦争に勝った日本は、一八九五年（明治二十八）四月十七日、日清講和条約を結び、清国から遼東《りょうとう》半島、台湾などの割譲と賠償金二億両《テール》の支払いを受けることになった。

ところが四月二十三日、ロシア、ドイツ、フランスの三国は、遼東半島の清国への返還を勧告してきた。これが俗にいう「三国干渉」である。ロシアは、もし日本が勧告に従わなければ、武力行使も辞さないと脅してきた。ロシアに武力で対抗し得ない日本は、五月四日、遼東半島の清国への全面返還を決め、翌五日、各国公使に通達した。

最後の「聖断」とマッカーサーの厚木到着

軍部の戦争継続要求を遮った昭和天皇の終戦決断

最後の「聖断」に御前会議は号泣につつまれる

一九四五年（昭和二十）八月十四日の午前一一時から、連合国からの回答を受諾するか、それとも拒否するかの御前会議が開かれた。

鈴木首相はこれまでの経過を説明し、改めて反対のある者から意見を述べて、その上でご聖断を仰ぎたい旨を言上した。その反対の者、阿南《あなみ》陸相、梅津《うめづ》参謀総長、豊田軍令部総長の三人は戦争の継続を主張した。

昭和天皇はうなずいて聴いたのち、「ほかに意見がなければ、私の意見を述べる」と言い、話し始めた。

「私は世界の現状と国内の事情とを充分検討した結果、これ以上戦争を継続することは無理だと考える……。このうえ戦争を続けては、結局わが国がまったく焦土となり、万民にこれ以上の苦悩をなめさせることは、私としては実に忍びがたい……。

私は、明治大帝が涙をのんで思い切られたる三国干渉当時の御苦衷《くちゅう》をしのび、この際、耐えがたきを耐え、忍びがたきを忍び、一致協力、将来の回復に立ち直りたいと思う……。

この際、私としてなすべきことがあれば何でもいとわない。国民に呼びかけることが良ければ、私はいつでもマイクの前にも立つ」（下村海南著『終戦記』より）

最後の聖断が下った。出席者一同が号泣するなか、御前会議は正午に終わった。ただちに終戦の詔勅《しょうちょく》が議論され、午後八時三〇分、鈴木首相は詔書《しょうしょ》を奉呈《ほうてい》した。そして午後一一時には公布の手続きが終わり、天皇は一一時二〇分、執務室に立てられたマイクの前に立たれ、「終戦の詔勅」を二回朗読してレコードへの吹き込みを終えられた。翌八月十五日正午に、NHKから放送された「玉音《ぎょくおん》放送」は、このレコードがかけられたのである。

厚木飛行場に降り立ったマッカーサー元帥

終戦を伝える8月15日の朝日新聞

ダグラス・マッカーサー司令官パイプをくわえて厚木に降り立つ

三年八ヵ月におよんだ戦争は終わった。河《かわ》辺《べ》虎《とら》四郎《しろう》中将を団長とする日本軍の降伏軍使が、フィリピンのマニラに飛んだ。連合国最高司令官ダグラス・マッカーサー元帥《げんすい》の司令部と日本軍の降伏の手順を取り決めるためである。会議は二日間にわたって行なわれ、外

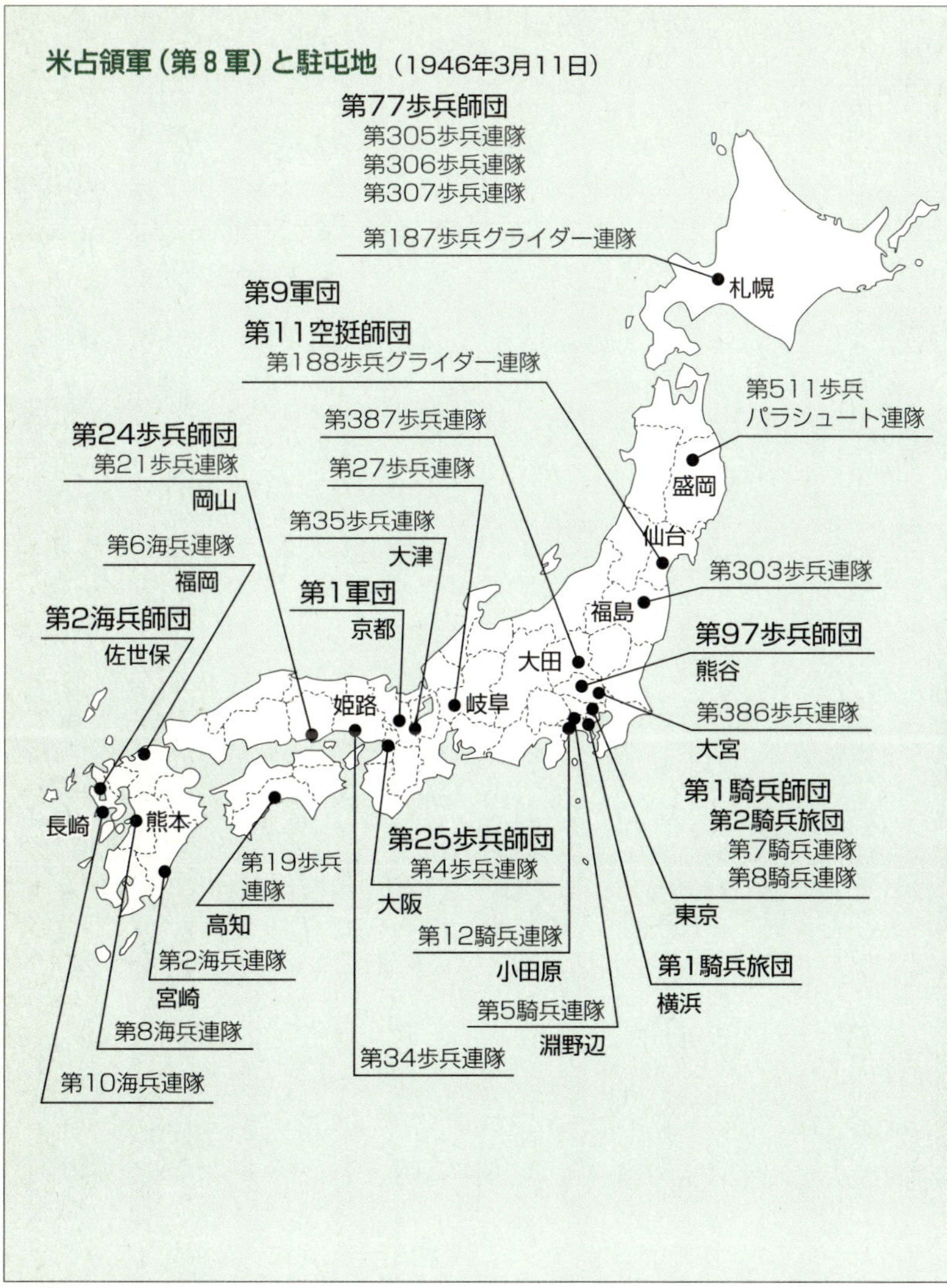

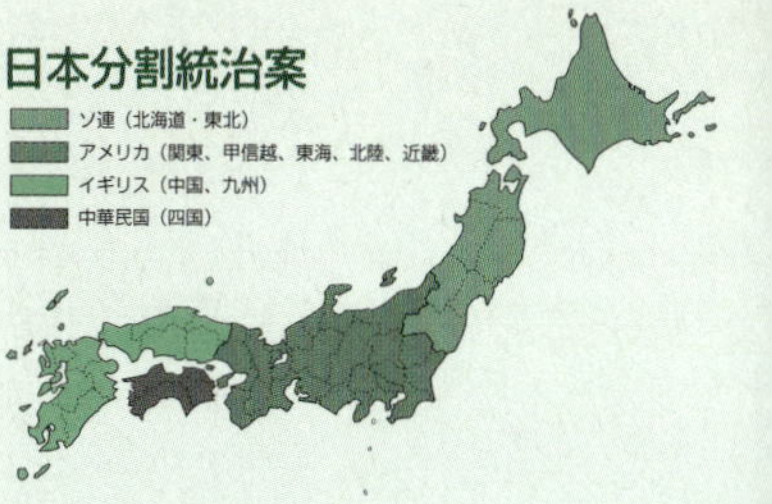

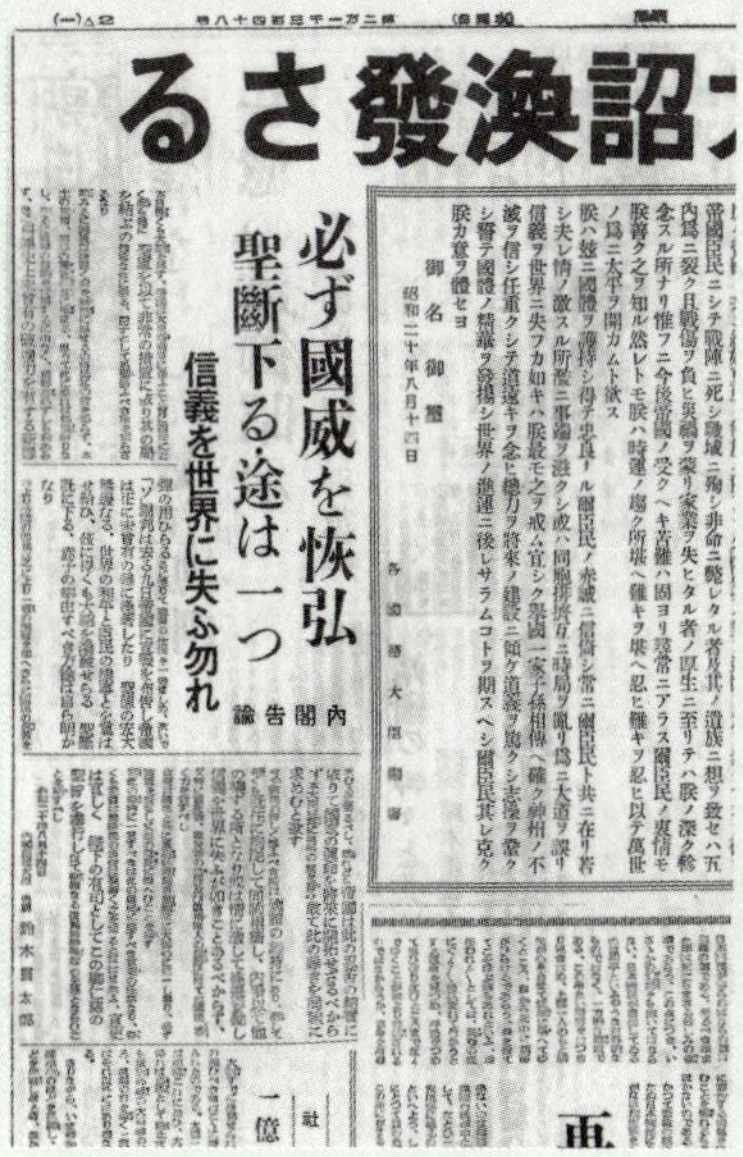
詔渙發さる
必ず國威を恢弘
聖斷下る途は一つ
信義を世界に失ふ勿れ
內閣告諭

マッカーサーの来日第一声　マッカーサー元帥がゆっくりと厚木飛行場に降り立つと、最先任者のアイケルバーガー中将（第八軍司令官）が進み出て、マッカーサーを出迎えた。二人は握手を交わし、マッカーサーは言った。
「ボブ、メルボルンから東京までは長い道だったが、どうやらこれで行きついたようだね。これが映画でいう〝結末〟だよ」
これが、日本の土を踏んだマッカーサーの第一声だった。

地にいる日本軍の降伏相手が指定され、米軍の第一陣が八月二十八日に海軍の厚木飛行場に着陸することなどが決められた。

米軍の第一陣は予定どおり八月二十八日に厚木に着き、総司令官のマッカーサー元帥と幕僚は、二十九日にマニラから愛機バターン号（C54輸送機）で沖縄の読谷《よみたん》飛行場に着き、翌三十日、アイケルバーガー中将の米第八軍に続いて厚木飛行場に向かって飛び立った。

この日は快晴で、空は澄みきっていた。午後二時五分、最初の輸送機が将兵を満載して着陸し、そしてバターン号が舞い降りてきた。タラップが降ろされ、マッカーサー元帥が姿を見せた。視線を遠くに送り、口にはコーンパイプをくわえていた。

その態度は、新たな日本の主役にふさわしく、自信に満ちあふれていた。

イギリスの首相だったウィンストン・チャーチルは、のちに「戦争中のあらゆる司令官がやったことのなかで、一番傑出したふるまい」だったと、感想を述べている。

敗戦を象徴した占領軍の戦犯逮捕

マッカーサー司令官の布告で行なわれた「勝者が敗者を裁く」世紀の裁判

来日初日に戦犯逮捕を命じたマッカーサーのねらいは?

一九四五年（昭和二十）八月三十日、神奈川県厚木の海軍飛行場に降り立った連合国最高司令官ダグラス・マッカーサー元帥《げんすい》と幕僚は、宿舎にする横浜港前のホテル・ニューグランドに直行した。その晩、マッカーサーは来日最初の命令をCIC（対敵諜報部）部長のエリオット・ソープ准将《じゅんしょう》に出した。それは東条英機《とうじょうひでき》陸軍大将の逮捕と、戦争犯罪人（戦犯）容疑者のリスト作成だった。

ポツダム宣言にも「我らの俘虜《ふりょ》を虐待した者を含む一切の戦争犯罪人に対しては、厳重な処罰が加えられるであろう」と記されており、またドイツの戦犯を裁いたニュルンベルク法廷が連合国の管轄下にあったのとは違って、やがて行なわれる極東国際軍事裁判（東京裁判）は、マッカーサー司令官が布告する「極東国際軍事裁判所条例」に基づいて行なわれるのだから、来日初日に裁判の準備に入ってもおかしくはない。

しかし、マッカーサーが日本統治の第一歩に東条逮捕を命じた真意は、必ずしもポツダム宣言を履行するためだけではあるまい。東条は戦犯の筆頭者であると同時に、日本軍国主義の象徴でもある。

マッカーサーが狙ったのは、その軍国主義の象徴を日本国民の目の前でいの一番に打ち砕き、新しい権力者が誰であるかを日本人に知らしめることだったのではないか。

その戦犯逮捕第一号に指定された東条は、九月十一日に東京・世田谷の私邸で逮捕された。東条は逮捕直前にピストル自殺を図ったが、一命をとりとめた。東条の自殺未遂はただちに報道され、まさにマッカーサーの狙った「日本軍国主義の象徴」はもろくも砕け散ったのである。

法廷の東条英機元首相

判決言い渡しの法廷で、傍聴席の家族を見上げ、最後の別れを惜しむ被告たち

アメリカの意向で除外された昭和天皇の「戦争責任」

東京裁判は一九四六年（昭和二十一）五月三日、東京・市ヶ谷の旧陸軍士官学校大講堂を法廷にして始められた。裁判は東条元首相をはじめとする日本の戦時指導者二八名を、「文明」の名によって世界侵略の責任を裁くというものだった。二八名は「A級戦犯」と称され、通常の戦争犯罪に加えて「平和に対する罪」「人道に対する罪」でも起訴されたが、裁く側はすべて戦勝国だったから、〝勝者の裁き〟になったことは否めない。

裁判の焦点は、昭和天皇の戦争責任問題だった。しかしアメリカ政府とマッカーサーは、

A級戦犯被告の判決一覧

被告名	判決	主な階級・職歴	訴因
東条英機	絞首刑	陸軍大将。陸相、首相、参謀総長、軍需相	①②④
木村兵太郎	絞首刑	陸軍大将。陸軍次官	①②④
板垣征四郎	絞首刑	陸軍大将。関東軍高級参謀、陸相	①②③④
土肥原賢二	絞首刑	陸軍大将。奉天特務機関長	①②③④
松井石根	絞首刑	陸軍大将。上海派遣軍・中支那方面軍司令官	④
武藤　章	絞首刑	陸軍中将。陸軍省軍務局長	①②④
広田弘毅	絞首刑	外相、首相	①②④
畑　俊六	終身禁錮刑	陸軍元帥。陸相	①②④
荒木貞夫	終身禁錮刑	陸軍大将。陸相、文相	①②
梅津美治郎	終身禁錮刑	陸軍大将。関東軍司令官、参謀総長	①②
小磯国昭	終身禁錮刑	陸軍大将。関東軍参謀長、首相	①②④
南　次郎	終身禁錮刑	陸軍大将。陸相	①②
大島　浩	終身禁錮刑	陸軍中将。駐独大使	①
鈴木貞一	終身禁錮刑	陸軍中将。企画院総裁	①②
佐藤賢了	終身禁錮刑	陸軍中将。陸軍省軍務局軍務課長	①②
橋本欣五郎	終身禁錮刑	陸軍大佐。日本青年党統領	①②
嶋田繁太郎	終身禁錮刑	海軍大将。海相、軍令部総長	①②
岡　敬純	終身禁錮刑	海軍中将。海軍省軍務局長	①②
白鳥敏夫	終身禁錮刑	駐伊大使	①
賀屋興宣	終身禁錮刑	蔵相	①②
木戸幸一	終身禁錮刑	内大臣	①②
平沼騏一郎	終身禁錮刑	首相、国本社創設者	①②③
星野直樹	終身禁錮刑	満州国総務長官、内閣秘書官長	①②
東郷茂徳	禁固20年	外相	①②
重光　葵	禁固7年	外相	②④
永野修身	公訴棄却	海軍元帥。軍令部総長	
松岡洋右	公訴棄却	満鉄総裁、外相	
大川周明	公訴棄却	右翼理論家	

訴因：①共同謀議　②侵略戦争の遂行
③対ソ謀略　④戦争犯罪

極東国際軍事裁判の法廷風景。東条を含め28人の大物が、戦犯として起訴された

すでに日本占領前に天皇の戦争責任は問わないことで一致していたから、天皇が法廷に立つことはなかった。日本の占領統治をスムースに行なうには、天皇の存在は欠かせないと判断したからである。

裁判は二年六ヵ月を費やした。そして一九四八年（昭和二十三）十一月十二日、判決が言い渡された。

二八名のうち二名が病死し、国家主義者の大川周明《しゅうめい》は精神に異常をきたしたとして審理を除外されたため、二五名が判決を受けた。東条をはじめ七名が絞首刑、一六名が終身禁固刑、そして有期刑二名だった。

七名の処刑は翌月の十二月二十三日の深夜、被告たちが収容されていた巣鴨《すがも》プリズンで執行された。

隠匿された七戦犯の遺骨　処刑された七戦犯の遺骸は、横浜市営の久保山火葬場で焼かれた。この情報をつかんでいた東京裁判の弁護人・三文字正平《さんもんじしょうへい》氏は、火葬場長に協力を求めて遺骨の一部を奪取しようと計画した。しかし、火葬場職員の「遺骨奪取」は監視の米兵に発見され、失敗に終わった。

しかし、あきらめなかった。米兵たちは大きな遺骨だけを持ち去り、細かい骨片は火葬場の共同骨捨場に捨てていった。三文字弁護士たちは、その骨片を収集して密かに保管し、占領が終わるのを待ったのである。

いま、七戦犯の遺骨を納めた墓や慰霊碑は全国に三ヵ所ある。

一つは松井石根《まついいわね》大将が建立《こんりゅう》した熱海市伊豆山の興亜観音堂に、もう一つは三河湾国定公園の三ヶ根山頂に造られた「殉国七士墓」で、もう一ヵ所は長野市赤沼のリンゴ園農家の屋敷に造られている「七光無量寿之墓」である。

主要参考文献

○全般的な記述に関して

『戦史叢書』（防衛庁防衛研修所戦史室著）全一〇二巻　朝雲新聞社
『太平洋戦争への道　開戦外交史』全八巻　朝日新聞社
『丸　別冊　太平洋戦争証言シリーズ』第二、四、六、七、八、一三、一四の各巻　潮書房
『別冊歴史読本　戦記シリーズ』第一～第五〇　新人物往来社
『図説シリーズ　ふくろうの本』『日露戦争』『満州帝国』『日中戦争』『太平洋戦争』『第二次世界大戦』　河出書房新社
『アメリカ軍が撮影した占領下の日本』『日本海軍』
『米軍が記録したガダルカナルの戦い』『米軍が記録したニューギニアの戦い』『米軍が記録した日本空襲』　草思社
『図説　帝国陸軍』（森松俊夫監修）『図説　帝国海軍』（野村実監修）　翔泳社
『秘蔵写真で知る近代日本の戦歴』シリーズ第一、第二、第三、第四、第五、第六、第七、第八、第一一、第一二、第一三、第一四、第一六、第二〇の各巻　フットワーク出版
ビッグマンスペシャル『連合艦隊』の「勃興編」「激闘編」「日米開戦編」「日米決戦編」「南雲機動部隊編」「小沢機動部隊編」同『ヒトラーの野望』の「電撃作戦編」「帝国滅亡編」　世界文化社
『戦場写真で見る　日本軍実戦兵器』　銀河出版
『太平洋戦争写真史』シリーズの『サイパンの戦い』『徹底抗戦　ペリリュー・アンガウルの玉砕』『硫黄島の戦い』『フーコン・雲南の戦い』　池宮商会
『日本の戦争　図解とデータ』（桑田悦・前原透編著）『日本の戦争責任』（岩槻泰雄著）　原書房
『日本陸海軍総合事典』（秦郁彦編）　東京大学出版会
『ニミッツの太平洋海戦史』（実松譲・冨長謙吾訳）　恒文社
『マッカーサー　記録・戦後日本の原点』（袖井林二郎・福島鑄郎編）　日本放送出版協会
『第二次世界大戦　米国海軍作戦日誌』（米国海軍省戦史部編纂　史料調査会訳編）　出版共同社

文藝春秋　『海戦史に学ぶ』（野村実著）　『魔性の歴史』（森本忠夫著）
山川出版社　『太平洋戦争と日本軍部』（野村実著）
光人社　『勝負と決断』（生出寿著）

○武器・兵器の記述に関して

モデルアート社　「モデルアート」一九八九年三月号臨時増刊『日本航空機事典』
光人社　『零戦開発物語』（小福田皓文著）
光文社　『零戦　その誕生と栄光の記録』（堀越二郎著）
新潮文庫　『零式戦闘機』（吉村昭著）
文春文庫　『零式戦闘機』（柳田邦男著）
光人社ＮＦ文庫　『大砲入門』（佐山二郎著）
光人社ＮＦ文庫　『陸軍兵器発達史』（木俣滋郎著）
Ｒ出版　『特攻　戦艦大和』（吉田俊雄著）
銀河出版　『第二次大戦殺人兵器』（小橋良夫著）
光人社　『最終決戦兵器』（桜井秀樹著）
新人物往来社　「別冊歴史読本」戦記シリーズの次の各号
『日本軍戦闘機』戦記シリーズ五五
『日本陸軍兵器』戦記シリーズ五七
『日米軍用機』戦記シリーズ五八
『日本海軍艦艇』戦記シリーズ六〇
『潜水艦大作戦』戦記シリーズ六二

編著者紹介

太平洋戦争研究会（たいへいようせんそうけんきゅうかい）

主として日中戦争、太平洋戦争に関する取材・調査・執筆・編集グループ。新人物往来社の『別冊歴史読本・戦記シリーズ』の企画編集に従事し、河出書房新社の図説シリーズ「フクロウの本」で、『日露戦争』『満州帝国』『太平洋戦争』『第二次世界大戦』『アメリカ軍が撮影した占領下の日本』『東京裁判』などを執筆・編集。

当社刊に『面白いほどよくわかる太平洋戦争』『戦略・戦術でわかる太平洋戦争』『武器・兵器でわかる太平洋戦争』『面白いほどよくわかる日露戦争』がある。

主要メンバーは平塚柾緒（代表）・森山康平・平塚敏克・水島吉隆など。

オール図解
30分でわかる太平洋戦争

平成17年7月29日　第1刷発行

編著者　太平洋戦争研究会
発行者　西沢宗治
印刷所　誠宏印刷株式会社
製本所　大口製本印刷株式会社
発行所　**株式会社日本文芸社**
〒101-8407　東京都千代田区神田神保町1-7
TEL　03-3294-8931(営業)　03-3294-8920(編集)
振替口座　00180-1-73081
URL　http://www.nihonbungeisha.co.jp/

Printed in Japan　ISBN4-537-25300-2
112050715-112050715Ⓝ01

編集担当　石井